O Brasil e a crise do
Antigo Regime português
(1788-1822)

LUIZ CARLOS VILLALTA

O Brasil e a crise do Antigo Regime português
(1788-1822)

FGV EDITORA

Copyright © 2016 Luiz Carlos Villalta

Direitos desta edição reservados à
EDITORA FGV
Rua Jornalista Orlando Dantas, 37
22231-010 | Rio de Janeiro, RJ | Brasil
Tels.: 0800-021-7777 | 21-3799-4427
Fax: 21-3799-4430
editora@fgv.br | pedidoseditora@fgv.br
www.fgv.br/editora

Impresso no Brasil | *Printed in Brazil*

Todos os direitos reservados. A reprodução não autorizada desta publicação, no todo ou em parte, constitui violação do copyright (Lei nº 9.610/98).

Os conceitos emitidos neste livro são de inteira responsabilidade dos autores.

1ª edição — 2016; 1ª reimpressão — 2017.

Preparação de originais: Sandra Frank
Revisão de provas: Fatima Caroni
Capa, Projeto gráfico de miolo e diagramação: Ilustrarte Design e Produção Editorial
Imagem da capa: *Pano de boca executado para a representação extraordinária no Teatro da Corte*, de Jean-Baptiste Debret

Ficha catalográfica elaborada pela Biblioteca Mario Henrique Simonsen/FGV

Villalta, Luiz Carlos, 1962-
 O Brasil e a crise do Antigo Regime português (1788-1822) / Luiz Carlos Villalta. - Rio de Janeiro : FGV Editora, 2016.
 272 p. : il.

 Inclui bibliografia.
 ISBN: 978-85-225-1887-6

 1. Brasil – História – 1788-1822. 2. Portugal – História – 1788-1822. I. Fundação Getulio Vargas. II. Título.

CDD – 981

Para Rogério Fernandes (*in memorian*), modelo de ser humano, de professor, de historiador e de homem público, com muito afeto e gratidão.

Para as amigas Campolina, Lucinha, Mariana e Tânia, que acompanharam de perto os esforços que resultaram neste livro, juntamente com Pretinho e Raposinha, fiéis companheiros.

Se os Políticos da Europa, maravilhados pela resolução de Sua Majestade o Senhor dom João VI em passar-se ao Brasil, realizando o projeto, que os holandeses conceberam, quando Luís XIV trovejava às portas de Amsterdam, que Filipe V tinha na ideia, quando a fortuna ameaçava de entregar a Espanha ao seu rival, que o ilustre Pombal premeditava, quando o Trono da Monarquia parecia ir descer aos abismos abertos pelo terremoto, que Carlos IV já mui tarde desejou realizar, sim, se os políticos disseram que o Navio que trouxe ao Brasil o Senhor dom João VI alcançaria entre os antigos Gregos maiores honras do que esse, que levou Jasão e os Argonautas a Colcos, o Povo do Rio de Janeiro julga que o Navio que reconduzir Sua Alteza Real [o Príncipe d. Pedro a Lisboa] aparecerá sobre o Tejo com o Pavilhão da Independência do Brasil.

(Manifesto do Povo do Rio de Janeiro sobre a residência de Sua Alteza Real no Brasil, dirigido ao Senado da Câmara, 29 de dezembro de 1821).

Sumário

Introdução   11

Capítulo 1. O ANTIGO REGIME EM PORTUGAL E NO BRASIL   25
Os elementos comuns ao Antigo Regime nos dois lados do Atlântico   26
As singularidades do Antigo Regime no Brasil   31
O Antigo Regime segundo atores políticos dos inícios
do século XIX   34

Capítulo 2. INQUIETUDES POLÍTICO-RELIGIOSAS,
"ESFERA PÚBLICA" E "FRANCESIAS": DE PORTUGAL AO BRASIL   45
A emergência de uma incipiente esfera pública   46
Inquietudes religiosas, práticas de leitura e iniciativas revolucionárias   51
As sedições, supostas ou reais, e os espectros da França e da escravidão   82

Capítulo 3. REALIDADES E PREVISÕES: SOB INGLESES E FRANCESES,
OS PERIGOS PARA PORTUGAL E AS RIQUEZAS DO BRASIL   97
Antoine Rougé e os prognósticos sobre a invasão de Portugal
e a fuga da Corte   97
Pressões de França e Inglaterra e ações de agentes estrangeiros   106
O contrabando inglês   112
O tráfico negreiro e os grandes comerciantes
residentes no Brasil   117
As riquezas e a diversificação econômica do Brasil   119

    1807-1810, entre França e Inglaterra: as invasões francesas
    e a transferência da Corte   123

Capítulo 4. O ANTIGO REGIME NO BRASIL SOB D. JOÃO:
RUPTURAS E CONTINUIDADES   129
    A abertura dos portos, o tratado de 1810 e seus efeitos   129
    A nova Corte, a indústria mineira e Minas Gerais   133
    "Sociedade de corte", concessões de títulos e elites locais:
        objetivos e limites   137
    A "interiorização da metrópole": patrimonialismo, sociedade
        de corte e corrupção   142
    As lutas entre "partidos" locais: o exemplo do Maranhão   146
    A Coroa, o Prata e a Guiana Francesa   152

Capítulo 5. A CORTE NO RIO DE JANEIRO: ACOMODAÇÕES,
REFORMAS E FESTAS   157
    A Intendência-Geral de Polícia, os escravos e os estrangeiros   158
    As "aposentadorias", as reformas e as intervenções urbanas na
        nova Corte   164
    As festas da monarquia   170
    As inovações culturais e educacionais   177

Capítulo 6. OS ESTERTORES DO ANTIGO REGIME: REVOLUÇÕES,
PARTIDA DO REI E INDEPENDÊNCIA   195
    O fardo da Corte, as identidades coletivas e a Revolução
        Pernambucana   197
    A Revolução do Porto, de 1820   205
    As Juntas Provisórias e as Cortes   209
    As Cortes, as províncias e a "metrópole interiorizada": enfrentamentos   220
    D. Pedro, as câmaras e a Independência: rumo à hegemonia
        do Centro-Sul   229

Conclusões. D. PEDRO E O CENTRO-SUL   235

Fontes e bibliografia   245
    Fontes impressas   245
    Fontes manuscritas   248
    Referências bibliográficas   251

Introdução

A transferência da Corte portuguesa para o Rio de Janeiro, na passagem de 1807 para 1808, um fato dos mais memoráveis da história luso-brasileira, de modo algum foi surpreendente, como se infere da epígrafe deste livro. Seus impactos sobre Portugal e Brasil foram profundos, parecendo constituir, aos olhos dos contemporâneos, uma transformação revolucionária do Império português (Schultz, 2006:125-126). Constitui signo de uma alteração ímpar no lugar da América portuguesa no contexto do Império português: de colônia a centro do império. Com isso, trouxe o sentimento de que, sob o risco de retorno à situação anterior, haveria uma movimentação no sentido de se romperem os laços com a pátria-mãe.[1] Com efeito, foi essa a ameaça do "Povo do Rio de Janeiro", em resposta às Cortes constituintes de Lisboa, que, pelo Decreto nº 125, de 29 de setembro de 1821, determinaram o retorno do príncipe regente d. Pedro a Portugal: fincar o "Pavilhão da Independência" (Manifesto, 1821:16) do Brasil.

---

[1] Segundo Fernando Novais, a transferência da Corte para o Brasil "marca a primeira ruptura definitiva do Antigo Sistema" e, com ela, a colônia "se transforma em sede do governo", o que conferiria um caráter peculiar ao "nosso processo de Independência política" e também ao "advento do liberalismo em Portugal" (Novais, 1981:298). José Murilo de Carvalho relativiza parcialmente o impacto da transmigração da Corte e, inversamente, realça o da transferência de um grupo dirigente — a elite política portuguesa, treinada na Universidade de Coimbra, primordialmente no campo jurídico e que, em grande medida, tornou-se parte do funcionalismo público, replicando-se no Brasil —, tomando-o como fenômeno único na América (2013:37).

Figura 1. *Embarque do príncipe regente, futuro d. João VI, e de toda a família real, para o Brasil, em 27 de novembro de 1807, no cais do Sodré, em Lisboa.* Gravura de Henri L'Évêque (1812). A transferência da família real, cogitada em vários momentos anteriores da história portuguesa e realizada na passagem de 1807 para 1808, assinala transformação ímpar nas relações entre metrópole e colônia

Fonte: *A América portuguesa nas colecções da Biblioteca Nacional de Portugal e da Biblioteca da Ajuda* (2008).

A partir da Revolução do Porto, de 1820, no vocabulário político, o termo "Independência" opunha-se ao "absolutismo" de d. João VI e ao "despotismo" — vocábulo usado à exaustão na conjuntura revolucionária em exame, sendo, no caso do mundo luso-brasileiro, tomado nos termos propostos por Montesquieu, isto é, como governo de um só, sem lei e que submete todos a seu capricho, fazendo dos governados escravos políticos[2] — de seus ministros e do governo da Corte do Rio de Janeiro. Por conseguinte, "Independência" exprimia o anseio pela instalação de um governo representativo, que fosse capaz de promover e assegurar os "direitos inalienáveis à vida, liberdade e propriedade" e de recompor a "nação portuguesa". Assim, contrapunha-se à "escravidão política", sendo sinônimo de cidadania, na acepção que o termo ganhou com as revoluções Americana e Francesa (Oliveira, 2011:18-19). Contudo, na passagem de 1821 para 1822, as deliberações das

---

[2] Ver: Neves (2003:120); Montesquieu (2004:23, 257-258).

Cortes constituintes de Lisboa fizeram com que o termo ganhasse outro sentido, significando claramente, como se vê no "Manifesto do Povo do Rio de Janeiro", epígrafe deste livro, a ruptura dos laços entre Brasil e Portugal, isto é, emancipação e autonomia administrativa do Brasil como um todo ou das partes que o constituíam.

O objetivo deste livro é analisar o Brasil no interior da crise do Antigo Regime português, de que é indissociável sua emancipação. Assim, primeiramente, focalizam-se a trasladação e a instalação da Corte bragantina no Rio de Janeiro, bem como se examinam seus impactos sobre o Brasil, sublinhando, de um lado, as continuidades existentes entre a América portuguesa da época joanina (1808-21) e a do período precedente e, de outro, as rupturas que então se evidenciaram, de um momento ao outro, neste lado do Atlântico lusitano. Em seguida, analisa-se a Independência do Brasil, procurando-se correlacionar o projeto de emancipação que saiu vencedor e a estratégia política evidenciada na transferência da Corte. A perspectiva de análise adotada tem em vista a conjuntura internacional de beligerância, de inquietude revolucionária e, depois, de restauração. Ao mesmo tempo, toma a América portuguesa e o Reino de Portugal como partes interligadas de um todo, territórios onde então se operavam transformações profundamente afetadas por aquela conjuntura e que assinalaram o afloramento de inquietudes e movimentos sediciosos. Além disso, consideram-se as transformações peculiares à América portuguesa, de natureza estrutural, que lhe davam então uma crescente importância no conjunto do Império luso-brasileiro.

Neste texto, parte-se de alguns pressupostos. Primeiramente o de que, na passagem do século XVIII para o século XIX, em Portugal e no Brasil, desenvolvia-se um processo de dessacralização cujas raízes eram mais antigas. Tal como assinala Roger Chartier para a França anteriormente à revolução, em Portugal e no Brasil de então observava-se uma nova relação com as autoridades, "desrespeitosa e alternadamente seduzida e decepcionada pela novidade e, sobretudo, pouco inclinada à crença e à adesão", marcada por uma "atitude crítica, descolada das dependências que fundavam as representações antigas" (Chartier, 2008:133-137). O processo de dessacralização compreendeu a organização de uma percepção crítica e de combate ao Antigo Regime e, ao mesmo tempo, comportamentos imediatos e não propriamente conscientes de igual sentido. Esse processo de dessacralização provocou uma erosão da autoridade na família, no Estado, na Igreja e o desenvolvimento de um ceticismo que corroeu, pouco a pouco, a fé nos valores e hierarquias tradicionais, instituindo uma verdadeira crise de confiança. Desde fins da primeira metade do século XVIII, o Império português vinha assistindo às reformas de cunho ilustrado patrocinadas pela Coroa, que traduziam uma apropriação das Luzes, por parte da Coroa e dos letrados de Portugal que a ela se associaram, visando à modernização econômica e científico-cultural e, ao mesmo tempo, à conservação dos pilares do Antigo Regime português (absolutismo, religião católica, colonialismo e sociedade estamental). Tais reformas mostraram uma dupla e contraditória limitação: por um lado, não eliminaram a "superstição" e, por outro, não lograram impedir que algumas forças sociais sonhassem com a "revolução", agindo até mesmo no sentido de realizá-la.[3] Na verdade, as reformas ilustradas, na medida em que difundiram certa mentalidade ilustrada, sem que muitos dos reformistas o desejassem, inscreveram-se num processo de dessacralização que vinha de longa data. Desenvolveu-se, entre alguns, uma "mentalidade subterrânea", iconoclasta e antirreligiosa, mentalidade cuja existência foi muito bem percebida por Anita Novinsky (1990:357-371). Tal processo, insisto, não conseguiu eliminar de todo a tradição ou a "superstição", pois, como defende Stuart Schwartz em relação à fé e à autoridade da Igreja no mundo luso-brasileiro, se em fins do século XVIII floresciam a dissidência e a desobediência, havendo um questionamento cada vez maior sobre a Inquisição, isso não significava a morte da tradição ou da "superstição" (Schwartz, 2009:353-355). Em 1807, deu-se um exemplo dessa contradição. Após um tremor de terra, um cometa atemorizou as gentes em Portugal, estimulando alguns a crerem que isso seria um sinal da substituição da dinastia de Bragança. Tal crença foi combatida pelos frades de S. Bento, segundo os quais, "num século ilustrado, crítico e das Luzes", seria natural que fossem "obrigados a discorrer livres de preocupações dos tempos de superstição" (Brandão, 1919:218-219).

Laure Permont — duquesa de Abrantes, esposa de Junot, o general francês que invadiria Portugal em fins de 1807 —, em suas observações sobre a sociedade portuguesa do período, embora se deixe marcar por preconceitos e exageros, pôde perceber que, naquele contexto, "libertinagem" e "superstição" necessariamente não se opunham (Abrantes, 2008:25). Segundo ela,

---

[3] Sobre o reformismo ilustrado português, veja, entre outros: Araújo (2003); Falcon (1982); Hansen (2004:11-47); Maxwell (1995); Neves (2003); Neves e Neves (2004); Novais (1981); Ramos (1988); Silva (1999); Teixeira (1999); Villalta (1999:111-143).

a "superstição" seria exagerada em Portugal, talvez tanto quanto entre os espanhóis, havendo mesmo um espírito de feitiçaria que os lusos "herdaram do negro" (ibid., p. 25); o clero, que exercia um poder especial, cometeria "ações censuráveis" por um "Deus de paz e bondade", assim como pelo "mais simples bom senso" (ibid., p. 29); a população de Lisboa entregar-se-ia à "superstição quase bárbara" (ibid., p. 36), que vitimava um homem tão notável como o marquês de Alorna (ibid., p. 59); o povo do campo, bem diferente do das cidades, tinha bom coração, mas estava sendo perdido pelos padres (ibid., p. 57); em Mafra, jovens frades, em suas encenações teatrais, misturavam piedade e "libertinagem" (ibid., p. 78). Em 1800, Diogo Inácio Pina Manique, intendente-geral de polícia de Lisboa e Reino, avaliava que muitos clérigos, regulares e seculares, circulavam vestidos de modo indecente, contrariando as determinações da Igreja, alguns deles vagando por Lisboa, embora fossem de outros locais, inclusive frequentando tavernas. No seu entendimento, naquela conjuntura revolucionária, tais clérigos serviam "de objeto para escarnecerem os Povos",[4] ameaçavam as bases do trono, que requeria "bem quistar os ditos eclesiásticos com os povos e unir quanto for possível o sacerdócio com o Império".[5] Por essa razão, Pina Manique tomou várias medidas relativas à "religião, culto exterior de que temos a fortuna de professar", durante sua permanência à frente da Intendência, como veio a registrar em 1802. Em resposta às evidências de dessacralização e de recuo da adesão à fé católica, ele não titubeou em ordenar a ministros leigos e religiosos que vigiassem o cumprimento "das obrigações de católicos" por parte dos fiéis, bem como que cuidassem para que os padres instruíssem esses últimos na doutrina e nos mistérios cristãos e, ainda, que identificassem os desviantes. Na perspectiva do intendente, portanto, a instrução tinha um papel importante, somando-se a medidas repressivas. Outro aspecto que julgava

---

[4] Cf. IANTT-IGP, livro 6, 1800, p. 109.
[5] Cf. IANTT-IGP, livro 6, 1800, p. 91. Segundo Raul Brandão, no início do século XIX, os eclesiásticos, em vários casos primando por comportamentos desviantes, correspondiam entre 7% (230 mil num conjunto de 3,266 milhões de habitantes) e 15% (300 mil de 2 milhões de habitantes) da população de Portugal (Brandão, 1919:170). As estimativas usadas por Brandão estão distantes do censo do conde de Linhares, que acusava uma população de 2.931.930 habitantes em 1801 (Baganha e Marques, 2001:33). Em 1802, Pina Manique registraria os nomes e os delitos de vários clérigos com atuação em Portugal, um deles natural do Brasil, crimes esses que escapavam do campo sexual (rapto, concubinato e frequência a casas de meretrício), envolvendo estelionato, assassinatos e roubos; um padre chegara a embebedar tripulações com licor que continha ópio e, depois, as assaltava (IANTT, IGP, livro 7, 1802, p. 313-315v).

relevante era a reverência dos fiéis às imagens dos santos, que complementava sua ação de combate à circulação de imagens obscenas. Ele via as estampas indecentes como ameaças à fé e à ordem política e, ao mesmo tempo, percebia que era preciso cobrar (e vigiar) os fiéis em suas atitudes diante das imagens dos santos.[6] Todas essas medidas de Manique referentes à religião eram congruentes com a perspectiva por ele abraçada, no todo conforme às diretrizes seguidas pela censura portuguesa (Villalta, 1999:182-183), segundo a qual havia uma ligação estreita entre a religião e a monarquia, sendo a conservação da primeira essencial à manutenção da última. As análises e medidas de Manique, além disso, evidenciam a complexidade do embate — e da combinação — entre reformas, libertinagem e fé no interior de um processo de dessacralização que não eliminava a "superstição".

Outro pressuposto que orienta este livro é o de que o processo de queda do Antigo Regime no mundo luso-brasileiro, de que a Independência do Brasil foi um dos episódios, aconteceria com ou sem a transferência da Corte, ou melhor, que a emancipação da América portuguesa, em seu conjunto, ou de suas partes isoladas, separadamente, *era uma tendência*. Certamente, sem a referida trasladação, tal processo tomaria outras feições, mais ou menos exequíveis que aquela detonada pelo estabelecimento da sede da monarquia no Rio de Janeiro em 1808, cujo sentido não foi unívoco e, muito menos, linear e certeiro (ver Carvalho, 2013:15-23).

O exemplo francês pode servir de referência para se pensar sobre a tendência de ruptura dos laços entre Brasil e Portugal e sobre os projetos distintos de devir que então se formulavam nos idos de 1821 e 1822, um deles apostando na defesa de algumas permanências. Roger Chartier, valendo-se de *O Antigo Regime e a revolução* (1856), de Alexis de Tocqueville, afirma que a queda do Antigo Regime na França dar-se-ia de qualquer forma, mesmo se não tivesse acontecido a Revolução Francesa, num movimento que congregou ao mesmo tempo continuidade (em que se encaixa a centralização política e administrativa) e ruptura (Chartier, 2008:23-25, 215), ou como o próprio Tocqueville diz, reproduzindo um escrito que Mirabeau confidencialmente mandou para Luís XVI menos de um ano depois da revolução:

---

[6] Cf. IANTT-IGP, livro 7, 1802, p. 43-44v.

Comparai o novo estado de coisas com o Antigo Regime; é aí que nascem as consolações e as esperanças. Uma parte dos atos da assembleia nacional [...] é evidentemente favorável ao governo monárquico. Então não é nada estar sem parlamento [isto é, tribunal], sem *pays d'états* [isto é, as regiões incorporadas tardiamente pela Coroa], sem corpo de clero, de privilegiados, de nobreza? [...] essa superfície uniforme facilita o exercício do poder. Vários reinados de um governo absoluto não teriam feito tanto pela autoridade régia quanto esse único ano de revolução [Mirabeau apud Tocqueville, 2009:11].

A partir dessas palavras de Mirabeau, Tocqueville afirma que, com o processo revolucionário, foi possível divisar

um poder central imenso que atraiu e engoliu em sua unidade todas as parcelas de autoridade e de influência que anteriormente estavam dispersas em uma infinidade de poderes secundários, de ordens, de classes, de profissões, de famílias e de indivíduos, e como que espalhadas em todo o corpo social [Tocqueville, 2009:11].

O autor, ademais, não deixa de precisar que o processo de centralização foi um movimento inscrito, ao mesmo tempo, na longa e na curta duração:

obra de paciência, de habilidade e de longo tempo, mais que de força e de pleno poder. No momento em que a Revolução aconteceu, ainda não se havia destruído quase nada do velho edifício administrativo da França; por assim dizer, construíra-se um outro trabalhando na base [ibid., 67].

Conclui, enfim, que "se a centralização não pereceu na Revolução, foi porque ela própria era o começo dessa revolução e seu sinal; [...] um povo que houver destruído em seu seio a aristocracia corre rumo à centralização como que por conta própria" (ibid., p. 69).[7]

Pode-se pensar que raciocínio similar seja válido em relação ao mundo luso-brasileiro, onde um movimento de continuidades e rupturas levou do

---

[7] Em outro livro, Tocqueville sintetiza: "Houve, na Revolução Francesa, dois movimentos em sentido contrário [...]: um favorável à liberdade, outro favorável ao despotismo [...] Confundiu num só ódio tudo o que a havia precedido, o poder absoluto e o que poderia abrandar seus rigores; foi, ao mesmo tempo, republicana e centralizadora" (Tocqueville, 1977:81).

"Estado antigo" à "ordem liberal constitucional", no Reino de Portugal e no Império do Brasil. Não se trata aqui de postular a existência de uma fatalidade histórica, ou de incorrer no erro grave da teleologia, nem muito menos de falar de movimentos sucessivos que num *continuum* teriam desembocado na Independência, como muito apropriadamente refuta Guilherme Pereira das Neves em sua análise sobre o modo como certa historiografia abordou as inconfidências de fins do século XVIII e inícios do XIX, a Revolução de 1817 e a Independência (Neves, 1999:439-440).[8] Trata-se, isso sim, de reconhecer que a emancipação foi o resultado de um processo e que o formato por ela assumido — no qual se viram a reiteração do escravismo e a reinvenção da monarquia, demarcando continuidades e permanências (Costa, 2003:170) — concretizou possibilidades forjadas, aventadas e impostas no curso da luta política do período. Como defende Miriam Dolhnikoff, a unidade e a construção do Estado brasileiro foram obra de um arranjo institucional oriundo "dos embates e negociações entre as várias elites regionais que deveriam integrar a nova nação", entre elas uma "elite bem-formada, articulada ao governo central" (Dolhnikoff, 2003:432), de que são representantes José Bonifácio de Andrada e Silva e José Clemente Pereira, elite esta descrita, em linhas gerais, por José Murilo de Carvalho (2013:34), como se verá neste livro.

---

[8] Crítica similar é feita por Jorge Miguel Pedreira, que diminui a importância das inconfidências de fins do século XVIII, afirmando que elas não podem ser tomadas nem como causa nem como "sintoma de uma crise do império ou do sistema colonial em que se baseava", elas seriam movimentos "visionários, localizados, sem ligação entre si, suscitando uma adesão muito limitada e sendo, por isso, facilmente desmontados pelas autoridades" (Pedreira, 2008:72). Excetuando-se o adjetivo "localizado", este livro apresenta interpretação oposta à do renomado historiador português, como se poderá constatar adiante. Valentim Alexandre compartilha de visão similar à de seu compatriota Pedreira e afirma que "nenhuma das 'inconfidências' tem como principal motivação e como objetivo básico o ataque ao ponto fundamental da dominação portuguesa — o exclusivo de comércio" (Alexandre, 1993:81), afirmação que se choca frontalmente com o que se vê na documentação referente às inconfidências de Minas e da Bahia, como sustentarei neste livro. Quanto à Revolução Pernambucana de 1817, Luiz Geraldo Santos da Silva opõe-se a duas interpretações: uma, que toma o movimento como "uma antecipação da Independência do Brasil" e outra, alinhada com o que denomina historiografia saquarema, que o considera "um movimento separatista, ou uma cisão no interior de um corpo político mais ou menos consolidado" (Silva, L. G. S., 2006:344). Cumpre reconhecer, no entanto, que a revolução se opunha, sim, ao governo monárquico do Rio de Janeiro e à hegemonia do centro-sul do Brasil por ele encetado.

Figura 2. *José Bonifácio de Andrada e Silva*. Litografia de A. Sisson, Imprimerie Melo, Rio de Janeiro. José Bonifácio, cientista e homem de Estado de prestígio no mundo luso-brasileiro, desempenhou papel fundamental no processo de Independência.

Fonte: Silva (2006).

Se a emancipação da América portuguesa pode ser vista como uma tendência evidente desde fins do século XVIII, ainda que não sob a forma como se materializou em 1822 e, ademais, se a transferência da Corte portuguesa criou as bases para que a Independência se desse nos moldes que se afirmaram no referido ano, uma ruptura com o passado colonial começou a ser engendrada a partir de 1808: à secular descentralização administrativa da colônia, sucederam esforços centralizadores a partir de um ponto situado em seu próprio território, e não em Lisboa.[9] Sérgio Buarque de Holanda e Caio Prado Jr. e José Murilo de Carvalho são bastante enfáticos ao se pronunciarem sobre a descentralização administrativa colonial; o primeiro põe em dúvida o êxito dos esforços centralizadores joaninos.[10] Arno e Maria José Wehling, como

---

[9] Apesar da existência do vice-reinado (desde 1774, com a extinção do estado do Grão-Pará, com jurisdição sobre toda a América portuguesa), as capitanias relacionavam-se diretamente com Lisboa, com a qual eram mais fortes os laços do Pará, do Maranhão, do Piauí e do Ceará (Monteiro, 1981:388).

[10] Para Sérgio Buarque de Holanda, na América portuguesa, a existência de forças centrífugas remonta às origens da colonização. A Coroa realizou esforços centralizadores que apenas parcialmente foram bem-sucedidos. O estabelecimento do governo-geral da Bahia foi embargado por um dos donatários, e os governadores das capitanias, ao longo do período colonial, resistiram, ao menos passivamente, aos governadores-gerais e aos vice-reis. Os governadores

Hollanda e Prado Jr., endossam a tese da secular descentralização, ponderando, apenas, que não se tratou de uma completa fragmentação, uma vez que algumas "grandes" capitanias (Maranhão, Pará, Rio de Janeiro, Minas Gerais, Pernambuco, Bahia e São Paulo), na prática, polarizaram as menores, tidas, segundo a denominação dos governantes portugueses, como "anexas", constituindo um arquipélago ou mosaico fragmentado. Além disso, defendem que, em 1808, deu-se uma virada, sobretudo entre 1808 e 1812, período em que pontificou no ministério d. Rodrigo de Souza Coutinho. Tal política de centralização envolveu os diferentes braços da administração estatal (fazendária, militar, judicial, eclesiástica etc.) e, ao mesmo tempo, uma ampliação da esfera pública régia no interior da colônia, onde predominavam o mandonismo local ou a anomia. No campo da administração da Justiça, domínio essencial do governo monárquico sob o Antigo Regime, verificou-se uma multiplicação de tribunais, comarcas, juizados de fora, juizados ordinários etc., de sorte a "estender a presença do poder público a regiões nas quais estava ausente ou escassamente presente" (Wehling e Wehling, 2012:73). Aqui, portanto, também se deu um embate entre, de um lado, a Coroa, com seus burocratas, e, de outro, as forças centrífugas, representadas pelos "régulos do sertão". A Coroa e seus aliados não queriam senão nivelar todos diante do absolutismo, vindo a encontrar nesse processo reação dos moradores, contra e a favor. Disso são exemplos, respectivamente, a defesa dos "juízes da terra" feita pelo cronista Gonçalves Chaves, em oposição ao juizado de fora, instituído em Rio Grande em 1816, e os requerimentos dos moradores de Pitangui, em Minas Gerais,

---

das capitanias estabeleciam comunicações diretas com a metrópole, não obstante a presença dos governos-gerais. Pode-se supor mesmo que havia um caráter proposital nessa situação: o fortalecimento das administrações locais prevenia a possibilidade de tendências secessionistas que poderiam advir de uma centralização política na Bahia ou no Rio de Janeiro. O título de vice-rei, assim, possuía um caráter meramente honorífico. Com a vinda da Corte em 1808, e mesmo com a elevação do Brasil à condição de Reino, em 1815, essa situação não se alterou, pois a unidade então constituída era uma "espécie de federação", base pouco sólida (Holanda, 1985: 9, 15-17). Caio Prado Jr. não diverge dessa interpretação, pois defende que a distância de Lisboa dava grandes poderes aos governadores das capitanias. Além disso, aos olhos da administração metropolitana inexistiria uma ideia de unidade da colônia. A unidade existia na geografia e "no consenso de todos"; aparecia nos títulos honoríficos de vice-rei do Brasil e no de príncipe do Brasil, bem como no chamado estado do Brasil, o qual, porém, reunia nominalmente apenas as capitanias meridionais, em oposição ao estado do Pará e Maranhão, existente até 1774 e que juntava nominalmente essas capitanias e mais as subalternas do Piauí e São José do Rio Negro (Prado Jr., 1976:303-304). Para Carvalho, o Vice-Rei tinha autoridade restrita às capitanias diretamente ligadas ao Rio (2013:14).

em apoio à iniciativa semelhante, concretizada em 1815 (Wehling e Wehling, 2012:71-76). A distância e a dificuldade de comunicação levaram à adoção de medidas aparentemente descentralizadoras, como a criação de uma Junta de Justiça e de uma Junta ou câmara do Desembargo do Paço na capitania do Mato Grosso, cuja finalidade não era senão fazer presente nessa região a Justiça real (ibid., p. 80-81). Substitui-se, assim, o antigo mote "dividir para governar de Portugal", por um outro: "unir para governar do Rio de Janeiro" (ibid., p. 83).

Além dos três pressupostos já apresentados — referentes ao processo de dessacralização do Antigo Regime ou "Estado antigo" (e dos seus elementos constitutivos em Portugal e no Brasil), à tendência de o Brasil emancipar-se, como um todo ou fragmentariamente, com ou sem a vinda da Corte portuguesa, e aos esforços de centralização administrativa desenvolvidos sob d. João —, neste livro se sustenta um quarto: que, na passagem do século XVIII para o século XIX, num momento em que as fronteiras entre público e privado ainda estavam por se definir, havia, ainda que em esboço, uma esfera pública.[11] Ou, como afirma Reinhardt Koselleck tendo em vista o que se passava na Europa: "uma esfera de interesses exterior ao Estado absolutista, uma esfera da própria sociedade, da *société*, nas quais os diversos grupos encontravam um lugar independente", reunindo-se em locais "apolíticos", abertos à sociabilidade ("na bolsa de valores, nos cafés ou academias [...], ou então nos clubes [...], nos salões [...], ou ainda nas bibliotecas e sociedades literárias"), vindo a tornar-se forças políticas indiretas e a merecer a oposição do Estado, que inicialmente tolerava ou mesmo patrocinava tais locais (Koselleck, 1999:60-61).

Em Portugal, sobretudo em Lisboa, Porto e, ainda, Coimbra, entre, de um lado, o poder público, representado pelo Estado e pela Igreja (atrelada ao primeiro) e, de outro, o universo privado, havia uma esfera de poder, de informação e de posicionamento que envolvia um *público* (isto é, uma audiência), *publicidade* (isto é, ações para despertar e orientar a opinião pública) e *publicações* (que compartilharam espaço com manuscritos e com informações orais), permitidas e proibidas.[12] Portanto, esse esboço de esfera pública, reunindo pessoas de diferentes condições sociais (mas, sobretudo, das camadas intermediárias), distintos es-

---

[11] A respeito da esfera pública de poder, as Luzes e a crise do Antigo Regime na Europa, veja: Habermas (1984); Chartier (2008:51-60, 242-272); Munck (2000:15-17); Melton (2006); Calaresu (2005:135-176).
[12] Sobre a esfera pública em Portugal, veja: Alves (1999); Araújo (2003).

paços sociais e redes de sociabilidade, teve no impresso uma de suas fontes, mas, advirta-se, o impresso não foi o único veículo de comunicação de que se valeu. A oralidade parece tê-lo suplantado. Como assinala José Augusto dos Santos Alves, os relatos policiais mostram a força da oralidade "como *medium* privilegiado de informação e circulação de ideias" (Alves, 1999:145). E não se pode esquecer, também, dos manuscritos, que tiveram um papel respeitável na difusão de ideias, sobretudo contra a ordem religiosa, política, social e econômica.

Na América portuguesa, situação similar também podia ser encontrada, sobretudo no Rio de Janeiro e na cidade da Bahia desde fins do século XVIII e, próximo a 1817, em Recife. É claro que a incipiência era ainda maior. Anos antes, e sobretudo depois de 1808, como defendem Kirsten Schultz, Andréa Slemian e João Paulo Pimenta, nos centros urbanos aumentaram as críticas e opiniões políticas. O controle dessas opiniões pela Coroa, apesar dos esforços desenvolvidos por Paulo Fernandes Viana, intendente-geral de polícia do Rio de Janeiro, revelou-se mais difícil na razão direta de sua distância geográfica. Depois de 1810 houve temor das autoridades em relação aos hispano-americanos, em função das revoluções sucedidas neste continente (Schultz, 2006:129-13; Slemian e Pimenta, 2008:71-73, 121). Com a Revolução do Porto, de 1820, e a partir de março de 1821, com o fim aparente da censura prévia dos escritos (restrita às provas tipográficas), essa esfera pública ganhou força e foi um elemento central no processo de Independência, de formação do Estado e da nação brasileiros.[13] Inaugurou-se um inédito debate de ideias, com a "publicação de inúmeros folhetos, panfletos e jornais", além de pasquins manuscritos, materiais esses "discutidos tanto nas ruas e praças das cidades, quanto nos novos espaços de sociabilidades que tendiam a surgir, como livrarias, cafés, academias e, sobretudo, as sociedades secretas do tipo da maçonaria", ultrapassando o universo das elites (Neves, 2011:89-90), chegando, por via da oralidade, "à camada livre, de arrendatários, foreiros, caixeiros e", no Rio de Janeiro, aos empregados do Paço (Souza, I., 1999:121). Nos folhetos e periódicos, a noção de contrato social ocupou um lugar importante, ao mesmo tempo que se discorria sobre a monarquia constitucional, a representação, o voto, os deputados e a Constituição (ibid., p. 124).

Expostos o objeto, os objetivos e os pressupostos que orientam este livro, cabe apresentar rapidamente a estruturação de seus capítulos. Ele se compõe

---

[13] Ver: Neves (2011:89-90); Neves (1996:123-128); Almeida (2008:33-122); Moreira (2006:87-168); Inácio (2010).

de sete capítulos. No primeiro, intitulado "O Antigo Regime em Portugal e no Brasil", discute-se quais eram os elementos constitutivos do Antigo Regime no mundo luso-brasileiro, tomando-se como ponto de partida o que diziam os que assistiram e/ou lutaram por sua destruição. O capítulo 2, "Inquietudes político-religiosas, 'esfera pública' e 'francesias': de Portugal ao Brasil", tem como objeto as manifestações de contestação política e religiosa que se fizeram presentes nos dois lados do Atlântico na passagem do século XVIII para o século XIX, procurando evidenciar que, nesses territórios, com destaque para Portugal e, dentro dele, Lisboa, Coimbra e Porto, emergia uma incipiente esfera pública de poder, na qual ideias associadas à França estiveram muito em voga, dando origem a manifestações sediciosas ocorridas no mundo luso-brasileiro na supracitada virada de século, identificando-se em quase todas elas associações com o referido país e/ou com sua grande revolução. O capítulo 3, intitulado "Realidades e previsões: sob ingleses e franceses, os perigos para Portugal e as riquezas do Brasil", analisa a situação de Portugal e do Brasil, numa conjuntura especialmente dramática, sob as pressões da Inglaterra e da França, cujos interesses pelas riquezas brasileiras eram notórios e ensejavam, de um lado, iniciativas tendo em vista controlá-las e, de outro, disputas entre ambas as potências. No quarto capítulo, "O Antigo Regime no Brasil sob d. João: rupturas e continuidades", faz-se uma análise da administração joanina no Brasil, identificando-se as linhas de continuidade observadas em relação aos reinados imediatamente precedentes e, ao mesmo tempo, seus aspectos mais singulares, relacionando-se essas especificidades à conjuntura internacional complexa em que atuou o soberano, com destaque para as disputas entre Inglaterra e França. No capítulo 5, "A Corte no Rio de Janeiro: acomodações, reformas e festas", examinam-se as reformas desenvolvidas sob d. João durante sua permanência no Brasil, seus esforços no sentido de acomodar a Corte e os grandes festejos que cá realizou tendo em vista o fortalecimento da monarquia portuguesa e de seu domínio sobre suas possessões americanas. No último capítulo, "Os estertores do Antigo Regime: revoluções, partida do rei e Independência", o foco centra-se na Revolução do Porto (1820), no retorno da Corte para Portugal e na Independência do Brasil, tomando-se esses fatos como marcos finais da crise do Antigo Regime e, ao mesmo tempo, evidenciando-se, no caso do Brasil, o que dele sobreviveu. Em seguida, na "Conclusão", faz-se um balanço das rupturas e das continuidades verificadas no Brasil com a crise do Antigo Regime. Ao final do livro, apresentam-se as fontes documentais e a bibliografia. Entre as fontes documentais, mais especificamente na documentação manuscrita, colhida sobretudo nos Arquivos Nacionais da Torre do Tombo, em Lisboa, e no Arquivo Nacional e na Biblioteca Nacional, no Rio de Janeiro, destacam-se documentos dos tribunais das inquisições de Lisboa e Coimbra, da Intendência-Geral de Polícia de Lisboa e Reino, do Ministério do Reino, em Portugal e, no Brasil, os escritos do padre Leonardo Correa da Silva, datados de 1814 e, ainda, documentos referentes à Real Biblioteca. Entre as fontes impressas, além das obras publicadas na passagem do século XVIII para o século XIX (especialmente as *Cartas e mais peças dirigidas a sua Majestade o Senhor D. João VI pelo Príncipe Real o Senhor D. Pedro de Alcântara*), sublinho os autos das devassas das inconfidências de Minas Gerais (1788-89), Rio de Janeiro (1794) e Bahia (1793-98), bem como os *Documentos históricos*, publicados pela Biblioteca Nacional do Rio de Janeiro, referentes à Inconfidência dos Suassuna (1801) e à Revolução Pernambucana de 1817.

Capítulo I

O Antigo Regime em Portugal e no Brasil

Em Portugal e no Brasil, o Antigo Regime e seus elementos constitutivos tinham singularidades que devem ser analisadas. Para identificar essas especificidades, podem-se acompanhar as linhas gerais do percurso seguido por Laura de Mello e Souza ao examinar o conceito de Antigo Regime no mundo europeu extraportuguês (Souza, 2006:27-77), dando continuidade às reflexões iniciadas por Fernando Antônio Novais, em seu clássico *Portugal e Brasil na crise do antigo sistema colonial (1777-1808)*, defendido como tese de doutorado em 1973, em que se afirma que:

> Absolutismo, sociedade estamental, capitalismo comercial, política mercantilista, expansão marítima e colonial são [...] partes de um todo, interagem reversivamente neste complexo que se poderia chamar, mantendo um termo da tradição, *Antigo Regime* [Novais, 1981:66].

Laura de Mello e Souza tomou como ponto de partida o que diziam os contemporâneos da derrubada do Antigo Regime, isto é, o que enunciavam os sujeitos que, com maior ou menor proximidade, participaram da Revolução Francesa ou assistiram a ela. Analogamente, tomando-se como referência Portugal e Brasil, pode-se partir da transferência da Corte (1808), da Revolução Pernambucana (1817), da Revolução Liberal do Porto (1820) e da Independência do Brasil (1822) para se considerar como "Antigo Regime" a ordem corroída por tais movimentos — e isso implica ter em conta que há especificidades num e noutro lado do Atlântico. Deve-se ter em vista, além disso, o que diziam os adversários dessa "ordem", na virada do século XVIII para o século XIX. Tais contestadores da ordem política, religiosa, social, econômica e cultural vigente, conforme se depreende de suas falas, registradas nos documentos da Intendência-Geral de Polícia de Lisboa e Reino, dos tribunais inquisitoriais e das devassas das inconfidências (ocorridas no Brasil em 1788-89, 1794, 1793-98 e 1801) e da Revolução Pernambucana de 1817, miravam uma série de alvos, que podem ser aqui reunidos e tomados como elementos constitutivos do Antigo Regime, embora muito raramente, nas falas de contestação, eles figurassem todos juntos. Antes de examinar o que diziam os contemporâneos, cumpre identificar o que, embora seja subjacente às suas falas, é menos explícito: primeiramente, o que é comum aos dois lados do Atlântico e, depois, o que é próprio do Brasil. Ressalto que as balizas temporais aqui consideradas vão de meados do século XVIII aos inícios do século XIX, sem que haja intenção de fazer recuar no tempo o que se entendia nesse período por Antigo Regime.

Os elementos comuns ao Antigo Regime nos dois lados do Atlântico

Em comum a Portugal e ao Brasil, havia os seguintes elementos: o absolutismo; o "capitalismo comercial";[14] a sociedade fundada nos privilégios de nasci-

---

[14] Não é propósito deste livro acompanhar a discussão teórica e historiográfica sobre o chamado "capitalismo comercial", cuja presença como elemento do Antigo Regime nos domínios lusitanos da América é apontada por Fernando Antônio Novais (1981:66) e Laura de Mello e Souza (2006:65-67). Usou-se essa expressão apenas para traduzir uma compreensão a respeito de mecanismos de acumulação de riqueza, expressa em outros termos, mas com significado próximo, por sujeitos que viveram na virada do século XVIII para o século XIX, como se verá adiante, quando se analisar o "Manifesto do Povo do Rio de Janeiro", datado de 1821. Por isso, aqui, basta que se compreenda o "capitalismo comercial" como um momento histórico anterior ao desenvolvimento do capitalismo propriamente dito e em que o capital comercial (isto é, aquele "gerado mais diretamente na circulação de mercadorias") tem um papel determinante na vida econômica (Novais, 1981:62-63). Logo, não correspondendo a um modo de produção e, ao mesmo tempo, sendo anterior ao desenvolvimento do capitalismo estrito senso — modo de produção assentado na extração da mais-valia, em relações assalariadas de produção —, o "capitalismo comercial" implica apenas um lugar importante para o desenvolvimento de acumulação de capital na esfera comercial, em que se fazem presentes mercadorias produzidas por

mento e na preeminência do clero; e a força da Igreja católica, da Inquisição e da intolerância religiosa. De todos os elementos do Antigo Regime luso--brasileiro identificados por aqueles que o combateram na virada do século XVIII para o século XIX, cumpre destacar o "absolutismo", por sua centralidade e por suas especificidades em Portugal e no Brasil. Além disso, deve-se ir além do que foi claramente identificado à época como constitutivo do Antigo Regime, focalizando-se dois outros aspectos: o caráter patrimonialista da monarquia portuguesa e a existência de uma sociedade de Corte em Portugal.

Até meados do século XVIII, no mundo luso-brasileiro, o "absolutismo" associou-se à onipresença das teorias corporativas de poder da segunda escolástica, segundo as quais o Estado era "um todo ordenado em que as vontades da coletividade e do príncipe se harmonizam à luz da lei natural e no interesse da *felicitas civitatis* ou bem comum" (Morse, 1995:58). O Estado era concebido como um "corpo místico". Constituía-se a partir da "unidade de uma vontade coletiva que se aliena do poder e o transfere para a 'pessoa mística' do rei, que se torna a 'cabeça' do corpo político do Estado subordinado, submetido ou súdito" (Hansen, 1995:44). Ao rei, como a cabeça, cabia representar "a unidade do corpo" e "manter a harmonia entre todos os seus membros, atribuindo a cada um aquilo que lhe é próprio", "garantindo a cada qual o seu estatuto ('foro', 'direito', 'privilégio'); numa palavra, realizando a justiça" (Xavier e Hespanha, 1997:115). Tal concepção, embora não fosse refratária ao absolutismo, impunha-lhe limites: fazer o bem comum e a justiça (diferenciada, em conformidade com as distinções sociais), seguindo a religião católica e obedecendo à lei natural (e, por conseguinte, à divina). O absolutismo, ademais, assentava-se na "economia do dom", que envolvia a concessão pela monarquia de benefícios, bases das relações políticas, aos súditos. Baseava-se, ainda, em redes clientelares, que ligavam os atores sociais de forma diversa e

---

modos de produção distintos, entre eles o escravista. Jacob Gorender, ao referir-se à plantagem, no interior da América portuguesa, destaca que parte do seu excedente tem em vista o escoamento num mercado e, portanto, converte-se em renda monetária (Gorender, 1978:172-174). Raymundo Faoro, por sua vez, juntando em sua análise metrópole e colônia, Portugal e Brasil, define que o "capitalismo comercial" fez "do Estado uma gigantesca empresa de tráfico", mas impediu o desenvolvimento do "capitalismo industrial" (Faoro, 2000:26). Não se deve, porém, generalizar sem cuidado a importância do capital comercial no período colonial. No Rio de Janeiro, no século XVII, por exemplo, "40% do valor dos negócios registrados em cartórios ia para missas, igrejas e irmandades pias. Assim, parte significativa da riqueza social era destinada para o além-túmulo [...] esta economia tinha os seus investimentos comandados pelos mortos e não tanto pelo capital mercantil europeu" (Fragoso, Guedes, Krause, 2013:21-41).

assimétrica, conforme sua posição nos diferentes planos. Tais redes, reunindo benfeitores e beneficiários, traziam mais vantagens para quem estava no polo de credor e compreendiam uma tríade de obrigações (e favores): dar, receber e restituir (Xavier e Hespanha, 1997b:340-341). Portanto, tratava-se de uma ordem política em que havia poderes intermediários e limites à ação dos monarcas, cuja função primordial, até cerca de 1750, foi "fazer justiça", potencializando-a através da "graça" (isto é, da liberalidade régia de atribuir um bem que não era cabível por justiça comutativa ou distributiva) e garantindo os equilíbrios sociais (Subtil, 1997:140-141). Ao final do Antigo Regime, a partir do reinado de d. José I (1750-77), com seu poderoso ministro Sebastião José de Carvalho e Melo, marquês de Pombal, paralelamente à difusão de uma teorização absolutista contratualista (Xavier e Hespanha, 1997:126), triunfou o "governo político", ditado por motivos de Estado e por meio do qual este último arrogou-se o papel de organizar a sociedade e de impor-lhe uma ordem. Assim, passou-se de uma administração monárquica jurisdicionalista, "passiva", assentada no fazer justiça, a uma "administração ativa", que se libertava dos constrangimentos corporativos (Subtil, 1997:142-143).

Absolutista nos termos aqui postos, a monarquia portuguesa era também patrimonialista. Assim, a organização do poder político pelo soberano, como ensina Max Weber, dava-se de forma análoga ao seu poder doméstico, confundindo-se o público com o privado, de tal sorte que o patrimônio público era tomado como propriedade pessoal do governante, com o que riquezas, bens sociais, cargos e direitos eram distribuídos por ele como sua propriedade pessoal. Nessas condições, havia um quadro administrativo pessoal do monarca, constituído por servidores (não por funcionários), regido pela ética do "jeitinho", o que se combinava com a falta de competências fixadas segundo regras objetivas, de hierarquia racional definida, de um sistema de nomeações e de promoções reguladas, de formação profissional, de salário fixo ou pago em dinheiro.[15]

Nessa ordem política absolutista e patrimonialista, sob a dinastia de Bragança, segundo Nuno Gonçalo Monteiro, deu-se a formação de uma Corte e de uma "nobreza de Corte". Essa nobreza era distinta da nobreza provincial e, mais ainda, das elites sociais e institucionais do Brasil (Monteiro, 2007:136). Na "sociedade de Corte", segundo Norbert Elias, o centro era o

---

[15] Ver: Weber (1982:229-238); Faoro (2000:3-34, 83-109); Rodríguez (1993:45-62).

rei, de quem, em última instância, todos dependiam e cujas graças e benesses os nobres disputavam entre si. Situados numa ordem hierárquica de equilíbrio instável e flutuante, disputando, uns com os outros, a deferência real e posições de prestígio, ao mesmo tempo os nobres procuravam distinguir-se em relação à massa, desenvolvendo uma competição feroz para conquistar *status* e prestígio. Nesse clima, eles seguiam uma "racionalidade cortês", pela qual planificavam calculadamente o comportamento individual, zelando pela manutenção das aparências, pela perfeita adequação das atitudes e gestos, controlando a demonstração de afetos e, ao mesmo tempo, exercendo sobre as outras pessoas uma cuidadosa vigilância (uma verdadeira "arte de observar os outros"). Faziam tudo isso com o intuito de prevenir golpes e/ou de arruinar aos rivais, tendo em vista a conquista de algum benefício próprio (Elias, 1995:14, 54, 78-81).[16] Em Portugal, como já se disse, os reis promoviam, por meio da chamada "economia do dom", uma "justiça distributiva". Com isso, eles se responsabilizavam por parcela expressiva do rendimento dos nobres.[17] A chamada "nobreza simples", base inferior da nobreza portuguesa, era constituída por uma categoria muito ampla, bastante numerosa, mas que excluía os que se envolviam em atividades mecânicas. Ela compreendia juízes e vereadores, oficiais das tropas de primeira linha, milícias e ordenanças, os licenciados, bacharéis e grandes negociantes, os chamados "comerciantes de grosso trato" (Monteiro, 2010:21). Os letrados, como se vê, não pertencendo às camadas superiores da nobreza, enquadravam-se nessa nobreza simples e, portanto, também estavam sujeitos à dependência do monarca[18] e, ainda, dos nobres.[19] Numa situação de vulgarização da condição de nobre, os membros

---

[16] Reportando-se a Bekford, o arcebispo de Tessalônica fez uma descrição de figuras da nobreza portuguesa que, malgrado os exageros, fornece as linhas gerais da racionalidade cortês: "Meu caro inglês, tudo isto é uma súcia de marotos aduladores: não acredite nem uma palavra do que eles lhe disserem. Apesar de brilharem como ouro, a lama não é mais vil: eu conheço-os bem" (Brandão, 1919:173).

[17] Na segunda metade do século XVIII, cerca de 16% das receitas das "casas" de titulares da nobreza vinham de "senhorios e outros bens da Coroa", cabendo às comendas das ordens militares cerca de 31% das rendas das mesmas casas; no conjunto, no período, "os bens sujeitos à confirmação régia equivaliam a mais de 55% das" receitas globais das casas em questão (Monteiro, 2007:88).

[18] Os letrados raramente dispensavam a subserviente dependência de um protetor, mormente o próprio soberano, de que é exemplo a relação entre Luiz Antônio Verney, o ministro Francisco de Almada e Mendonça e d. João V (Cidade, 2005:21-2).

[19] Raul Brandão, com seu peculiar estilo literário, sem, contudo, perder o pé na história, pronuncia-se sobre as relações entre alguns letrados e seus protetores: "Livros, poemas, sonetos,

da nobreza simples buscavam intensamente distinções que os elevassem, mais precisamente os hábitos de cavaleiro das ordens militares de Avis, de Cristo e de Santiago (Monteiro, 2010:22). Na segunda metade do século XVIII, os nobres vieram a deparar-se com a afirmação do governo da Coroa, por meio das secretarias de Estado (Monteiro, 2007:138), situação em que os letrados desempenharam papel importante. Assim, se os letrados pleiteavam mercês, ofícios, privilégios, isenções, eles muitas vezes foram os braços que concretizaram as determinações governamentais.

A América portuguesa, antes de 1808, esteve sujeita aos condicionamentos do sistema patrimonialista de dominação e aos mecanismos de uma sociedade de corte. Com a transferência da família real, viu-se ainda mais enredada neles. Primeiramente, a instalação de uma sociedade de corte no Rio de Janeiro repercutiu fortemente sobre os costumes e valores da terra, com a disseminação de hábitos e exigências, de padrões culturais e sociais europeus (Neves e Villalta, 2008:10-13). Além disso, a monarquia se valeu intensamente daqueles mecanismos para cooptar as elites locais. Como assinalou há muito J. F. de Almeida Prado, d. João recrutava seus auxiliares imediatos na aristocracia, na burguesia e na magistratura; essa "fauna áulica" do período joanino — de que é exemplo Luiz Joaquim dos Santos Marrocos, um letrado, bibliotecário da Real Biblioteca — movia-se por uma grande ambição, astúcia e "incansável pertinácia [...] nos seus desígnios, sempre à espreita de oportunidades de captar as boas graças do amo para conseguir mercês merecidas ou desmerecidas, ou vingar-se de adversários, ou um pouco de tudo ao mesmo tempo" (Prado, 1968:105, 117, 122). A corrupção fazia parte do jogo, facilitada pela intermediação de recursos para o tesouro junto a negocistas. Era comum denunciá-la quando afetava a outrem, de preferência um rival, mesmo estando-se nela atolado. Disso foi exemplo Francisco Bento Maria Targini. Primeiramente, porque ele saltou do modesto posto de arrecadador de rendas no Ceará ao de tesoureiro-mor do Reino, posição em que vivia em grande luxo. Além disso, porque em reação a essa sua ascensão meteórica e nebulosa, imprimiu-se em

---

são dedicados a príncipes e a fidalgos, que lhes dão esmola de alto, como a lacaios" (Brandão, 1919:186). Para o autor, a "época" deformou os letrados, fazendo-os dividir-se entre, de um lado, a vida exterior e, de outro, suas ideias e suas paixões; mais do que isso, alguns deles se viram obrigados a insultar, caluniar e difamar, a serviço de nobres que os protegiam, tendo em vista, com isso, garantir a própria existência (Brandão, 1919:187-189). Em suma, eram os letrados a viver sob as cadeias da "racionalidade cortês".

Londres uma edição de *Arte de furtar* em que se via, ao lado da imagem do padre Antônio Vieira, tido erroneamente como autor da referida obra, outra de Targini. O mesmo Targini, emblematicamente, "clamava contra patifarias de intermediários concorrentes" (ibid., p. 113-114).

As singularidades do Antigo Regime no Brasil

Analisados os elementos identificados na virada do século XVIII para o século XIX como constitutivos do Antigo Regime luso-brasileiro, bem como aqueles que escapavam, com maior ou menor intensidade, aos diagnósticos dos contemporâneos, é possível examinar aqueles elementos que eram singulares a um dos lados do Atlântico, isto é, do Brasil. No Brasil, mais especificamente, o "Antigo Regime", tal como ele era representado no momento de sua crise, compunha-se dos seguintes elementos: a sujeição política a Lisboa (e, conforme a localidade, depois de 1808, sobretudo no Norte, atual Nordeste, em 1817, ao Rio de Janeiro), a escravidão, a discriminação dos homens de cor, certa oposição entre o "reinol" e o "brasileiro",[20] a produção em larga escala de gêneros coloniais e o monopólio comercial metropolitano, que, abolido em 1808, era esconjurado e temido nos idos de 1821 e 1822.[21] De todos esses elementos, a escravidão merece uma análise mais pormenorizada.

---

[20] O processo de emancipação política foi lento, não linear, envolvendo, como condições subjetivas, a distinção entre *mazombos* e *reinóis* e a constatação do antagonismo entre os interesses dos habitantes da colônia e da metrópole (Mattos, 1999:18).

[21] Ao usar o conceito de Antigo Regime, é preciso considerar que, no mundo luso-americano, não houve feudalismo e que, no Brasil mais especificamente, existia uma sociedade que era "uma expressão muito peculiar da sociedade de Antigo Regime europeia", que se combinava com o "escravismo, o capitalismo comercial, a produção em larga escala de gêneros coloniais" e o "exclusivo comercial" (Souza, 2006:65-67). Os mecanismos do Antigo Regime — tipicamente coloniais —, por sua vez, tiveram um papel na acumulação de capital, como se deu com a formação da primeira elite senhorial na Guanabara, de meados do século XVI ao século XVII, cujas fortunas tiveram origem na conquista (terras e homens, leia-se, índios), na administração real (que dava poder e benesses, via sistema de mercês) e no domínio da Câmara (que dava o poder para interferir no dia a dia da colônia) (Fragoso, 2001:43). Esses mecanismos, ao mesmo tempo, implicavam conexões que ultrapassavam o âmbito local, como se deu com a arrematação de contratos reais (de cobrança de direitos) por negociantes de grosso trato no século XVIII no Brasil: enraizados em boa parte no Rio de Janeiro, tais negociantes tinham conexões imperiais, pois suas redes de comércio passavam da capital fluminense a outras partes da América portuguesa, como o Rio Grande do Sul, e chegavam até Angola e Goa, por exemplo (Osório, 2001:121).

Sobre a escravidão, é importante reconhecer três aspectos. Primeiramente, que ela não contradizia a lógica de estruturação da sociedade portuguesa sob o Antigo Regime. Na época moderna, a expansão de tal sociedade, concebida como um corpo, permitiu que, à "tradicional representação das três ordens medievais (clero, nobreza e povo)", além da subdivisão do povo (entre "limpo" e "vil", dependendo do envolvimento com os ofícios mecânicos ou de outras "impurezas de sangue"), fossem incorporadas várias subdivisões e classificações. As guerras levavam à escravização, ao mesmo tempo que a justificavam. Somente a partir das reformas pombalinas, com a proibição da entrada de escravos novos (1761) e a abolição da escravidão (1773) em Portugal (e apenas lá, não no Brasil),[22] desnaturalizando-se o estatuto jurídico do escravo, é que a contradição se estabeleceu.[23] Em segundo lugar, deve-se considerar que, mesmo até as reformas pombalinas, o impacto da escravidão era diferente em Portugal quando comparado aos verificados no Brasil e nas outras possessões: se a sintaxe das relações sociais e institucionais era a mesma, o volu-

---

[22] Aos 19 de setembro de 1761, foi proibida a entrada de novos escravos em Portugal, declarando-se livres todos os que ali chegassem ilegalmente a partir daquela data. Aos 16 de janeiro de 1773, definiu-se que os escravos cuja condição de cativos viesse de mães e avós permaneceriam no cativeiro até a morte, sem o transmitir a seus descendentes; os que tivessem herdado a escravidão das bisavós, porém, ficariam livres, assim como os que nascessem a partir de então (Ramos, 1971:169-178).

[23] Mattos, 2001:143-145, 156. As relações estabelecidas com judeus e mouriscos, convertidos à força ao catolicismo em Portugal sob d. Manuel e, posteriormente, a legislação que os segregava socialmente fundada na ideia de "pureza de sangue" serviram de paradigma à inclusão e, ao mesmo tempo, à discriminação de ameríndios e negros escravizados no Brasil, ou mesmo aos indianos em Goa (hindus e muçulmanos), ainda que "os estatutos de limpeza tenham tido muito menos espaço na Índia do que em Portugal" (Marcocci, 2011:57). Dessa forma, a história da sociedade portuguesa, desde fins da Idade Média marcada por um processo de expansão, permitiu a incorporação — hierárquica, diferenciada e discriminatória do ponto de vista jurídico — de novos grupos humanos, sendo a escravização e/ou as segregações desses novos elementos facetas de um mesmo movimento. Embora africanos e ameríndios fossem inquestionavelmente tidos como subalternos, isto não impediu que se isentassem os últimos da jurisdição inquisitorial em todo o império, concorrendo para tal isenção razões táticas, práticas, culturais e teológicas. Em suma, normas de discriminação "gradualmente foram se difundindo no mundo português, tornando sempre mais estratificada a condição de súdito da coroa". Elas se baseavam "numa mistura mutante, composta por um modelo fornecido [...] pela transformação do preconceito antijudaico em uma obsessão institucional [... e] pela complexa e controvertida reflexão de teólogos, juristas e missionários a respeito das possibilidades de salvação de categorias consideradas inferiores". Ao misturar sangue e religião, o mundo português deu grande contribuição para a "gênese do racismo moderno" (Marcocci, 2011:57-61). Nem a escravidão, nem a diferenciação estabelecida entre africanos e ameríndios, portanto, eram contraditórias à lógica do Antigo Regime português até as reformas pombalinas.

me da população de escravos, de forros e de descendentes livres de africanos singularizava as conquistas, constituindo uma força disruptiva e, ao mesmo tempo, que teve um papel fundamental "para a dinâmica das relações sociais no Império português" (Lara, 2007:36). A presença de escravos e de outras categorias excluídas das instituições políticas do Antigo Regime nos embates que assinalaram o ocaso deste último, por fim, precisa ser levada em conta nas análises. Como salienta Silvia Lara, cumpre "verificar como aqueles que 'não tinham poder' (do ponto de vista das representações do Antigo Regime) se apropriaram de instituições e mecanismos da política e do governo, para fazê-los funcionar de algum modo na direção de seus objetivos e interesses", impondo limites aos governantes e levando-os "a transformar seus modos de governar" (ibid., p. 35). As ações de escravos e forros na Bahia, em 1798, bem como os atrevimentos do padre mulato Leonardo Correa da Silva, secretário do governador d. José Tomás de Menezes, no Maranhão, em 1809-11, que serão melhor analisadas neste livro mais à frente, podem ser vistos como indicativos dessas presenças: se na conspiração da Bahia, certamente por influência dos primeiros, sonhou-se com uma República democrática e fundada na igualdade entre os homens de todas as cores, o clérigo citado, que não era escravo nem forro, mas tinha certamente ascendência africana, não só se alinhou com um dos "partidos" que disputavam o controle da capitania do Maranhão, como questionou insolentemente o marquês de Aguiar (d. Fernando Portugal e Castro), ministro de d. João. Se em ambos os casos, a resposta da Coroa foi a repressão, na Bahia a presença daqueles novos atores, a partir de 1797, afugentou alguns afoitos bem-nascidos do projeto de sedição que seria intentado em 1798. A escravidão, os escravos e seus descendentes, portanto, constituíam presenças atemorizadoras, mas vistas como necessárias no Brasil e, por isso, foram raras as vozes que propuseram sua eliminação ao lutarem contra o Antigo Regime.[24]

---

[24] Nos quatro movimentos (transferência da Corte, Revolução Pernambucana de 1817, Revolução do Porto e Independência) e nas falas de contestadores da passagem do século XVIII para o século XIX, supracitados neste livro, o "escravismo" muito raramente foi rejeitado, propondo-se sua extinção. José Bonifácio de Andrada e Silva, que detestava a escravatura (Bethel, 1976:51), foi uma exceção. Mesmo assim, em 1823, ele defendeu que a abolição não fosse imediata, por motivos de ordem política e econômica. No seu entender, antes da abolição era preciso garantir o aumento da população branca. Ao mesmo tempo, os que se envolviam com o tráfico poderiam opor-se à abolição e gerar uma crise, com o apoio da totalidade da população do interior, convulsionando o país (Oliveira, 2011:44). Para ele, enfim, aceitar a escravidão era o preço a pagar pela unidade do Brasil (Carvalho, 2013:19).

Figura 3. *Retrato de d. Pedro I.* Autor desconhecido. d. Pedro, assim como o pai, d. João VI, soube lidar com as condições adversas, preservando os interesses de sua dinastia nos dois lados do Atlântico

Fonte: Museu da Arquidiciocese de Mariana.

O Antigo Regime segundo atores políticos dos inícios do século XIX

Os elementos específicos da constituição do Antigo Regime no Brasil, assim como, em menor número, aqueles que eram comuns em relação a Portugal, em boa parte encontram-se sintetizados no "Manifesto do Povo do Rio de Janeiro", epígrafe deste livro, dirigido ao Senado da Câmara da mesma cidade aos 29 de dezembro de 1821, com o objetivo de impedir a partida do príncipe d. Pedro para Portugal, decretada pelas Cortes Constituintes de Lisboa em 29 de setembro daquele ano. No "manifesto", relembra-se o lugar econômico que Portugal reservou ao Brasil: o de ser "um país que se lhe era útil pela exportação de ouro e de outros gêneros, com o que ele paga[va]" as importações vindas de outros países, não sendo as exportações brasileiras nascidas "de estímulo das artes de indústria", mas "comprimidas pelo mortífero Sistema Colonial". Portanto, o "povo do Rio de Janeiro", punha em xeque a economia do Brasil e, ao mesmo tempo, a de Portugal, isto é, uma economia pautada na produção de gêneros em larga escala para exportação e outra, em que a indústria era débil, em que o comércio tinha um papel importante na acumulação — em outros termos, detectavam-se os limites do "capitalismo comercial" num contexto em que emergia a indústria. Por essas razões, desferia um dardo contra o "mortífero Sistema Colonial", implicitamente remetendo-se ao monopólio comercial metropolitano, que "comprimia" as exportações do Brasil (Manifesto, 1821:19).[25] O discurso, ademais, estabelece um claro antagonismo entre "Portugal" e "Brasil", ainda que não oponha "brasileiros" e "portugueses". Naquela altura, fins de 1821, o mesmo "povo do Rio de Janeiro", depois de reconhecer que as províncias do Brasil divergiam entre si, afirmava que elas tinham um ponto em comum, no qual depositavam todas as suas esperanças: a Constituição, isto é, o fim da monarquia absoluta (Manifesto, 1821:17). É importante ter em conta, porém, que Portugal, antes de 1808, não era um mero entreposto de bens europeus destinados às suas possessões americanas: o país produzia artigos exportados para o Brasil, havendo uma expressiva indústria artesanal de linho e ferragens na província do Entre-Douro-e-Minho e na Beira Litoral (Alexandre, 1993:19, 27, 36, 46). Esses dados são importantes para que se compreenda o sentido político das representações contidas no documento, incluindo-se aí o fantasma do monopólio comercial — desqualificar Portugal e justificar a oposição às Cortes de Lisboa — e, ao mesmo tempo, o impacto da virada decorrente da transferência da Corte para o Rio de Janeiro. Desnudando-se esse sentido, saliente-se, evita-se o endosso acrítico de tais representações.

O juiz de fora José Clemente Pereira, presidente do Senado da Câmara do Rio de Janeiro, aos 10 de janeiro de 1822, acrescentava outros elementos do "Antigo Regime" — por ele denominado "estado antigo", ordem anterior à

---

[25] José da Silva Lisboa, 11 anos antes, em *Observações sobre a prosperidade do Estado pelos liberaes principios da nova legislação do Brazil*, também atacara o sistema colonial, associando-o implicitamente ao monopólio comercial, ao manifestar-se a propósito das transformações decorrentes da vinda da Corte: "O Brasil começou grande Era, não menos para bem do Estado que do Gênero Humano, desde que foi suspenso o *Sistema Colonial*, e se promulgou uma *Legislação Econômica de Princípios Liberais*, os mais próprios a felicitar os povos deste Continente" (Lisboa apud Delmas, 2008:203, grifos meus). Em sua *História dos principais sucessos políticos do Império do Brasil dedicada ao senhor d. Pedro I*, de 1827-1830, Cairu afirmaria que o sistema colonial teria cessado com a abertura dos portos e a permissão à indústria, medidas tomadas por d. João assim que chegou ao Brasil (Oliveira, 2011:25).

transferência da Corte — aqui já sublinhados. O "estado antigo" correspondia ao "despotismo" e à "escravidão" (respectivamente, sinônimos de absolutismo e metáfora de sujeição colonial), aos quais ele opunha as liberdades conquistadas em 1808, 1815 e 1821; ao mesmo tempo, estabelecia um antagonismo entre as Cortes constituintes de Lisboa e os "brasileiros". Esses últimos estariam desconfiados, na medida em que as primeiras decidiam sem a participação dos seus representantes, de todos os deputados por eles eleitos. De fato, em setembro de 1821, as Cortes já discutiam temas relativos ao Brasil, mas, até então, só tinham chegado a Lisboa os representantes de Pernambuco e Rio de Janeiro, como se mostrará no último capítulo deste livro. Nos próprios termos do "manifesto":

> O Brasil, que em 1808 viu nascer, nos vastos horizontes do Novo Mundo, a primeira aurora da sua liberdade... O Brasil, que em 1815 obteve a carta da sua emancipação política [com sua elevação a Reino Unido], preciosa dádiva de um rei benigno... O Brasil, finalmente, que em 1821, unido à mãe pátria, filho tão valente, como fiel, quebrou com ela os ferros do proscrito *despotismo* [aderindo à Revolução do Porto e participando do processo constituinte]... Recorda sempre com horror os dias da sua *escravidão* recém-passada. Teme perder a liberdade mal segura, que tem principiado a gostar e receia que um futuro envenenado o precipite no *estado antigo* de suas desgraças [...] É filho da mesma causa o reparo e susto com que o desconfiado Brasileiro viu que, no soberano Congresso [das Cortes constituintes de Lisboa], se principiaram a determinar negócios do Brasil, sem que estivessem reunidos todos os seus deputados [Pereira, 1822:23, grifos meus].

José Bonifácio de Andrada e Silva, aos 26 de janeiro de 1822, em discurso que contou com outros signatários, mencionou com todas as letras o monopólio comercial, associando-o a um passado de "longo abatimento" e denunciando o perigo de vê-lo restabelecido, pois, em

> Manifesto das Cortes [Constituintes de Lisboa] às Nações estrangeiras [...], deplorando-se o estado de miséria e de pobreza em que se achava Portugal, indicava-se rebuçadamente, como medida necessária, o restabelecimento do antigo *comércio exclusivo colonial*, origem fecunda das desgraças e do longo abatimento em que jazera o Reino do Brasil [Silva, Lobo, Rondon e Azevedo, 1822:47, grifos meus].

Portanto, o "antigo Estado", o Antigo Regime, para cuja corrosão a vinda da Corte dera um empurrão, tinha como um dos seus elementos o exclusivo comercial metropolitano.

Inocêncio da Rocha Galvão, anonimamente, por sua vez, em *O despotismo considerado nas suas causas e efeitos*, folheto impresso pela primeira vez, em 1820, na Impressão Régia de Lisboa, e, depois, em 1821, na Impressão Régia do Rio de Janeiro (Delmas, 2008:122), dirigiu-se à "nação portuguesa" e pronunciou-se sobre a ordem anterior à Revolução do Porto e sobre aquela que se inaugurava a partir dela, identificando os elementos que caracterizavam o que se pode chamar de Antigo Regime, ou "Estado antigo". Ele abjurava o "odioso *despotismo*, fruto amargo e funesto da superstição e ignorância" e, ao mesmo tempo, prognosticava que "a árvore da liberdade cresce cada vez mais viçosa, abrigada das injúrias da aristocracia e das tormentas das facções". Portanto, no seu entendimento, o "Estado antigo" era tomado como despótico (no que se pode ver uma alusão ao absolutismo), império da "superstição e ignorância" (ponto que deixa clara a associação com o fanatismo religioso), domínio aristocrático e das "facções", configurando-se como antagônico em relação ao tempo que se inaugurava, em que a "árvore da liberdade" crescia viçosamente (ibid.). A menção à "árvore da liberdade", em oposição ao despotismo, ressalte-se, foi frequente na conjuntura revolucionária da passagem do século XVIII para o século XIX, no mundo luso-brasileiro e fora dele; o despotismo, por sua vez, era visto como origem das desgraças e da ignorância, tendo como correlata a "superstição" e, por conseguinte, opondo-se ao binômio constituído pela "liberdade" e pela "razão" (Neves, 2003:119-122).

No Brasil, diagnosticando o fim do Antigo Regime (isto é, assinalando a Independência), alguns contemporâneos, por um lado, compreendiam-no como uma *tendência*, no interior de um processo de maturação e de superação de uma situação tida como inaceitável e, por outro, procuravam firmar o projeto que defendiam para o devir, em contraposição a outros. Nos inícios de 1822, José Clemente Pereira dizia que o Brasil, tal como um filho, crescera, não podendo mais se sujeitar ao domínio da "mãe pátria", à "dependência", indicando que, conforme a percepção dos homens de então, havia uma tendência à emancipação política: em fins de 1821, o Brasil desconfiou que

> Portugal aspira[va] a reedificar o império da sua superioridade antiga, impondo-lhe a dura *lei da dependência* e arrogando-se todas as prerrogativas de mãe, como

se durasse ainda o tempo da sua curatela extinta, sem se lembrar que *este filho emancipado já não pode ser privado com justiça da posse de direitos e prerrogativas, que por legítima partilha lhe pertencem* [Pereira, 1822:24, grifos meus].

Portanto, Pereira recusava a volta a uma ordem anterior à vinda da Corte, apostando na continuidade da situação por ela inaugurada. Na verdade, mesmo a transferência da Corte, com o tempo, tornou-se objeto de apreciações e reações distintas. Se José Clemente Pereira e outros representantes do Centro-Sul, na passagem de 1821 para 1822, persistiram em vê-la positivamente, houve províncias que formularam outro juízo. Anos antes, aos 17 de março de 1817, o governo provisório da Paraíba, instituído com a revolução ocorrida no mesmo ano, afirmara voltar-se contra a tirania representada pelo "Ministério do Rio de Janeiro" — em razão do qual os paraibanos iam "passando de vexação em vexação", submetidos a um governo que não entendia as suas "queixas" ou que tornava "tão dispendiosas as diligências para serem atendidas que era um novo diabólico canal da extinção da nossa sustância".[26] Já nos idos de 1821-1822, o citado juiz de fora explicitava o sentimento então corrente no Norte, de que, com a vinda da família real, o domínio escorregara de Lisboa para o Rio de Janeiro (Schwarcz, 2002:320): "Quase todas as províncias declararam, mui positivamente, *que nada queriam do governo do Rio de Janeiro e que só reconheciam o de Lisboa*" (ou seja, o das Cortes Constituintes), pelo "*ódio necessário*" que lhe tinham "pelos males que de cá [Rio de Janeiro] lhes foram" (Pereira, 1822:26-27, grifos meus).

Se José Clemente Pereira avaliava a história do Brasil como um processo de maturação equiparável ao de um filho na relação com sua mãe, se denunciava a dependência como algo inaceitável para o rebento já maduro, ao mesmo tempo identificava diferentes possibilidades de futuro para esse "filho emancipado". Naquele momento, ele lutava por uma monarquia sob a dinastia de Bragança, em que houvesse um centro comum a todas as províncias do Brasil, mas percebia a existência de outras possibilidades de ruptura: a república, defendida em Pernambuco em 1817 e com seguidores nos idos de 1822, e/ou uma ordem constituída por vários estados, sem um centro definido, mencionando explicitamente o que se dava nas províncias de Minas, São Paulo e Rio Grande do Sul. José Clemente Pereira, assim como outros

---

[26] Cf. DH, 1953, vol. CI, p. 30-31.

sujeitos coletivos e individuais, opunha-se a essas possibilidades, convocando o príncipe regente a assumir o papel que lhe cabia para preservar a unidade e a monarquia. Para tanto, o primeiro passo seria não voltar a Portugal como determinaram as Cortes Constituintes. Assim, nos seus próprios termos, dirigidos a d. Pedro, ele reconhecia os projetos que se antagonizavam ao que estava a defender, ao mesmo tempo que exprimia a ideia da história como um processo de maturação, em que o futuro poderia (e deveria!) ser diferente do passado, o que dependeria das ações dos homens no seu presente:

[a província de] *Pernambuco, guardando as matérias-primas da independência que proclamou um dia [em 1817], malograda por imatura*, mas não extinta, quem duvida que a levantará de novo se um centro próximo de união política a não prender? Minas principiou por atribuir-se um poder deliberativo, que tem por fim examinar os decretos das Cortes soberanas e negar obediência àqueles que julgar opostos aos seus interesses; já deu acessos militares; trata de alterar a Lei dos Dízimos; tem entrado, segundo dizem, no projeto de cunhar moeda... *E que mais faria uma província, que se tivesse proclamado independente?* S. Paulo sobejamente manifestou os sentimentos livres, que possui, nas políticas instruções, que ditou aos seus ilustres deputados [constituintes nas Cortes de Lisboa] [...] O Rio Grande de S. Pedro do Sul vai significar a V. A. R. que vive possuído de sentimentos idênticos [...] Será possível que V. A. R. ignore que *um partido republicano, mais ou menos forte, existe semeado aqui e ali, em muitas das províncias do Brasil, por não dizer em todas elas*? Acaso os cabeças, que intervieram na explosão de 1817, expiraram já? E se existem e são espíritos fortes e poderosos, como se crê que tenham mudado de opinião? Qual outra lhes parecerá mais bem fundada que a sua? E não diz uma fama pública [...] que, nesta Cidade [do Rio de Janeiro] mesma, um ramo deste partido reverdeceu com a esperança da saída de V. A. R. [para Portugal], que fez tentativas para crescer e ganhar forças e que só desanimou à vista da opinião dominante de que V. A. R. se deve demorar aqui, para sustentar a união da pátria? [Pereira, 1822:24-25, grifos meus].

José Clemente Pereira, ao mesmo tempo que se pronunciava a favor da unidade dos dois lados do Atlântico, apostava implicitamente na Independência, pois julgava imprescindível a manutenção do Rio de Janeiro como centro que juntasse todas as províncias do Brasil, projeto recusado pelas Cortes e para cuja defesa ele queria angariar a adesão do príncipe d. Pedro (ibid., p. 27.). Sua concepção de história, ao trazer as ideias de maturação e de possibilidades diferentes de futuro, exprimia as transformações de que fala Reinhardt Koselleck, em seu estudo a respeito das noções de história de meados do século XVIII aos inícios do século XIX. De um lado, afastava-se da indistinção que equiparava passado, presente e futuro e que, por conseguinte, refutava que o devir poderia anunciar transformações; aliás, ele as prognosticava, ao antever que a emancipação política colocava-se no horizonte. De outro, distanciava-se da tópica da "história mestra da vida", de uma narrativa de fins exemplares, de cunho moralizante para seus leitores e que lhes dava lições sobre como deveriam agir em seu próprio tempo, lições estas que eram possíveis na medida em que a história não seria mais que repetição (Koselleck, 2006:22-24, 34-35, 42).

Contemporâneos de José Clemente Pereira, alguns pernambucanos estabelecidos no Rio de Janeiro, aos 9 de janeiro de 1822, endossaram o mesmo projeto, com um argumento que punha acento e saía em defesa da continuidade da situação estabelecida com a vinda da Corte (o regime monárquico e a existência de um centro), recusando a perspectiva de o Brasil vir a ser "retalhado", adjetivando-a como "novidades perigosas", em oposição ao que seria "natural". Para tais personagens, a questão a ser levada em consideração naquele momento era a "da prosperidade e do engrandecimento da Monarquia", levantando as seguintes questões:

> como é que este Grande Tudo (o Brasil), reduzido a pequenas frações, pode dar um resultado maior do que sendo conservado em sua *natural integridade*? Se o resultado deve ser igual, para que a divisão? Para que inovações perigosas? Se deve ser menor, como é que isto se combina com o plano da prosperidade e da grandeza da nação? [Memória..., 1822:33, grifos meus].[27]

Logo, esses pernambucanos entendiam que, no devir, haveria lugar para possibilidades distintas, "retalhamento" ou "unidade do grande tudo", isto é, do Brasil — e eles apostavam nesse último projeto.

Aos 26 de janeiro de 1822, José Bonifácio de Andrada e Silva, em discurso que teve outros signatários, expôs claramente a oposição existente entre "por-

---

[27] D. Pedro, que não era tolo e certamente sabia das resistências de Pernambuco a um governo central no Rio de Janeiro, ordenou que se fizessem "públicos, por meio da imprensa, os sentimentos de verdadeiro patriotismo e fidelidade, que os naturais de Pernambuco residentes nesta cidade acabam de manifestar" por meio da referida *Memória* (Cartas, 1822:31).

tugueses" e "brasileiros", dizendo que "recusam os de Portugal a seus Irmãos do Brasil a posse de um bem cuja perda não podiam suportar", ou seja, abrigar a sede da monarquia, classificando tal atitude como "egoísmo inaudito". Além disso, reuniu exemplos históricos que permitiriam conciliar a unidade do Brasil com Portugal e a existência de um centro no primeiro reino. Começou seu discurso referindo-se à promessa feita aos portugueses por Felipe II, da Espanha, quando da União Ibérica, em 1580, isto é, "residir em Portugal o mais largo tempo possível". Depois, acrescentou que:

> O pequeno Reino de Irlanda, apenas separado da Grã-Bretanha por um estreito braço de mar, conserva todavia um governo geral com todas as atribuições do Poder Executivo; o mesmo acontece ao diminuto Reino de Hanover, governado atualmente por um irmão de George IV; e o mesmo vemos nos Reinos da Boêmia e da Hungria [...] Como, pois, pôde vir à cabeça de alguém pretender que o vasto e riquíssimo Reino do Brasil fique sem um representante do Poder Executivo e sem uma mola central de energia e direção geral? [Silva, Lobo, Rondon e Azevedo, 1822:50-51].

Em suma, na passagem do século XVIII para o século XIX, o Antigo Regime luso-brasileiro compreendia estruturas econômicas, políticas, sociais e religiosas, em boa parte identificadas pelos atores que atuaram nesse período. Em comum a Portugal e ao Brasil, em termos econômicos, havia formas de acumulação centradas na atividade mercantil, alavancadas pelo monopólio comercial até 1808 e pelo tráfico de escravos, com desenvolvimento frágil das manufaturas; em específico, na colônia, havia o escravismo. Em termos políticos, uma monarquia absolutista patrimonialista combinava-se a uma sociedade de corte, cujos tentáculos unificavam de formas desiguais os atores sociais e políticos dos dois lados do Atlântico; o maior distanciamento da Corte e de suas benesses, a submissão à distante Lisboa, era o que distinguia os que se enraizavam do lado de cá, no Brasil, situação esta modificada com a transferência da Corte, que pôs o Rio de Janeiro no lugar da capital portuguesa e submeteu Portugal e as outras partes do Brasil aos desígnios de um novo centro. Em termos sociais, em comum havia critérios estamentais de estratificação social, com um grande enraizamento de valores aristocráticos, que conferiam especial atenção a títulos, comendas e *status*; em específico, havia no Brasil o peso da escravidão, instituição que, contudo, adquiria importância no conjunto do

Império português. No campo religioso, a força da Igreja e da religião católica combinava-se à presença da Inquisição (no Brasil, apenas até 1810, por força do tratado firmado com a Inglaterra), da "superstição" e do "fanatismo", ainda presentes dos dois lados do Atlântico, apesar das reformas patrocinadas pela Coroa desde os tempos do reinado de d. João V (1706-1750) e intensificadas a partir de d. José I (1750-77). Os que se voltavam contra o Antigo Regime na conjuntura em exame, por muitas vezes tomaram-no como "escravidão" e, do lado de cá do Atlântico, concebiam que a dependência colonial, tal como a observada entre filhos e mãe, estava com os dias contados, vislumbrando e lutando por projetos diferentes de devir, cuja substância será analisada ao longo dos próximos capítulos.

Antecipando-me ao que está por vir nos próximos capítulos, desloco para o mundo luso-brasileiro a validade das palavras de Alexis de Tocqueville, em *O Antigo Regime e a revolução*, despindo-as, porém, de suas cores mais vivas e, ainda, sem tomar as Luzes pura e simplesmente como o motor da crise e da revolução.[28] Dizia o citado pensador que a filosofia do século XVIII, in-

---

[28] Segundo Roger Chartier, não foram os livros das Luzes que fizeram a Revolução Francesa, como defendeu Daniel Mornet (1989), nem mesmo os "livros filosóficos" (denominação sob a qual se reúnem "as obras obscenas, contra a religião ou sediciosas"), como de certo modo entende Robert Danton (1998). A revolução se insere num processo de dessacralização que criou as condições que regularam as apropriações dos livros pelos leitores, os modos como esses homens leram os livros e seu mundo e que, de resto, tornaram-na pensável e possível. A revolução constituiu-se como um movimento de transformação que ultrapassou a curta duração do evento e, até mesmo, a do âmbito conjuntural, envolvendo modificações e a continuidade de tendências que vinham do século XVII (ao lado de outras, aguçadas ou que se deram no próprio século XVIII). Por um lado, houve um movimento de centralização político-administrativa, um processo pelo qual o Estado monárquico estabeleceu seu monopólio sobre a violência e que, como reverso, levou a uma politização da aldeia, referente a objetos próximos e particulares, no século XVIII, com o que as revoltas camponesas assumiram um conteúdo político mais claro e denotaram que se rompia com a ideia de uma ordem imutável. Por outro lado, numa duração ainda mais longa, verificaram-se: uma modificação nas crenças relativas ao pós-morte; um avanço, depois de 1760, dos índices que denotam as práticas contraceptivas, as concepções pré-nupciais e os nascimentos ilegítimos (tudo isso assinalando uma maior liberdade das gentes em relação à teologia moral cristã). Em função da reforma católica, deu-se uma cisão entre o clero, dotado de uma cultura teológica mais sólida, pronto a denunciar "os abusos e superstições de uma religião irredutível a seus cânones", e o conjunto dos fiéis, o que provocou o afastamento desses últimos de uma compreensão religiosa de mundo. Efeitos similares tiveram os debates suscitados pelos jansenistas e as mutações da percepção da pessoa real na França do século XVIII. Assim, sem hostilidade alguma em relação à monarquia, verificou-se um uso corriqueiro de certas expressões na fala, referidas à realeza, que veio a dessacralizar seus símbolos, privando-os, com isso, de toda a sua significação transcendente. A dessacralização pôde se instaurar no imediato das práticas ordinárias e dos gestos, assim como nas falas tornadas lugares-comuns, sem que se

dissociável da Revolução Francesa, constituía-se de duas partes. Uma parte corresponderia aos aspectos mais fundamentais e duradouros, à substância do movimento revolucionário, que consagrava "a igualdade natural dos homens, a abolição de todos os privilégios de castas, de classes, de profissões [...], a soberania do povo, a onipotência do poder social, a uniformidade das regras etc." (Tocqueville, 2009:9). Outra parte, que foi sepultada no curso da revolução, voltava-se com fúria contra a Igreja, atacando "o clero, a hierarquia, as instituições, os dogmas, e para melhor derrubá-los quiseram arrancar os próprios fundamentos do cristianismo" (ibid. p., 9). Napoleão Bonaparte, por sinal, exprimindo o abandono da oposição frontal à Igreja e à religião, demonstrando senso de oportunidade, ao dirigir-se aos clérigos de Milão, em proclamação que seria espalhada em Lisboa em 1808, dizia estar persuadido de que a religião católica era a "única que pode[ria] encaminhar para uma verdadeira felicidade, uma sociedade bem organizada e firmar as bases de um bom governo" (Brandão, 1919:229-230). Com isso, o imperador dos franceses reiterava o que a censura portuguesa da época do reformismo ilustrado afirmava em relação à religião cristã (Villalta, 1999:182-183).[29] Situação similar à observada por Tocqueville em relação à religião parece ter sucedido em Portugal e no Brasil, nos anos que foram da Revolução do Porto (1820) à Independência do Brasil (1822), movimentos sucedidos quando a restauração afetava a França. Com efeito, no mundo luso-brasileiro, a crítica religiosa, tão vivaz na passagem do século XVIII para o século XIX, tão imbricada à contestação política, ficou praticamente esquecida, permanecendo apenas os princípios estritamente políticos, que consagravam a soberania do povo, a igualdade jurídica e, com algumas ressalvas, a abolição dos privilégios. No Brasil, ademais, qualquer crítica maior à escravidão foi esquecida, como se pôde comprovar nos discursos dos homens que lideraram a Independência.

---

nelas se pensasse. A desafeição ao soberano, enfim, não teria sido necessariamente o resultado de uma operação intelectual, da leitura de determinados livros: estes não seriam os produtores da dessacralização, do desinvestimento simbólico e afetivo da realeza, mas, pelo contrário, produtos dela (Chartier, 2008).

[29] Em proclamação dirigida aos toscanos, publicada pelo *Correio Braziliense* em agosto de 1808, ao mesmo tempo que Bonaparte afirmava estar a conferir-lhes a honra de uni-los "ao destino do Império, formado pelo seu gênio" (dele, Napoleão), adotando-os como "filhos" e vendo os franceses a saudá-los como "irmãos", apresentava-se como "o protetor da Religião e da Moral" (Slemian e Pimenta, 2008:24-25).

Capítulo 2

Inquietudes político-religiosas, "esfera pública" e "francesias": de Portugal ao Brasil

Em Portugal, na passagem do século XVIII para o século XIX, havia uma inquietude política, social, cultural e religiosa, percebida tanto pelos que combatiam as instituições do Antigo Regime português — muitas vezes classificados como "libertinos"[30] e associados aos pensadores mais radicais das Luzes[31] — quanto por aqueles que as defendiam, ocupando ou não postos no aparato repressivo, como a Inquisição e a Intendência de Polícia, por exemplo. Os livros, os impressos e os manuscritos proibidos, assim como os rumores e as conversas, eram frequentemente associados a essa inquietude.

---

[30] Na passagem do século XVIII para o século XIX, o libertino era aquele que usava a razão como crivo básico para o entendimento e a vivência do mundo. Disto poderia derivar a heresia, e/ou um desregramento moral, e/ou a contestação política. Portanto, no contexto supracitado, libertino poderia tanto ser o "livre-pensador" tributário do pensamento das Luzes radicais, como o "herege" ou o "monarcômaco", ou o devasso, reunindo essas quatro condições, ou duas delas, sem que esta combinação, frise-se, fosse necessária. Sobre o conceito de libertino, veja: Rousseau (1985); Mott (1995:21); Villalta (2009:211-250).

[31] As Luzes radicais vão da Holanda da segunda metade do século XVII à França da segunda metade do século XVIII, de Bento Espinosa a Pierre Bayle e a Denis Diderot, com sua "corte de discípulos e acólitos", unidos por "uma insistência comum sobre a total separação da filosofia e da teologia, a erradicação dos critérios teológicos da moral e da política", e por um hilozoísmo anticriacionista e monista (concepção segundo a qual a realidade é uma, originada e formada por uma mesma substância, constituída por uma matéria animada por qualidades espirituais, sendo o cosmos um organismo integrado, com sensibilidade e consciência) (Israel, 2007:56).

A emergência de uma incipiente esfera pública

A Intendência-Geral de Polícia de Lisboa e Reino — criada pelo marquês de Pombal em 1760 e chefiada até 1780 por João Inácio Ferreira Souto, amigo do poderoso ministro josefino e magistrado que atuou no julgamento do duque de Aveiro e dos Távoras, implicados em 1758 na tentativa de regicídio (Maxwell, 1995:88) — acompanhava todo esse movimento. O raio de jurisdição da Intendência, contudo, era muito mais amplo, abarcando domínios hoje adstritos aos prefeitos municipais[32] e também os campos econômico, educacional, cultural e da assistência social, contribuindo ainda para a formação de quadros para a monarquia, das tropas à Igreja.[33] Então sob a chefia de Diogo Inácio de Pina Manique (1733-1805), nomeado para o cargo de intendente por d. Maria I em 1780 e exercendo-o até junho de 1805, data da sua morte (ainda que tenha sido demitido, a seu pedido, em março de 1803), a Intendência vigiava atentamente as iniciativas e manifestações que ameaçassem o trono e a religião, cuidando ao mesmo tempo da exaltação da monarquia.[34] Pina Manique combatia ferozmente os adversários da ordem, acompanhava suas ações, os materiais impressos e manuscritos, bem como as conversas pelas quais procuravam disseminar suas ideias. Porém, sem contradição com essas iniciativas repressivas, manifestava disposição de corrigir ou amenizar o que julgava ser iniquidade ou grave distorção no interior do Antigo Regime, sempre, é claro, tendo em vista sua manutenção.

Orientado por esse propósito, àquelas ações propriamente repressivas, Pina Manique somava outras, por meio das quais procurava dirigir, manipular e ensurdecer o *público*. Se em relação a alguns aspectos ele queria ver o *público* satisfeito, não deixou de procurar dirigi-lo e contê-lo. Por *público*, ele entendia

---

[32] Em ofício dirigido a d. Rodrigo de Souza Coutinho, em 9 de agosto de 1802, Pina Manique arrola as várias atuações do órgão que ele dirigia, entre elas aquelas que atualmente associamos às prefeituras. A Intendência, assim, cuidava da vigilância de mendigos e ociosos; da limpeza das ruas; das calçadas e das pontes; das fontes e chafarizes; da iluminação pública; da presença de animais vorazes e outros pelas ruas; da circulação de bestas, seges e carros de aluguel; dos vidros nas janelas; do Passeio Público (onde aconteciam desordens, entre 1780 e 1796 e mesmo depois); da organização das barracas; do fornecimento de carnes para a Corte e Reino; dos cômicos; das casas de jogo e jogadores; dos estabelecimentos comerciais; de alguns ofícios e seus oficiais (torneiros, fogueteiros, hortelões, homens de ganhar, boticários, médicos, cirurgiões, entre outros) etc. (IANTT-IGP, livro 7, 1802:20-39).

[33] Ibid., p. 23-63.

[34] Ver: Tavares e Pinto (1990:25); Silva (2006:157, 199); Alves (1999:60).

certa *audiência*, que ele levava em conta de forma a garantir a boa ordem e a justiça. Isso envolvia, portanto, a satisfação, a correspondência, ainda que parcial, às expectativas daquela mesma *audiência*. Esse *público* era concebido em termos do estamento e de relações sociopolíticas, em consonância com a desigualdade dos vassalos, como seria de se esperar da parte de uma autoridade sob o Antigo Regime. Assim, o *público* não correspondia a uma suposta e presumida avaliação majoritária entre os súditos. O intendente desdobrava-se em identificar (e, quando necessário, em reprimir) os espaços em que esse *público-audiência* se reunia, os princípios que nele se cultivavam e, sobretudo, os atores que agiam no sentido de divulgar ideias contrárias à sustentação da religião católica e do trono. Pina Manique parecia perceber as raízes profundas do processo revolucionário em curso na Europa e nas Américas, associando-o ao que Emanuel Kant concebe como a emancipação, a maioridade e a autonomia intelectuais que caracterizariam as Luzes e traduziriam a novidade por elas trazida. Para o grande pensador alemão, as "Luzes são a saída do homem do estado de tutela do qual ele mesmo é o responsável. O estado de tutela é a incapacidade de se servir de seu entendimento sem a condução de outrem". Em consonância com essa perspectiva, Kant defendia que os indivíduos privados, na qualidade de sábios e eruditos, usassem livremente sua razão pública quando se expressassem como membros da "sociedade civil universal", mas não no exercício dos deveres específicos de seus cargos (Kant, 2006:43-51). Se Kant louvava o processo de transformação que se operava, Pina Manique o temia e o associava às convulsões políticas. Ao juntar as ações de repressão, condução e atendimento do *público*, entretanto, Pina Manique frequentemente veio dilatar o universo da audiência delimitada pela palavra *público*, estendendo sua abrangência ao conjunto dos súditos (tão somente na condição de *audiência*), diferenciando-os a partir de critérios típicos de então, como a condição intelectual (se *polidos* ou *rústicos*), ou o estamento (se nobres ou eclesiásticos), dispensando-lhes, em função disso, um tratamento diverso.

Aos 26 de junho de 1792, ao referir-se a franceses (João Sabin, Luiz Andre Desclays, João Pedro Segri, Antonio Barli, João Baptista Deverest e Miguel Dame) que, em Lisboa, pronunciavam palavras de ordem e louvavam a Revolução Francesa e a liberdade, narrando os feitos heróicos, fantasiosos ou reais, do povo francês em sua luta contra o rei tirânico, personagens que atuavam nos cafés e bilhares da Corte, Pina Manique mencionava o seu temor de que "estes contos" (isto é, as falas dos citados personagens) se espalhassem entre os rústicos.[35] Dois anos depois, Manique descrevia as manifestações de outros estrangeiros, especialmente franceses, ocorridas numa casa de pasto (um restaurante), na rua Formosa, perto de uma fábrica de chapéus, onde havia 100 trabalhadores, frequentadores da mesma casa e que, certamente, ali levariam também outros operários, de outras fábricas. Nesse lugar, os manifestantes entoaram cantigas francesas revolucionárias vertidas para o português, posicionando-se contra os reis e, ainda, falando em liberdade e na "árvore da liberdade", que melhor ocuparia o lugar da estátua equestre de El-Rei D. José I, na praça do Comércio.[36]

Em janeiro de 1794, já com a Revolução Francesa em fase republicana, Pina Manique mandou o corregedor do Porto investigar quem eram as pessoas que "andavam libertinamente falando nos mistérios mais sagrados da nossa santa religião, na real pessoa de Sua Majestade [d. Maria I] e na do Príncipe [d. João] que nos rege, e que aprovam o governo dos franceses".[37] Ordenou igualmente que se verificasse se havia "uma loja de pedreiros-livres [isto é, de maçons] com toda a *publicidade*, se nos botequins, cafés, bilhares e assembleias era onde se disseminava o que referiu"; logo, queria saber quais eram os espaços na cidade do Porto em que se dava *publicidade* às ideias subversivas e heréticas, considerando uma loja maçônica como um dos ambientes possíveis da configuração do que se pode conceber como um contrapoder. O corregedor do Porto, em 1795, informava a Pina Manique que uma dessas pessoas era Manoel Teles de Negreiros, mas que não haveria prova legal contra ele. Todavia, o intendente sabia "que este havia já sido penitenciado pelo Santo Ofício por estas culpas de libertinagem, que seguia os mesmos sentimentos dos franceses e lia os livros incendiários"; além disso, ele teria fugido do Porto tão logo soube que se fazia a referida investigação, com o que, entendia o intendente, se constituía uma prova que o tornava um réu.[38] O intendente veio a encontrar essa mesma figura em Lisboa, em companhia do abade Correia da Serra, da Academia das Ciências, figura aos seus olhos igualmente suspeita, contra quem costumava vociferar, qualificando-o como perigoso libertino e jacobino: Correia da Serra e Manoel Negreiros "todas as tardes infalivelmente se ajuntavam na Praça do Comércio, com outros bota-fogos [isto é, subentende-se,

---

[35] IANTT-IGP, livro 3, 1792, p. 232-233.
[36] IANTT-IGP, livro 4, 1794, p. 163.
[37] IANTT-IGP, livro 5, 1794, p. 19v.
[38] IANTT-IGP, livro 5, 1795, p. 19v-20.

libertinos] de iguais sentimentos". Manique, ademais, culpava Negreiros por um delito que ultrapassava o domínio da contestação oral da monarquia e da religião, e atingia outros espaços. Com efeito, o bota-fogo do Porto envolveu-se com a produção de manuscritos e os fez circular por ambientes religiosos: cartas anônimas "apareceram em algumas paróquias e conventos, e também enviadas a alguns bispos", manuscritos esses que tinham a letra de Manoel Teles de Negreiros.[39] A audiência e os veículos com que Negreiros buscava atingi-la, portanto, se ampliaram — e Manique estava preocupado com o impacto desses tentáculos sobre o "público". Manique temia a possibilidade de Negreiros, um verdadeiro "monstro", vir a subvertê-lo e contaminá-lo. Por isso mesmo, defendia uma solução que, em definitivo, impediria tal contaminação: primeiramente, cogitou transferi-lo "para um dos presídios de Angola" e, depois, por temer "que lá mesmo revoltasse os povos", solicitou ao príncipe regente que o autorizasse a enviá-lo "para fora do Reino e [o] fazer embarcar para um dos portos mais remotos dele".[40]

Na verdade, Pina Manique percebia que havia em Portugal uma esfera pública de poder. Detectava os ambientes que a constituíam e temia que ela se tornasse indócil (ou melhor, hostil) à monarquia e à Igreja. Julgava, por todas essas razões, recomendável que se remetesse o disseminador do perigo para bem longe desse "público". Observava que parcela dos súditos de "Sua Majestade Fidelíssima" reunia-se em inúmeros lugares e espaços de sociabilidade (boticas, cafés, casas de pasto, bilhares e assembleias, aos quais ele acrescentaria livrarias, praças, ruas, casas particulares etc.); que em tais locais, além de encontros, ocorriam a leitura e o debate de periódicos, entre eles a *Gazeta de Lisboa*, jornais estrangeiros, livros, pequenos impressos e manuscritos, em boa parte proibidos; que nos mesmos espaços, os jornais eram deixados à disposição para consumo dos clientes e mesmo para atraí-los. O intendente, porém, ia além, pois avaliava que se constituía uma *audiência*, um *público* que era inventivo, que subvertia os sentidos originais dos textos, que levantava palavras de ordem contra a monarquia e a religião, saudando a revolução e convidando os presentes para realizá-la em Portugal! Em relação à leitura da *Gazeta de Lisboa*, tais leitores inventivos contariam com a colaboração dos censores, que deixavam passar notícias que deveriam ser ocultadas do povo, dos rústicos.

---

[39] IANTT-IGP, livro 5, 1795, p. 20.
[40] Ibid., p. 21.

Era, portanto, uma audiência que se transfigurava num poder concorrente, que afrontava a ordem, reunindo sujeitos individuais privados que, como preconizava Emanuel Kant, livremente exercitavam sua razão pública e expressavam seus posicionamentos, sem se confiar a limites. Tratava-se de uma audiência, ademais, que, na perspectiva de Manique, tinha uma limitação que poderia ser explorada: como ela, em boa parte, só conhecia a língua portuguesa, bastava cercear a circulação da *Gazeta de Lisboa*, lembrando o intendente a obscurantista medida de El-Rei d. José, que a interditou em seu reinado, entre 1762 e 1778 (Ferreira, 2004). Não lhe escapava, porém, que alguns dos materiais em circulação permitiriam superar essa barreira, pois traziam imagens perigosas pelo conteúdo e, principalmente, pela amplitude da audiência que as poderia compreender, posto que legíveis a todos os que as vissem. Por isso tudo, propunha artifícios para cercear (sem suspender) a circulação daquela "mesma Gazeta e, assim, continuar para tirar dos cafés, bilhares, casas de pasto e boticas este incentivo de abrir a porta a assuntos e discursos, que deles não podem produzir senão tristes consequências".[41] Portanto, Manique, com uma acuidade ímpar, vislumbrava (e temia!) a constituição do que se pode chamar *esfera pública de poder* e queria cerceá-la, impedindo, por exemplo, que a *Gazeta de Lisboa* chegasse às mãos do público leitor.

Próximo no tempo, em 1782, Alexandre Jansen Moller, inquisidor, também manifestava preocupação com a época de ebulição em que vivia, com as transformações que então se operavam e solapavam a ordem. Compreendia que livros "heréticos" reforçavam a falta de princípios (portanto, esse problema seria anterior ao contato com os livros) de alguns homens, desprovidos dos conhecimentos teológicos necessários para uma compreensão sã. O inquisidor, de fato, mostrava sua ciência e seu pesar quanto aos perigos daqueles tempos:

> pela malvada liberdade, de um século cheio de semelhantes perversidades e a abundância de escritos danados, que atacam os espíritos desprevenidos e infeccionam os homens faltos daqueles sólidos princípios com que, pela Ciência Teológica, se desprezam os insidiosos venenos dos seus heréticos autores e, pela sã filosofia, se abandonam os enganosos sofismas.[42]

---

[41] IANTT-IGP, livro 3, 1792, p. 291v.
[42] IANTT-IL, CP nº 131, livro 320, 1782, denúncia 148.

Tomou, ainda, uma providência que somava repressão e pedagogia, advertindo pessoalmente um libertino, o advogado José Homem da Costa Mergulhão Freire, que ousara defender proposições sobre temas teológicos, ameaçando-o com penas e submetendo-o a um processo de instrução com um sacerdote.[43]

Pensadores ilustrados portugueses ou cientistas estrangeiros a serviço da Coroa portuguesa igualmente perceberam a existência do *público* e a circulação de ideias *libertinas* por diferentes suportes. Em reação, procuravam agir em defesa de suas ideias, valendo-se dessa audiência, por vezes temendo-a, procurando até mesmo dirigi-la. Entre os portugueses, enquadra-se o padre Teodoro de Almeida, filósofo da Congregação do Oratório, exilado na França em parte do período pombalino, que temia as consequências junto ao público da publicação do tomo IX de sua *Recreação filosófica*, que trazia críticas aos libertinos: a leitura poderia favorecer a libertinagem (Vieira, 2009:101-104). Na categoria de estrangeiro, pode ser citado Domingos Vandelli, lente da Universidade de Coimbra, que dava "muita atenção à opinião pública e esta[va] atento para as inclinações ideológicas que a mesma traduz", não a tomando como algo homogêneo ou uniforme, mas percebendo distinções, como as que separavam as "opiniões do povo e a dos grupos médios urbanos" (Jobim, 1988:261).

Inquietudes religiosas, práticas de leitura e iniciativas revolucionárias

Ao mesmo tempo, houve quem tentasse dilatar e conquistar o *público*, tendo em vista a disseminação de ideias revolucionárias. Nos idos de 1798-9, em Quintela de Vinhaes, bispado de Bragança, d. André de Moraes Sarmento, ex-cônego regular de Santo Agostinho, ex-professor de teologia moral, metia-se em várias conversas, reuniões e iniciativas claramente vinculadas à maçonaria, em que se somavam um fervor revolucionário e uma visão crítica a respeito da religião e da Igreja Católica. Ele sonhava com a deposição do papa pelas tropas francesas, posicionava-se contra a confissão e afirmava que elementos da doutrina católica eram "imposturas" defendidas pelos monar-

---

[43] IANTT-IL, CP nº 131, livro 320, 1782, denúncia 148.

cas porque os ajudavam a "conterem os povos na obediência". Ele, por fim, refutava as preocupações com a criação, com a morte e, até mesmo, com os remorsos, os quais, no seu entender, não seriam uma prova da verdade da religião.[44] D. André fazia uma leitura bastante inventiva da Bíblia e das verdades da Igreja: duvidava da intercessão divina em alguns feitos; censurava-a em outros; questionava a existência do Inferno (proposição recorrente nos documentos inquisitoriais) e, ainda, da alma.[45] Se tempos antes, em 1778, d. André tinha criado uma loja maçônica em Lisboa, quando caiu nas garras da Inquisição, em 1798, na região de Bragança, defendia abertamente os franceses, admirava a França revolucionária, da qual possivelmente fosse um agente, e mostrava-se sedicioso e herege. Afirmava saber onde se encontrava "uma armada de franceses", os quais viriam se lançar sobre os portugueses, bem como onde estariam "vários instrumentos" com os quais se faria "uma música em ação de graças para quando" sucedesse de Portugal alcançar a liberdade — enquanto o príncipe regente estivesse "chorando no Paço, esperando qualquer dia que" o viessem "açoitar".[46] Certamente procurando infiltrar-se e mover as tropas, ele organizou a encenação da tragédia *Mafoma*, de Voltaire, que, sob a aparência de crítica a Maomé e ao fanatismo do Islã, alcança, por analogia, os eclesiásticos e o catolicismo. Ele alimentava as esperanças, enfim, de que os franceses plantariam a "árvore da liberdade" — enquanto alguns franceses, em Lisboa, como já mencionei, compartilhavam o mesmo sonho, imaginando-a na praça do Comércio, no lugar da estátua equestre de El-Rei d. José I.[47]

Na América portuguesa, à mesma época, havia também manifestações de inquietude política, social e religiosa. As margens da *audiência*, bem como os espaços em que ela se manifestava e os atores sociais que a constituíam eram certamente de menor dimensão do que os observados no Reino. Como lá, tais atores se concentravam nas camadas médias, sem excluir nem os que estavam no topo, ou, inversamente, na base, caso dos forros e escravos, elementos que singularizavam a colônia, sobretudo após 1773, data da "abolição" da escravatura em Portugal. Não convém, entretanto, subestimar essa audiência do ultramar, ao menos quando se tem em mira o que se passava nos maiores nú-

---

[44] IANTT-IC, CP nº 125, livro 417, 1798, p. 9-94.
[45] Ibid., p. 9:110.
[46] Ibid., p. 91-180.
[47] IANTT-IGP, livro 4, 1794, p. 163.

cleos urbanos, como Rio de Janeiro, Salvador e Recife, exatamente na virada do século XVIII para o século XIX.

Na Bahia de então, dava-se o nome de "francesias" às falas e ações de contestação religiosa e política. Segundo István Jancsó, tal expressão era de uso corrente, servindo para designar ações que expressavam sentimentos antimonárquicos (mais precisamente republicanos), ou autonomistas (isto é, favoráveis à emancipação política), ou antirreligiosos (Jancsó, 1996:37-38). Conforme um documento anônimo, na lógica dos que seguiam as "francesias",

> se devia principiar pela destruição da Religião, porque destruída esta, falta logo o espírito de caridade nos sublevados e, faltando-se esta, enchem-se logo o espírito de tirania e cheios desse espírito, cortam, freiam, matam, esquartejam, desonram e roubam a torto e direito, e causam com desumanidade todos os mais danos e males ao povo.[48]

As "francesias", portanto, comportavam ataques à ordem política ou à ordem religiosa; mais do que isso, tratava-se frequentemente de um duplo e combinado combate — à religião e às instituições políticas. Na verdade, como bem assinala István Jancsó, na época, "religião e política formavam um emaranhado inextrincável, tanto aos olhos do poder quanto aos daqueles que negavam sua legitimidade" (Jancsó, 1996:116). Na Bahia, o tenente Hermógenes Pantoja parecia sintetizar tal ataque combinado com precisão, dizendo: "Isto de religião é peta [isto é, mentira], devemos ser humanos, iguais, livres de submissão" (Tavares (1959:32). Até mesmo religiosos deixavam-se levar por tal espírito subversivo, em alguns casos talvez também por almejarem uma ascensão sociopolítica. Se em Vinhaes havia d. André Sarmento, já citado, em Salvador existiam frei José e frei Francisco, dois carmelitas que, à mesma época, ambicionavam chefiar a Igreja com o sucesso da revolução. Os dois carmelitas, em seu engajamento sedicioso, ligavam-se aos Cavaleiros da Luz, grupo maçônico ou protomaçônico. Em mais uma semelhança com d. André, traduziam uma obra de conteúdo tido como subversivo, *Júlia ou nova Heloísa*, romance epistolar de Jean-Jacques Rousseau, em que os amantes protagonistas punham em exame temas como a moralidade no teatro, o suicídio, a educação das crianças e o ateísmo (Ibid., p. 33-34).

---

[48] "Notícias da Bahia" (Jancsó, 1996:37-38).

Naqueles tempos de "juízo apurado", em Portugal e no Brasil, vários homens não aceitavam a crença em certos princípios religiosos e nos sacerdotes, na Escritura Sagrada e, até mesmo, em Jesus Cristo e em Deus. A expressão "juízo apurado" — usada por Leandro Canellas, crioulo forro, casado, soldado do terço de milícias dos Henriques, morador do Rio de Janeiro nos idos de 1801 — remete a tantas outras de significado equivalente, empregadas por diferentes pessoas, sobretudo de condição social e intelectual mais elevada que Canellas. A expressão corresponde, em grande medida, a ideias e procedimentos associados às Luzes. Para boa parte dos que compartilhavam desse entendimento, a religião e seus ministros, com destaque para o catolicismo, constituiriam uma negação, parcial ou total, desse "apuro". Leandro Canellas, com efeito, assinalava a incompatibilidade, ainda que parcialmente, entre o "juízo apurado" dos novos tempos e a crença no catolicismo. Ele duvidava da existência do Inferno, "petas dos antigos" (isto é, mentiras dos antigos).[49]

Quando se busca o significado concreto assumido pela expressão "juízo apurado" nas falas dos personagens envolvidos com textos e práticas de leitura heterodoxas libertinas, registradas na documentação inquisitorial, percebe-se que tal juízo envolvia uma série de princípios e de procedimentos que guardam grande correlação com as Luzes.

Em termos de princípios, consagraram-se, primeiramente, a defesa da autonomia intelectual do homem e, por conseguinte, do leitor e, inversamente, a recusa da pura e simples autoridade da tradição não submetida ao crivo da razão.[50] Em segundo lugar, fez-se a distinção de uma esfera interior, própria de cada pessoa, e de uma esfera exterior, referente à vida pública dos homens. Ora denunciou-se que, na sociedade de então, havia um descompasso entre essas duas esferas — de tal sorte que se processaria, no âmbito do público, uma falsificação —, ora defendeu-se o direito de cada um a viver interiormente do jeito que quisesse, desde que mantidas as aparências exteriores. Além disso, os leitores heterodoxos partidários do "juízo apurado" frequentemente defenderam a tolerância religiosa[51] e, mais raramente, a liberdade como direito inalienável do

---

[49] IANTT-IL, CP nº 134, livro 322, 1801, p. 299-299v.
[50] As ideias de autonomia e emancipação do homem, com o privilégio do que se escolhe por si mesmo, em detrimento do que é imposto por uma autoridade exterior, são a base do "projeto" das Luzes, implicando uma inteira liberdade de exame e de crítica, que não poupava dogmas e autoridades (Todorov, 2006:10-11).
[51] A tolerância religiosa foi a mais característica ideia das Luzes, reunindo em torno de si muitos pensadores, de diferentes posições (Outram, 1995:35-37).

homem. Associaram, em alguns casos, a afirmação da autonomia intelectual do homem à contestação político-religiosa, opondo-se ao absolutismo.

No que concerne aos procedimentos de leitura empregados pelos libertinos, pode-se, inicialmente, identificar aqueles que tinham um caráter mais propriamente cognitivo. Nesse âmbito, primeiramente, em congruência com os princípios identificados acima, os leitores exercitaram sua inventividade e autonomia frente às prescrições dos autores, livros, censores, inquisidores etc., apropriando-se criativamente dos textos. Ao mesmo tempo, comumente recorreram a procedimentos indutivos na construção do conhecimento, valorizando a observação e a experiência. Inversamente, prescindiram, em maior ou menor grau, do uso exclusivo de métodos dedutivos. Além disso, detiveram-se na análise da articulação, da coerência interna e da fundamentação de textos de todos os gêneros, inclusive de teologia e história sagrada, com destaque para a Bíblia.

Em relação aos procedimentos de leitura, é preciso destacar os modos como os leitores lidaram com as representações, nem sempre explícitos. Percebe-se que, implicitamente, os leitores faziam uma distinção entre "representações" e "realidade".[52] Compreendiam que textos, quadros, cerimônias, dramas, comédias etc. eram representações e que, por conseguinte, seguiam determinadas convenções, que prescreviam o que seria ou não apropriado em consonância com a forma de cada uma dessas representações, as circunstâncias e os sujeitos envolvidos. Pareciam entender, assim, que preceitos retóricos e/ou poéticos orientavam a relação entre "representação" e "realidade".[53] Por essa razão, não poupavam esforços para denunciar essa regulação e seus efeitos como "farsas", "mentiras", "máscaras", opondo-as frequentemente à "natureza". Mediante a contraposição entre, de um lado, o sentido literal e, de outro, os sentidos definidos por figuras retóricas,[54] como a metáfora ou a alegoria, alguns leitores

---

[52] A noção de representação ocupava um lugar central nas sociedades do Antigo Regime. Significava, por um lado, "a representação como dando a ver uma coisa ausente, o que supõe uma distinção radical entre aquilo que representa e aquilo que é representado; por outro, a representação como exibição de uma presença, como apresentação pública de algo ou alguém" (Chartier, 1990:20). Disso decorre, no primeiro sentido, ser a representação "um instrumento de conhecimento imediato que faz ver um objeto ausente através de sua substituição por uma 'imagem' capaz de o reconstituir em memória e de o figurar tal como ele é" (Chartier, 1990:20). Sobre o assunto, veja também Chartier (2011:15-29).
[53] A retórica é a "arte ou doutrina de orar com acerto" (*Delicioso jardim da rhetorica...*, 1750, p. 1).
[54] A *figura de retórica* "é um certo modo de falar, que dá força, esplendor e graça, ou beleza, a um pensamento nu e simples" (Crevier, 1830:277). Entre as *figuras*, há as que se chamam *tropos*,

procuraram diminuir o efeito de verdade dos textos, sobretudo da história sagrada. Outro caminho foi usar essas mesmas figuras retóricas, fazendo delas não um simples ornamento nos discursos, mas um argumento essencial, que lhes garantia força e inteligibilidade, como se processava em romances libertinos e tratados filosóficos de então (Bernier, 2001:6, 130-138). Ademais, além de perceberem que textos e máximas eram artifícios humanos (e, portanto, não divinos ou divinizados), repensaram os sentidos que traziam. Além disso, recusaram as autoridades que buscavam legitimidade nesses mesmos sentidos para exercer seu poder.

Nas práticas de leitura, houve quem, radicalizando ainda mais a inventividade e autonomia, se entregasse à encenação paródica das máscaras e convenções sociais. Disso é exemplo a proposta feita por Isidoro Pereira e Costa, na Bahia, em meados do século XVIII, numa imitação do que os próprios clérigos faziam com os santos, para colocar-se a imagem de uma santa numa localidade remota, noticiando-se seu suposto achamento e seu caráter milagroso para, com isso, lucrar-se com a crendice alheia. Ele tentou persuadir a testemunha José de Souza Nascimento, por várias vezes, a fazer

> uma imagem de Nossa Senhora, para ir deitar em algum lugar deserto e próprio para se fingir aparecida ali e lhes entrarem a fingir ser milagroso o seu aparecimento, e concorrerem esmolas para lhe fazerem capelas e irem-se eles sustentando desta patranha e fingimento que urdirem, trazendo, por exemplo, a invenção dos milagres do Senhor de Peora [?] e outras muitas, em outras partes, que traz por exemplo, e que mandaram fingir vários milagres em painéis para o povo ter fé naquela imagem [e] vir dando dinheiro e, assim, [eles] passarem bem.[55]

Outro exemplo foi a perturbação das práticas devocionais que teve como protagonista Antônio Carlos Ribeiro de Andrada Machado e Silva (1773-1845), em 1817, revolucionário em Pernambuco e, em 1821-1822, deputado às Cortes constituintes de Lisboa e, juntamente com seu irmão José Bonifácio,

---

em que há mudança no significado dos termos, produzindo-se com isso um segundo sentido — a *metáfora* (que tem duas espécies, a *alegoria* e a *catacrese*), a *metonímia*, a *sinédoque*, a *ironia* e a *antonomásia* — e existem outras, em que não se dá tal alteração e que "têm propriamente o nome de *figuras* ou *esquemas*" — a *elipse*, o *assíndeto*, o *pleonasmo*, o *polissíndeto* e o *epíteto* (Crevier, 1830:280-301, 302-307).
[55] IANTT-IL, CP nº 126, livro 316, 1750-61, p. 441v.

ator no processo de Independência do Brasil. Em 1794, em Portugal, quando estudava em Coimbra: nos arredores da cidade do Mondego, em casa dos seus anfitriões, quando esses se punham a orar, ele começava a rezar em diversas línguas (ora em latim, ora em francês, ora em castelhano), embaraçando-os com essa teatralização jocosa.[56] Igual sentido teve a carnavalização do sacrifício de Cristo, ocorrida em 1760, em Conceição do Mato Dentro, capitania de Minas Gerais, onde uns moços, ao que tudo indica liderados por Felipe Álvares de Almeida, pintaram um homem vestido com uma tanga e em bom som disseram: "Ecce homo".[57] Mais comum foi entregar-se à leitura oral de livros proibidos com o fito de divertir uma plateia, maior ou menor, firmando para si a imagem de "filósofo", de sujeito que exercitava sua autonomia e liberdade na relação com os textos e, de resto, com o mundo, tal como dizia de si mesmo José Pinto Leitão, do Porto, em 1797, em relação às leituras que fazia, diante de outros, do "catecismo dos franceses", em manuscrito.[58]

Esse conjunto de procedimentos de leitura, como se pode imaginar, teve a Bíblia como um de seus objetos, assim como livros de história eclesiástica, tratados de teologia, textos espirituais e mesmo obras hagiográficas. Considerando que textos religiosos submetiam-se à retórica e postulando uma distância entre "representação" e "realidade", os leitores heterodoxos libertinos fizeram, como já se disse, a análise dos aspectos internos dos escritos e parodiaram passagens bíblicas e de outras obras religiosas. Disso é exemplo a abordagem da presciência de Deus, em confronto com sua bondade, feita por Manoel Correa Monte Negro, em Coimbra, em 1796,[59] e com sua bondade e sua onipotência, realizada por Manoel Antônio da Rocha, no arcebispado de Braga, em alguma data entre 1775 e 1799.[60] Em ambos os casos, pôs-se em xeque a imagem divina que emerge da Bíblia: afinal, se Deus sabia que Adão e Eva cairiam, seria mau e/ou não onipotente.

A exploração dos aspectos retóricos dos textos bíblicos e religiosos, em geral, foi uma arma usada pelos leitores heterodoxos libertinos. É importante advertir que, segundo a censura portuguesa da época, como demonstra um parecer de 1769, sobre o livro *Traité de la vérité de la religion chrétienne*, de Jac-

---

[56] IANTT-IC, CP nº 228, livro 410, 1794, p. 289v.
[57] IANTT-IL, CP nº 126, livro 316, 1760, p. 112v.
[58] IANTT-IC, CP nº 120, livro 412, 1797, p. 308.
[59] IANTT-IC, CP nº 119, livro 411, 1796, p. 138v.
[60] IANTT-IC, CP nº 123, livro 415, [s.d.], p. 44-44v.

ques Abbadie (1763), dado pelo frei Francisco de S. Bento, deputado da Real Mesa Censória: "É regra indubitável entre todos os teólogos que as palavras da Sagrada Escritura se devem tomar no sentido próprio e literal todas as vezes que se não opõem à fé e bons costumes ou à evidência natural".[61] Logo, nas situações contrárias, a Bíblia deveria ser lida no sentido simbólico. Os leitores heterodoxos libertinos, porém, para atacar os textos bíblicos, estabeleciam oposições entre os sentidos literais e os sentidos simbólicos, mencionando, em alguns casos, figuras retóricas, como a metáfora e a alegoria, ou então fazendo o contrário, insistindo numa leitura literal. No combate aos textos da Escritura Sagrada, alguns leitores foram além de interpretá-los usando figuras retóricas: eles as empregaram tão somente para classificar, rotular e enfraquecer os mesmos textos.

São exemplos de interpretações de passagens bíblicas à luz da retórica, para pô-las em dúvida, o entendimento de Antônio de Morais Silva, em Coimbra, em 1779, segundo o qual seria uma alegoria a queda, com a ingestão de um pomo vedado por Deus,[62] e a compreensão, advogada por João de Souza Tavares, de que a presença de Cristo na eucaristia seria apenas algo figurativo.[63] É exemplo contrário, isto é, de uma leitura que insistia numa interpretação literal da Bíblia, o que fez Jerônimo Dier, um "judeu": se em 1799, residente com salvo-conduto em Lisboa, ele negou a presença de Cristo na hóstia, décadas antes, para desqualificar o apocalipse, ele se recusara a ver a descrição da figura do céu como voz, tomando-a no sentido literal e, por isso, classificando-a como falsa. Além disso, tudo indica, acrescentara que o texto bíblico era uma "narração incoerente, desigual, dizendo um [autor] assim, outro assim".[64] Exemplos de leitores que empregaram figuras retóricas para desqualificar textos religiosos são: Vicente Motaço, da Vila de Abrantes, em Portugal, em 1802, segundo o qual a Torre de Babel seria uma das mentiras inventadas por "uma mulher chamada Bíblia" (logo, uma mulher seria metáfora da Bíblia);[65] e José Mendes Sanches, no Rio de Janeiro, em alguma data entre 1779 e 1796, para quem as procissões eram "grã mascaradas", e a procissão dos Passos, similar à entrada do cavalo em Troia (logo, mascarada e cavalo de Troia eram

---

[61] IANTT-RMC, Censuras, caixa 5, parecer nº 73, 1769, [s.p.].
[62] IANTT-IL, processo nº 2.015, 1779, p. 29.
[63] IANTT-IL, CP nº 129, livro 318, 1775, p. 271.
[64] IANTT-IL, CP nº 134, livro 322, 1799, p. 107.
[65] IANTT-IL, CP nº 134, livro 322, 1802, [s.p.].

metáforas, respectivamente, de "procissões" e "Jesus Cristo");[66] a identificação entre a história dos santos e clérigos e o teatro, como advogava Isidoro Pereira e Costa, em Salvador, em meados do século XVIII; a apreensão da alma como árvore e, portanto, como algo que, sendo cortado, feneceria, como era propugnado pelo mesmo Isidoro supracitado;[67] e, ainda, a associação do Inferno ao Tutu Papão, figura usada para atemorizar crianças, como diziam o mencionado Isidoro e também José Vieira Couto, no Tejuco, em 1789.[68]

Os leitores libertinos recorreram também a ironias, a analogias e a paralelos entre, de um lado, situações cotidianas e/ou retiradas da história profana e, de outro, a história sagrada, a história eclesiástica, as verdades e os rituais da Igreja, tudo para diminuir a força desses últimos. Confrontaram os preceitos religiosos, morais, políticos etc. com a realidade física e histórica, comparando os princípios da Escritura, a postura da Igreja e as ações de seus ministros, ou mesmo colocando lado a lado as posições da hierarquia católica e a história profana. Por exemplo, Antônio de Morais Silva, em 1779, em ataque às verdades bíblicas e às posições da Igreja, comparava as dores do parto que, diante dos seus olhos, atingiam uma gata, ao suposto castigo de parir com dor, imposto às mulheres por causa da Queda, conforme o Gênesis, insinuando que as dores advinham de causas naturais;[69] na verdade, ele "considerava como impostura ou obras naturais os milagres descritos na Sagrada Escritura".[70]

Indo mais além, alguns leitores libertinos usaram passagens da Escritura Sagrada em situações cotidianas e profanas que muitas vezes representavam uma negação das verdades da religião católica. Entre os estudantes da Universidade de Coimbra, não são poucos os exemplos dos que fizeram esse tipo de leitura. Pode-se citar Francisco Vilela Barbosa (1769-1846), natural do Brasil, casado, que nos idos de 1792 protagonizou uma apropriação da história sagrada em que a aplicou à leitura das peripécias de uma meretriz que era sua contemporânea em Coimbra. Temendo ser delatado à Inquisição de Coimbra, ele se apresentou ao referido tribunal. Contou aos inquisidores que, inspirado pelo caso da prostituta Ana Brejeira, com boa freguesia na cidade do Mondego, que trocara seu corpo por "uma venerável imagem de Jesus Cristo

---

[66] IANTT-IC, CP nº 119, livro 411, [s.d.], p. 109.
[67] IANTT-IL, CP nº 126, livro 418, 1750-1761, [s.p.].
[68] Documento 87. In: Valadares (2002:336-337).
[69] IANTT-IL, processo nº 2.015, 1779 p. 41v.
[70] Ibid., p. 48v.

de ouro, segundo vulgarmente consta", compusera versos indecentes. A mesa da Inquisição, então, exigiu que ele efetuasse a entrega dos referidos versos, ao que Vilela impôs resistência, lembrando a indecência dos mesmos. Insensível aos apelos do estudante, o tribunal insistiu na exigência.[71] Mesmo se resignando a cumpri-la, Vilela confessou ter alterado alguns versos, julgando-os demasiadamente impróprios.[72] O poema constrói seu sentido mediante o jogo entre, de um lado, o sagrado, personificado por Jesus Cristo e Maria Madalena, que abandonou o meretrício por causa do primeiro e, de outro, o profano, ou melhor, o mundano, definido por uma imagem de ouro de Jesus Cristo, pela cínica prostituta Anica e pelo exercício do meretrício. Se a ideia de "imagem de ouro de Jesus Cristo" remete às críticas à idolatria encontradas no Velho Testamento, a desfaçatez de Anica é ampliada pela analogia entre seus feitos e desacatos, e aqueles de sentido inverso protagonizados por Maria Madalena no Novo Testamento. O sentido do poema não afrontava as verdades bíblicas, mas a analogia feita por Vilela é ousada, atrevida, dessacralizadora, na medida em que desrespeita ícones sagrados, misturando-os às baixezas humanas. O perigo do poema, assim, encontrava-se no fato de banalizar e, verdadeiramente, vulgarizar a história sagrada ao compará-la com uma situação corrente e de sentido inverso. Esse efeito dessacralizador, por sua vez, é reforçado pelos termos chulos, indecentes, de que o poema se vale, como se pode verificar a seguir:

Meretriz dantes era a Madalena
Por não ter baixado ainda Cristo à terra
Porém apenas veio, crua guerra.
Ao Demo declarou cheia de pena

Tão contrária de tão Santa Cena
Te mostras minha Anica em obrar pena,
Pois apenas vês Cristo, a ti se aferra
Novo desejo em dar aos membros crena [(= fenda)].

---

[71] IANTT-IC, CP nº 123, 1792, p. 439-439v.
[72] Em seus próprios termos: "No soneto antecedente, aonde diz = Tu pecas = e em obras perra =, diziam outros sinônimos mais vulgares, os quais mudei nestes por haver de aparecer este papel ante tão respeitável Tribunal" (IANTT-IC, CP nº 123, 1792, p. 439-439v).

Ora, pois, fazes bem em dar ao rabo,
Mas receio que o caso seja visto
E dê-te o *Santo Ofício* à pele cabo:

Por mais que digas por livrar-te disto,
Que se pecam as outras com Diabo
Tu pecas por ganhar o Santo *Cristo*.[73]

Como se verá no último capítulo deste livro, Francisco Vilela Barbosa, formado em matemática pela Universidade de Coimbra, seria, em 1821, deputado às Cortes constituintes de Lisboa pelo Rio de Janeiro e, em 1825, um dos representantes de d. Pedro I nas negociações que conduziram à assinatura do Tratado de Paz e Aliança com d. João VI, rei de Portugal,[74] envolvendo-se, ainda, com a elaboração da Constituição outorgada de 1824 (Melillo Filho, 1985:21); visconde de Paranaguá em 1825 e, depois, em 1826, marquês, Francisco Vilela participou da antecipação da maioridade de Pedro II em 1840.[75] Os "excessos" juvenis que Francisco Vilela viveu em Coimbra traduziam certa inquietude intelectual e, em última instância, dessacralizadora, e não o impediram de servir, em algum momento, à monarquia — primeiramente, à portuguesa e, depois, à brasileira — como súdito de um novo perfil.

Há outros exemplos de leitores que usaram passagens bíblicas em situações, no mínimo, pouco convencionais. João de Souza Tavares, bacharel em leis, em Paracatu, em alguma data entre 1769 e 1775, ao deparar-se com um

---

[73] IANTT-IC, CP nº 123, 1792, p. 439-439v.
[74] IANTT, Tratados, Brasil, cx. 1, nº 5; RGM/RC, livro 1, fl. 340, 12/5/1829; Varnhagen ([1847], 1987); Carvalho (1912:86); Monteiro (1981:390).
[75] José Veríssimo, em sua *História da literatura brasileira*, toma-o como um dos expoentes da má literatura produzida entre os autores mineiros e os românticos (Veríssimo, 1915:68). Esse juízo parece ser bastante pertinente, pois seus poemas, de que há o livro *Poemas*, publicado em 1794, pecam ou por um lirismo excessivo, ou pelo exagerado tom laudatório. Veja, por exemplo, *Poemas / de Francisco Villela Barbosa, natural do Rio de Janeiro, e estudante de mathematica na Universidade de Coimbra* (Barbosa, 1794). Nesses poemas, como se poderia esperar de uma obra publicada em Portugal com a autorização da censura, nada há de contestador. Aparecem palavras como "tirania" e "tirano", muitas vezes associadas a figuras, sentimentos, mas sem qualquer tom político. O mesmo se dá com palavras como "despótico" e "natureza". As exceções são inofensivas, pois se encontram remetidas à Antiguidade. Em 1810, ele publicou *Elementos de geometria*, pela Oficina da Real Academia de Ciências de Lisboa, instituição da qual ele era membro. Em meados do século XIX, envolveu-se numa polêmica com Cristiano Benedito Otoni sobre o ensino da matemática na Academia Real da Marinha do Rio de Janeiro (Valente, 2003:160).

problema de disfunção erétil, visando à sua superação, usou palavras bíblicas que exprimem o sofrimento de Jesus Cristo.[76] Algumas vezes, ao efetuarem tais operações, os personagens tangenciaram um realismo quase pedestre, de que é exemplo o mesmo bacharel João de Souza Tavares, para quem o pomo do Gênesis seriam as partes pudendas de Eva.[77] Por fim, houve leitores que adjetivaram passagens da Bíblia, a Escritura Sagrada como um todo, e/ou os dogmas da Igreja, e/ou os santos, e/ou os eclesiásticos etc., como "histórias", isto é, como mentiras. Tal associação se encontra presente entre as proposições de Aires Carneiro Homem, em 1779, em São Luís do Maranhão;[78] de Joaquim José de Souza, professor de medicina, nos idos de 1793, na cidade da Bahia;[79] do alemão João Jacob, em Diamantina, por volta de 1771 e de Antônio Carlos Ribeiro de Andrada, em Coimbra, em 1794. O penúltimo, ao aludir à proibição de se comer do fruto de uma "árvore do paraíso", tomou-a como "modo de explicar" para "os meninos da escola".[80] Já Antônio Carlos, ao negar a existência do Inferno, falou apenas em "mentiras", que seriam utilizadas para se fazer com que os homens rústicos fossem humildes e obedientes. Ao mesmo tempo, Antônio Carlos construía uma imagem de Deus como um ente benfazejo que, longe de querer que os homens reprimissem seus desejos, aprovaria que eles fruíssem livremente os prazeres: não se tratava de defesa do amor livre, mesmo porque ele propunha que se respeitassem as mulheres casadas e que a fruição dos prazeres se desse com as *solteiras*, termo que, na época, não remetia propriamente às celibatárias, mas àquelas que, sendo solteiras e não eclesiásticas, por algum motivo haviam caído na desonra.[81] João Bernardo Monteiro, casado, boticário no lugar de Urros, em Portugal, nos idos de 1798, em chave semelhante à usada por Antônio Carlos, dizia que no Inferno não haveria fogo algum, acrescentando que o dizer o "contrário é história e encarecimento com que pregadores e autores querem atemorizar as almas".[82]

---

[76] IANTT-IL, CP nº 129, livro 318, 1775:271-272.
[77] Ibid., p. 271.
[78] IANTT-IC, CP nº 119, livro 411, 1779, nº 19.
[79] IANTT-IL, CP nº 131, livro 320, 1793, p. 174.
[80] IANTT-IL, CP nº 130, 1771, p. 57.
[81] IANTT-IC, CP nº 228, livro 410, 1794, p. 368-368v. Essas máximas encontram-se sintetizadas em *Tereza filósofa* (1748), romance do marquês d'Argens, aparecendo também em vários outros textos da época, não só de prosa de ficção. Antônio Carlos não foi o único a defender tais ideias no mundo luso-brasileiro, sublinhe-se.
[82] IANTT-IC, CP nº 126, livro 418, 1798, p. 431-433.

Os leitores heterodoxos libertinos, cujas leituras foram analisadas até aqui, com todos os princípios e procedimentos que empregaram para opor-se à fé católica, à história sagrada, à história eclesiástica, à Igreja e ao corpo eclesiástico, pondo a nu a mediação das representações (aliás, das diferentes linguagens e dos elementos que as constituíam), construíram uma compreensão dessacralizadora dos textos e do mundo. Suas práticas de leitura traduziam uma nova compreensão da história: por um lado, crítica das narrativas históricas religiosas e profanas, marcadas pelo modelo da "história mestra da vida", então em circulação (assentada numa identidade entre passado, presente e futuro, portadora de um sentido pedagógico e que continha lições aos homens, do que decorria muitas vezes acomodar os fatos aos ditames dos preceitos retóricos) e, por outro lado, capaz de diferenciar passado e presente, vistos como distintos. Na verdade, as práticas de leitura e a nova concepção de história que os libertinos exprimiam correlacionavam-se com discussões eruditas desenvolvidas desde fins do século XVII e, sobretudo, tinham operacionalidade em relação às ações que eles realizavam, inscrevendo-se numa luta para edificação de um novo devir, de uma nova ordem moral, religiosa e política.[83]

Exemplos de libertinos que mesclaram heresia e contestação política, ou cujas proposições heréticas foram vistas como ameaçadores à ordem religiosa e à ordem política, são o já citado tenente Hermógenes Pantoja e "outros moradores da cidade da Bahia" (1797-98), bem como o cirurgião Cipriano Barata de Almeida e o lavrador e músico Marcelino Antônio de Souza (1798-1800), também na Bahia, objetos de um sumários por parte da Inquisição de Lisboa.[84] Com claras correlações com tais personagens estava o padre Francisco Agostinho Gomes (1800), denunciado apenas por heresia.[85] Tais personagens supracitados estiveram, direta ou indiretamente, envolvidos na chamada Inconfidência da Bahia ou Conspiração dos Alfaiates (1798), sobre a qual foram abertas duas devassas na Justiça Secular — uma, para apurar a autoria de pasquins sediciosos afixados em Salvador e outra para investigar a tentativa de sedição, datando as aberturas das mesmas, respectivamente, dos dias 12 e 26 de agosto de 1798. Se Marcelino Antônio de Souza não aparece como acusado nos autos das devassas, ele é mencionado no sumário aqui ci-

---

[83] Sobre isso, veja: Koselleck (2006:22-25, 34-35, 42, 50); Kant (2006:43-51); Cottret (1998:7-8); Hazard (1994:38-42); Grafton (2007:2-4, 11-12); Araújo (2003:53-56).
[84] IANTT-IL, processo nº 13.541, 1798; IANTT-IL, processo nº 13.865, 1798.
[85] IANTT-IL, processo nº 15.061, 1800.

tado, cujo ponto de partida é uma denúncia feita, aos 6 de maio de 1798, pelo padre José Fonseca Neves. Referência ao mesmo personagem também se encontra na correspondência de José da Silva Lisboa a Cipriano Barata, reproduzida por Affonso Ruy em seu clássico *A primeira revolução social brasileira* (1942).[86] Devido à riqueza dos elementos referentes a esses personagens e ao entrelaçamento entre as críticas religiosas e políticas que realizavam, analisarei as proposições de Hermógenes Pantoja e as atribuídas a Cipriano Barata e Marcelino de Souza de forma mais pormenorizada neste capítulo, fiando-me sobretudo na documentação inquisitorial sobre o assunto, pouco explorada. As ações propriamente revolucionárias dos dois últimos serão analisadas no capítulo seguinte. Já ao enfocar, neste capítulo, Francisco Agostinho Gomes, não usarei apenas documentos inquisitoriais, apelando também para outras fontes: *Narrativa de uma viagem ao Brasil* (1805), livro de Thomas Lindley, comerciante inglês (Lindley, 1804:XVII-XVIII, XXV) e, de modo mais superficial, duas listas de livros submetidas ao crivo da censura portuguesa em 1799 e 1800, para que se procedesse ao envio dos mesmos de Lisboa para a Bahia.[87]

Francisco Agostinho Gomes nasceu em 1769, em Salvador. Era filho de um comerciante de grosso trato estabelecido na Bahia, com ascendentes na província de Trás-os-Montes, em Portugal, homem cuja opulência e prestígio parecem ter pavimentado seu caminho para que fosse habilitado como cavaleiro professo na Ordem de Cristo (Neves, 2008:3). Sobre Francisco Agostinho Gomes, há interessantes referências feitas por Thomas Lindley, certamente envolvido em atividades de contrabando e que aportou com sua esposa na Bahia, em meados de abril de 1802, vindo da cidade do Cabo. Em 18 de outubro de 1802, Lindley registrou algumas observações sobre o padre Francisco Agostinho Gomes, a quem tinha sido apresentado em viagem an-

---

[86] Aos 3 de maio de 1798, o mesmo José da Fonseca Neves enviou uma correspondência à rainha com denúncias contra Cipriano Barata e Marcelino Antônio de Souza (Ruy, 1942:76). O teor da referida correspondência é similar ao da denúncia, mas não exatamente o mesmo. Há uma controvérsia sobre tal correspondência e sobre a identidade de Silva Lisboa, se este seria José da Silva Lisboa, o futuro visconde de Cairu, e qual teria sido o papel do último no movimento. Sobre isso, ver, entre outros, Jancsó (1996:21). Na citada correspondência, o missivista informa a Cipriano Barata o seguinte: "Por carta de Marcelino Antônio sei que está firme" no apoio ao movimento (Ruy, 1942:71). Patrícia Valim afirma que não encontrou o original do referido documento, também citado por Florisvaldo Matos (Valim, 2009:19, 21 nota 29).
[87] IANTT-RMC-RMCGCL-DP, caixa 157, 1799-1800.

terior.[88] Segundo Lindley, o padre Francisco Agostinho era filho de um rico mercador, que percebeu que seu filho tinha dotes intelectuais, destinando-o cedo ao sacerdócio. Com a morte do pai, ele herdou uma fortuna, não se dedicando às atividades do seu ofício, mas àquelas com as quais tinha mais afinidades: a ciência, que lhe era familiar, particularmente a botânica, para cujo desenvolvimento o padre encontrava no Brasil as melhores condições para desenvolver observações (Lindley, 1805:66-67). Para realizar suas incursões científicas, ele fez estudos de francês e de inglês, completando-os sem ter um mestre (ibid., p. 67). Lúcia Bastos Pereira das Neves, corroborando em parte essas informações dadas por Lindley, afirma que o pai de Agostinho, em função de pendores intelectuais do filho, o enviou para Portugal para realizar seus estudos e para abraçar a vida eclesiástica, dentro da qual alcançou a ordem de diácono. Com a morte do pai, ele teria voltado ao Brasil e, graças a um indulto apostólico, com beneplácito régio, veio a licenciar-se de suas obrigações como diácono para gerir a casa comercial que herdara. Não teria, portanto, se tornado presbítero (Neves, 2008:3).[89] Mesmo assim, ficou conhecido como padre, e foi desta forma que enviou livros de Lisboa para a Bahia em 1799 e 1800, como mostrarei a seguir e como consta de documentos submetidos ao Desembargo do Paço: "Relação dos Livros do Pe. Franc°. Agostinho Gomes".[90]

Em 1796, Francisco Agostinho Gomes entregou a administração de sua casa comercial a Manuel José de Melo, o que lhe permitiu viajar para Portugal. Anos depois, veio retomar a administração dos seus negócios, em função dos prejuízos que lhe causou o administrador que escolheu. Nos anos de 1797 e 1798, ele se envolveu em discussões relacionadas, de algum modo, à conjuração que eclodiu na Bahia em agosto de 1798. Antes e/ou depois disso, de qualquer forma, viajou para Portugal, aproximando-se de d. Rodrigo de Souza Coutinho (Neves, 2008:4). Ao que parece, nessa estada em Portugal, ele desenvolveu uma série de iniciativas que mostram seu espírito empreendedor e científico, bem como que o caracterizam como um personagem típico de sociedade de corte. Num momento em que Portugal procurava dinamizar sua

---
[88] Com efeito, ele registra ter sido apresentado ao padre "em sua última viagem para cá", isto é, Salvador (Lindley, 1805:66-67).
[89] O sacramento da ordem, embora fosse um só sacramento, dividia-se em sete graus ou ordens sacramentais: quatro menores e três sacras. As ordens menores eram "hostiário, leitor, exorcista, e acólito", enquanto as sacras eram "subdiácono, diácono, e presbítero, ou sacerdote" (Vide, 1720:91, v. 1).
[90] IANTT- RMC-RMCGCL/DP, caixa 157, 1799-1800.

economia e enfrentar as restrições que a Inglaterra fixou para a saída de seu cobre, em julho de 1799, Agostinho propôs a formação de uma companhia para a exploração de minas de cobre e ferro na Bahia. Solicitou, ainda, para tanto, sesmarias, escravos, mineiros e isenção de impostos sobre os metais referidos, além do privilégio de fundi-los e a preferência de sua empresa para extrair outros metais nas áreas sob seu controle (ibid., p. 6). Segundo Lúcia e Guilherme Pereira das Neves, ele dizia ter "o intuito de 'fazer com que Portugal venha a ser abundante de metais tão úteis à agricultura, às artes e à navegação, e para que o nosso Portugal possa ter uma Marinha de Guerra que seja respeitável'" (Neves e Neves, 2004:17). Em agradecimento às benesses pleiteadas, Agostinho prometeu fundir, com o primeiro cobre que encontrasse, uma estátua em homenagem ao príncipe regente e ao seu governo. Além disso, em 1800, o comerciante baiano enviou muitas plantas nativas do Brasil ao Jardim Real de Lisboa, classificando-as segundo o sistema de Lineu, e propôs a propagação de novas culturas, como a da pimenta-da-índia (Neves, 2008:6). Thomas Lindley o encontrou na Bahia, em 1802, o que mostra que ele já tinha, então, retornado do Reino.

Na biblioteca de Agostinho Gomes, Thomas Lindley, ao que parece, em sua primeira estada em Salvador, deparou-se com livros escritos em francês e inglês. Lá se encontrariam *L'Encyclopédie*, de d'Alembert, e mais obras de Buffon e Lavoisier, entre outros autores não identificados pelo viajante, sobretudo de história natural, economia política, viagens e estudos de filosofia, aos quais ele juntara um completo aparato astronômico vindo de Londres (Lindley, 1805:68). Os autores e títulos encontrados por Lindley na biblioteca de Agostinho Gomes, bem como as áreas de conhecimento que a mesma contemplaria, segundo o citado viajante, convergem quase que integralmente com o acervo de livros a ele despachado de Lisboa em fins do século XVIII, com exceção da *L'Encyclopédie* — na lista de livros datada 1799, não há nenhum título que se aproxime, e na de 1800 menciona-se apenas a *Encyclopedia Britannica*.[91] A análise de livros comprados pelo padre permite inferir que ele se interessava pela área científica, o que é confirmado pelo exame de sua biblioteca feito por Lindley, em consonância com o fato de o padre ter adquirido o aparato astronômico supracitado.

O viajante inglês, ademais, não ficou apenas na observação, tendo dialogado com Agostinho Gomes. Deste, ouviu elogios à *História da América*,

---

[91] IANTT-RMC-RMCGCL-DP, caixa 157, 1799-1800.

de William Robertson e, quanto a *A riqueza das nações*, de Adam Smith, o lamento pelo "quão pouco do seu sistema" ser "observado no Brasil", do que se infere uma referência do padre ao monopólio comercial e à defesa do livre-comércio (Lindley, 1805:68). Essas duas obras, advirta-se, estavam ausentes nas listas de livros submetidas ao Desembargo do Paço em 1799 e 1800. E os juízos de Agostinho Gomes, por sua vez, revelam, por um lado, seu endosso às críticas presentes na obra de Robertson à colonização europeia na América e, por outro, sua adesão ao liberalismo de Adam Smith. Segundo Lindley, Agostinho Gomes estava familiarizado com as disputas políticas do mundo anglo-saxão, pois ele discorrera sobre os estudos de Thomas Paine, sobre o qual parecia enfatizar algumas de "suas inúteis opiniões" (ibid., p. 68), sendo possível presumir, a partir do juízo de Lindley, que se tratasse de uma possível defesa da Independência da América inglesa feita por Paine. Novamente, percebe-se o quanto o padre Agostinho Gomes estava afinado com as ideias das Luzes mais radicais. A perspectiva crítica do padre baiano somava-se ao seu interesse pela ciência, de que era indício também o fato de ter colecionado, como registra Lindley, "muitos artigos valiosos de espécies marinhas, fósseis e minerais" (ibid., p. 68). Ele teria feito numerosas descobertas botânicas e mostrado algumas novas espécies, que ele arranjava conforme o sistema de Lineu, encaminhando-as para Lisboa, o que converge com informações de outras fontes, conforme citado anteriormente (ibid., p. 68). Lineu, eminente cientista das Luzes, aparece entre os autores presentes na lista de livros submetida ao crivo do Desembargo do Paço em 1800. Lindley, enfim, considerava o padre Francisco Agostinho Gomes, por seu interesse científico, uma exceção no panorama intelectual do Brasil em pleno século das Luzes.[92]

Em fins do século XVIII, Francisco Agostinho foi acusado de promover jantares de carne em dias de preceito, além de mostrar simpatia pelos princípios franceses e por suas constituições (Jancsó, 1996:117). Ele lia gazetas estrangeiras e divulgava as notícias que nelas encontrava (Neves, 2008:4). Sua vida privada, ademais, não seguia as regras estabelecidas pela Igreja, embora se

---

[92] Certamente, o peso da prisão reforçou esse juízo depreciativo, mesmo porque Lindley registra observações extremamente positivas sobre João Furtado, senhor de engenho do sul da Bahia, um bacharel de 70 anos, em cuja casa esteve. Ele seria familiarizado com a história natural do país, particularmente a ornitologia, não tendo o visitante podido privar mais de sua companhia e obter maiores informações, dado o caráter momentâneo de sua passagem, o que muito lamentou (Lindley, 1805:11-12).

enquadrasse nos padrões morais vigentes, em especial na sociedade colonial: segundo Lúcia Bastos Pereira das Neves, ele manteve relações ilícitas com d. Maria Luzia, uma viúva de Salvador, com a qual teve sete filhos, que foram legitimados em 1814 (ibid., p. 3).

Nos idos de 1800, uma denúncia contra Francisco Agostinho Gomes foi recebida e, em seguida, encaminhada à Inquisição de Lisboa por um cônego de nome não registrado, muito provavelmente um comissário da Inquisição, autoridade que tinha competência para tanto. Esse cônego não era o autor da denúncia, que fora escrita pelo frei José de Jesus, certamente do Convento de Santa Tereza, dos carmelitas, da cidade da Bahia, aos 26 de agosto de 1800, com base em declaração feita antes por d. Josefa Francisca, moradora da rua do Fogo. O frei, ao que tudo indica, após ouvi-la, mandou a denúncia ao citado cônego, que a remeteu, em seguida, para Lisboa. A penitente ouvira de Francisco Agostinho Gomes algumas proposições claramente heréticas.[93] Além de afirmar que não havia pecado na fornicação simples — isto é, a relação genital entre homem solteiro, não pertencente ao estado sacerdotal, e mulher igualmente solteira, não virgem e não freira, a proposição herética mais popular da época colonial —,[94] ele negava, implicitamente, os dogmas da consubstanciação e transubstanciação. Dizia que a hóstia era apenas um pedaço de pão; logo, a hóstia não se transformava no corpo de Cristo, nem muito menos nela este coexistiria com a substância do pão. Disto, deduzia que não haveria qualquer impedimento para a comunhão.[95] O clérigo baiano defendia também ideias que pareciam conjugar materialismo e deísmo. Combinava a negação da existência do Inferno à compreensão de que à alma sucederia o mesmo que se passava com os "corpos": todas as "cousas visíveis" teriam sido criadas pela natureza, que lhes havia dado seu ser e, por isso mesmo, "acabariam com ela"; as almas, do mesmo modo que os corpos, depois da morte, desfaziam-se e, "e subindo aos ares se conglutinavam com os vegetais", isto é, juntavam-se aos mesmos.[96] Dessas ideias, podem ser feitas três deduções: primeiramente, que a alma funcionava como os corpos (se é que ela mesma não seria corpórea); em segundo lugar, que a natureza era, na verdade, Deus, ou melhor, ocuparia o lugar atribuído a este pelas religiões instituídas, na medida

---

[93] IANTT-IL, processo nº 15.061, 1800, frente e verso.
[94] Sobre este assunto, ver, sobretudo, Vainfas (1989:215-240).
[95] IANTT-IL, processo nº 15.061, 1800, frente e verso.
[96] Ibid.

em que dava o "ser" a tudo, leitura típica dos pensadores deístas de então; e, por fim, do ponto de vista filosófico, havia um pressuposto monista, isto é, um entendimento básico segundo o qual a realidade seria una e que nela todos os elementos teriam seu ser dado por uma mesma origem, à qual retornavam em suas transformações no tempo. Como o "ser" de todas as coisas era dado pela natureza, a transformação dessas mesmas coisas, conclui-se, processava-se conforme regras fixadas naturalmente.

Na compreensão advogada supostamente por Agostinho Gomes sobre a alma, que estaria sujeita às leis da natureza, esta última não agiria como um árbitro que se colocaria acima das leis: logo, se é que a natureza era entendida por ele como Deus, este atuaria em conformidade com as leis naturais. Não haveria, portanto, nenhum traço de providencialismo na ação divina (ou melhor, na ação da natureza), na medida em que nem se fala em Deus nem muito menos se lhe confere a posição de guiar tudo o que se vê no mundo, inclusive no sentido de aplicar penas para as más ações do ponto de vista moral.

Todos esses elementos apontam para uma perspectiva deísta, que pode ser melhor identificada se avaliarmos a tipologia dos deístas feita por Samuel Clarke (1675-1729), teólogo anglicano ilustrado, que curiosamente se fez presente com um título na remessa de livro feita para Francisco Agostinho Gomes em 1799.[97] Clarke dividia os deístas em quatro tipos: (1) o dos que pareciam crer na existência de um ser supremo, infinito, independente e inteligente, mas que negavam a providência; (2) o dos que acreditavam em Deus e na providência, mas refutavam sua ação no que se referisse à aplicação de penas às ações moralmente boas ou ruins; (3) o dos que aceitavam Deus, a providência, o caráter obrigatório da moral, sem, contudo, admitir a imortalidade da alma e a vida eterna; e (4) o dos que acreditavam na existência de um ser único, eterno, infinito, todo-poderoso e todo-sábio, criador, conservador e monarca soberano do Universo (Clarke, 1744:24-62; Hazard, 1994:239-240). As ideias do padre Francisco Agostinho Gomes pareciam enquadrar-se entre aquelas defendidas pelo primeiro tipo de deístas, na medida em que expressavam a crença na natureza, espécie de ser supremo, independente e inteligente, mas negavam a providência; ao mesmo tempo, incorporavam todas as negações características dos outros tipos de libertinos: Deus (ou melhor, a

---

[97] IANTT-RMC-RMCGCL-DP, caixa 157, 1799.

natureza) não impõe penas às ações moralmente más; a alma não é imortal, nem há vida eterna; e Deus não é monarca soberano do Universo.

O deísmo monista subjacente às formulações de Agostinho Gomes pode ter origens múltiplas. Há pontos e convergência claros, além de distâncias evidentes, entre, de um lado, as ideias do inconfidente baiano em exame e, de outro, aquelas defendidas por Bento Baruch Espinosa (1632-1677) e outros autores das Luzes. As possíveis proximidades não são indicativas de leituras diretas de um ou outro pensador, mas, sim, da familiaridade e da adesão do leitor Francisco Agostinho a princípios, concepções e valores que integravam um patrimônio cultural mais amplo, acessado por diferentes formas: livros impressos, manuscritos (em parte, clandestinos) e comunicação oral. Sem ter a pretensão de fazer uma genealogia ou uma análise exaustiva dos pensadores das Luzes, pode-se restringir o inventário a Espinosa e aos chamados espinosistas. De fins do século XVII até ao menos o século XVIII, os princípios espinosistas foram imputados a Espinosa por parte de alguns leitores. Contudo, entre Espinosa e os espinosistas havia distâncias, como se demarcará a seguir. Espinosa estava bem perto do deísmo e ele, mais do que Pierre Bayle, John Locke e os livres-pensadores ingleses, foi quem lançou a mais radical e historicamente significativa justificativa para a tolerância religiosa, calcada em pressupostos republicanos e antiteológicos: na liberdade de pensar e de falar, isto é, na "liberdade de filosofar", entendendo-se por isso a liberdade especulativa e o uso da razão nos campos hoje recobertos pela filosofia e pelas ciências, sem haver uma necessária identidade entre filosofia e verdade (Israel, 2006:103; Moreau, 2004:65). Sua liberdade de filosofar trouxe uma implicação verdadeiramente revolucionária: continha o direito de rejeitar toda religião revelada e de basear os valores humanos, ao lado de princípios sociais e políticos, na filosofia racional — e não na fé ou na autoridade dos padres (Grell e Porter, 2006:8).

A ousadia de pensar filosoficamente sobre a religião, que tem em Espinosa um de seus pilares, a julgar pela denúncia apresentada à Inquisição contra Francisco Agostinho Gomes, foi exercitada pelo último. É importante lembrar, contudo, que essa ousadia poderia ter origens menos filosóficas, remetendo a uma compulsão dos luso-brasileiros por tratar daqueles assuntos atinentes à religião e inscrevendo-se numa "mentalidade subterrânea", iconoclasta e antirreligiosa, que vinha de longa data, como defende Anita Novinsky (1990:357-371), como já salientei anteriormente: a diferença é que o matiz filosófico assumido pelas afirmações de Agostinho escapava aos limites do desacato e da contestação religiosa oriundos daquela tradição mais longeva. De qualquer forma, a ousadia em questão é elemento muito limitado para atrelar Francisco Agostinho Gomes a ensinamentos de Espinosa, mesmo que se entenda que eles foram acessados por via indireta. Focalizando-se aspectos específicos das obras de Espinosa, é possível encontrar indícios mais seguros de vínculos. Vejamos o que o pensador dizia sobre Deus, o corpo e a alma.

Segundo a *Ética* de Espinosa, publicada postumamente,

> Deus é a substância única, constituída por uma infinidade de atributos [entre eles, o pensamento e a extensão]; tudo o que existe no universo é formado por modificações [...] desta substância [...] Este Deus não é o Deus das religiões reveladas, ele *não cria por livre arbítrio um mundo que transcende*. Ele é o lugar de leis necessárias e — sendo a sua essência, poder — produz uma infinidade de efeitos. Da mesma forma, cada uma das coisas, por sua vez, produz efeitos [Moreau, 2004:75-76, grifos meus].

Espinosa excluía a possibilidade de qualquer sanção após a morte, algo por ele considerado um absurdo (Minois, 1997:331-332). Em seu *Tratado teológico-político*, Espinosa faz uma afirmação sobre a natureza que permite pensar sobre suas relações com Deus e, ao mesmo tempo, sobre as interferências deste sobre ela: "Nada se passa na natureza que contradiga às suas leis naturais". Na mesma obra, completa o autor: "A fé em milagres nos faria duvidar de tudo e nos conduziria ao ateísmo" (Espinosa apud Dupront, 1996:198), a natureza segue ininterruptamente uma ordem imutável; a violação de suas leis provaria que Deus não existiria. Espinosa acrescentava que os monarcas exploravam em seu proveito os preconceitos religiosos: o regime monárquico seria uma arte de explorar os homens, pois eles usavam o temor de origem religiosa para fazer o povo manter-se na obediência. Afirmava, ao mesmo tempo, que a democracia era o regime mais próximo do direito natural. O pensamento de Espinosa, portanto, continha elementos explosivos, seja do ponto de vista religioso, seja do ponto de vista político.[98] Ao mesmo tempo que sua perspectiva

---

[98] Hazard (1994:135). Pierre-François Moreau, especialista em Espinosa, discorda da interpretação de Paul Hazard na medida em que afirma que Espinosa não "dá nenhum privilégio à democracia", descrevendo apenas as estruturas de quatro modelos possíveis de governo: a aristocracia unitária, a monarquia, a aristocracia federal e a democracia (Moreau, 2007:294).

política o colocava na linha de combate da monarquia, seu Deus não se confundia com a divindade das religiões estabelecidas.[99] Deus remeteria a uma substância presente em tudo o que haveria num universo em modificações, as quais se regeriam por leis, assim como a natureza, onde ele não operaria por livre-arbítrio, mas segundo aquelas mesmas leis. Como reconheceu Pierre Bayle, no verbete "Espinosa", de seu *Dictionnaire historique et critique* (1696), para Espinosa, haveria uma indivisão entre Deus e natureza, uma unicidade substancial.[100] O Deus e a natureza, na forma como são pensados por Espinosa, defensor de uma perspectiva filosófica claramente monista,[101] pouco diferem da natureza concebida por Agostinho: este, aliás, em nenhum momento, fala em *Deus*, mas apenas em natureza, entendendo que ela dá o ser a todas as coisas, que se modificam conforme regras por ela mesma estabelecidas.

Há, ainda, outras aproximações entre as ideias de Espinosa e as de Francisco Agostinho, embora muito menores. Elas são relativas à alma e aos corpos, remetendo menos a confluências de fato do que a pontos de partida, pressupostos e vocabulário similares. Espinosa, ao discorrer sobre a natureza e a origem da alma, toma como ponto de partida o corpo — marco inicial que também é adotado por Agostinho, como se viu —, coincidência, contudo, que não permite maiores elucubrações. A alma animaria "aos homens e aos outros indivíduos [...] se bem que em graus diversos"; no homem, de modo correlato com o que se vê em Deus, que possui pensamento e extensão, haveria extensão e pensamento, corpo e alma, sendo esta última a ideia desse corpo. Não haveria, contudo, nenhuma especificidade do homem em relação a isso, pois "os outros corpos são objetos de outras almas". Existiria apenas uma diferenciação de grau: alguns corpos são "mais complexos que outros e têm maior

---

[99] Espinosa defendia a necessidade de fazer tábua rasa das religiões tradicionais, além de denunciar que, então, não se podia mais distinguir um cristão de um judeu, de um turco ou de um pagão; da religião cristã, restariam apenas preconceito e formalismo, que transformavam os homens em brutos, presos a uma religiosidade exteriorista, mecânica e ditada pela obediência aos padres, que, por sua vez, em nome do zelo da caridade, guiavam-se pela avidez sórdida (Hazard, 1994:134).
[100] Chauí (2009:332).
[101] A adoção de uma perspectiva monista por Espinosa, sublinhe-se, opunha-se à tradição teológica platônico-cristã, que defendia uma concepção dualista a respeito da relação entre alma e sensibilidade, e postulava a superioridade da primeira. Espinosa juntava homem e natureza, reabilitando a última e defendendo que a sensibilidade fazia parte da natureza humana. Em razão da força e do rigor de sua perspectiva, ele se tornou "uma referência permanente dos filósofos e dos ideólogos dos dois campos das Luzes", o radical e o moderado (Walther, 2007:300-301).

relação do que outros com o exterior" (Moreau, 2004:79-80). As almas, nessa diferenciação de grau, na variação de complexidade, dependeriam dos corpos: "quanto mais um corpo, em comparação com os outros, está apto a agir e a sofrer de várias formas ao mesmo tempo, tanto mais a alma desse corpo está apta, em comparação com as outras, a perceber várias coisas ao mesmo tempo". O corpo humano, ademais, seria extremamente complexo, sendo afetado muitas vezes pelos corpos exteriores, caracterizando-se pela riqueza de relações com seu meio; ele seria, além disso, uma "composição de fluidos, de mole e de duro" (ibid., p. 81).

A relativa dependência da alma em relação ao corpo, com que forma uma unidade, bem como a apreensão deste como uma "composição de fluidos", ideias presentes na formulação de Espinosa, lembram de modo distante as formulações de Agostinho Gomes. Afinal, Agostinho tomava as almas como sujeitas, no geral, às vicissitudes dos corpos (e, portanto, de forma implícita, considerava-as corpóreas) e, após a morte, à evaporação, juntando-se nesse estado aos vegetais. A evaporação, deduz-se, remeteria todos os elementos àquela mesma substância de origem, na medida em que corpos, almas e vegetais se conglutinariam. Haveria, portanto, para Agostinho Gomes e Espinosa, uma indivisibilidade entre Deus e natureza (aliás, para o primeiro, essa indivisibilidade é levada ao extremo de não se falar em Deus) e, ao mesmo tempo, uma unicidade substancial. Todas as aproximações apontadas, mesmo com as referidas distâncias pontuais, somam-se, enfim, àquela "liberdade de filosofar", postulada por Espinosa e exercitada por Francisco Agostinho. Esse inconfidente baiano, deve-se reconhecer, levava seu exercício filosófico até seus limites, rejeitando dogmas e preceitos da religião católica.

Teria Francisco Agostinho Gomes lido alguma obra de Espinosa? A respeito do seu trânsito pelas línguas, diz-se que era fluente em francês e inglês, além de ser possível conjecturar, em função dos livros que possuía, que tivesse domínio do latim e do italiano (Neves e Neves, 2004:16-18), o que tornaria possível seu acesso à obra do grande pensador holandês. As obras de Spinoza eram proibidas pela censura portuguesa à época: o Edital 24, de setembro de 1770, interditava o *Tratado teológico e político*, editado em latim, e outras obras que se atribuíam ao autor: *La clef du sanctuaire par un savant homme de nôtre siècle* (1678); *Traité des ceremonies superstitieuses des juifs tant anciens, que modernes* (1678); *Reflexions curieuses d'un esprit desinteressé sur les matiéres plus importantes au salut* (1678); *Opera posthuma do mesmo Author* (1677) e, ao que parece, também *Suite du livre des quatorze lettres sur l'état des ames separées des corps, servant de reponse au livre intitulé: examen de l'originisme* (1757)[102] — O mais provável, porém, é que ele tenha tido acesso às ideias do chamado *espinosismo* por via indireta. Com probabilidade remota, através da leitura de escritos de autores espinosistas (os holandeses Franciscus Van den Enden, Lodewijk Meyer e Adriaen Koerbagh, além de outros).[103] Mais possivelmente, ele travou contato com as ideias de Espinosa via livros de terceiros, contrários ou favoráveis ao mesmo, ou ainda por meio da comunicação oral. De qualquer forma, ao se discorrer, aqui, sobre livros de terceiros e espinosistas, cumpre repetir que estes últimos não apresentam ideias que sejam idênticas às de Espinosa. Deve-se, além disso, ter em mente que muitas pessoas refutaram as ideias de Espinosa sem lê-las, sem dar-se ao trabalho de conhecê-las (Hazard, 2004:139).

Contra Hermógenes Pantoja e outros moradores da cidade da Bahia desenvolveu-se um sumário por parte da Inquisição de Lisboa. Ele teve início com a denúncia remetida pelo comissário José Nunes Cabral Castelo-Branco, datada de 24 de maio de 1797. Segundo o denunciante — frei Manuel do Sacramento, do Mosteiro de São Bento —, o "sistema pestífero da libertinagem" e o desprezo pela religião católica iam se fazendo comuns em Salvador. Frei Manuel fora colega do acusado, o tenente Pantoja, nas aulas de filosofia e o denunciava unicamente com base nos "rumores públicos" por ele ouvidos.[104] Logo, a denúncia, conforme reconhecia o próprio denunciante, era feita com base na oitiva, sem que houvesse provas e, ainda, os fatos eram de conhecimento mais amplo, transcendendo o nível pessoal, chegando ao domínio público. Pantoja teria feito livremente pronunciamentos contra a religião diante de clérigos do Mosteiro de São Bento e também para seculares. Aos olhos do pregador frei Tomás Santos, ele seria o "doge, ou o chefe dos libertinos".[105] Doge, como se sabe, era o magistrado das repúblicas italianas de Veneza e Gênova.

O que Pantoja, afinal, teria dito que o tornava merecedor de ser denunciado como herege ao Santo Ofício? Ele dissera que não havia Céu, santos e Inferno — em clara convergência com o que supostamente falava o padre

---

[102] IANTT-RMC-RMCGCL-DP, caixa 1, Edital de 24/9/1770, p. 3-7.
[103] Sobre os autores espinosistas, veja Moreau (2007:291-293).
[104] IANTT-IL, processo nº 13.541, 1798, p. 3.
[105] Ibid.

Francisco Agostinho Gomes e, pode-se acrescentar, também com pronunciamentos de Cipriano Barata e de Marcelino de Souza, aqui citados, como se poderá ver mais à frente. Além disso, ele negara a divindade de Jesus Cristo, a pureza de Nossa Senhora e a imortalidade da alma, afirmando que a alma acabava com o corpo. Com essa última proposição, ele novamente convergia com o que teria dito Francisco Agostinho Gomes. Em outra confluência com este último, Pantoja ensinava aos soldados do seu regimento que a fornicação simples (isto é, a relação sexual genital desenvolvida fora do matrimônio entre homem e mulher solteira, nenhum deles eclesiástico) não era pecado.[106]

Não só Pantoja era objeto da denúncia. Outras pessoas também. Na casa de umas mulheres chamadas Campelas, segundo o padre Manoel Coelho Sampaio, teria havido uma festa, mais precisamente uma ceia em que, em dia proibido, se comera um leitão, fazendo-se escárnio das chagas e membros de Jesus Cristo. Esse tipo de manifestação e de reunião, segundo o denunciante, seria comum entre os "libertinos" da Bahia. Tais homens, além disso, procuravam conquistar seguidores.[107] Percebe-se, portanto, que os libertinos reuniam-se, faziam festas, desrespeitando as interdições fixadas pela Igreja e, ao mesmo tempo, procurando somar adeptos para as suas crenças e práticas.

O denunciante ouvira de algumas pessoas da Bahia que existiria um homem na cidade que proibia suas filhas de se confessarem. Outro homem, ainda menino, negara a pureza de Nossa Senhora,[108] outra proposição herética das mais frequentes no mundo luso-brasileiro, como assinala o grande historiador e antropólogo Luiz Mott (1988:131-186). Ele contestara igualmente a necessidade da confissão e, ao que parece, desacatara uma imagem de Jesus Cristo, a qual cortara pelo ventre com uma faca, para ver se tinha tripas. Nessa ação, além de mostrar-se literalmente iconoclasta, o dito "homem", no desacato que fez a uma imagem sagrada, expressava uma mentalidade cientificista e, ao mesmo tempo, dessacralizadora. Ou seja, ao dizer que desejava ver se a imagem de Jesus tinha tripas e ao cortá-la com uma faca para comprovar sua hipótese, o denunciado imitava as práticas científicas então em ascensão de examinar e dissecar os corpos e, com isso, ao mesmo tempo, ele humanizava demasiadamente a figura de Cristo, misto de homem e Deus, senão questionando implicitamente sua divindade, ao menos o desacatando e o colocando

---

[106] IANTT-IL, processo nº 13.541, 1798, p. 3.
[107] Ibid.
[108] Ibid., p. 3v.

em posição subalterna.[109] O "homem", enfim, com suas ações e palavras, que atingiam figuras sagradas e sacramentos, mostrava-se um agente dessacralizador.

Outro "oficial" — expressão cujo uso, no contexto, parece indicar tratar-se de um militar, condição que, deduz-se, seria também a do supracitado "homem" —, também expressando uma veia dessacralizadora, foi irreverente publicamente diante do santíssimo sacramento, negando que houvesse nele a presença de Jesus Cristo, numa contestação que o aproximava do "homem" citado anteriormente, contestando dogmas da Igreja. Segundo o denunciante, os dois oficiais foram denunciados ao governador d. Fernando José Portugal e Castro, mais tarde conde e marquês de Aguiar. Enquanto o primeiro oficial, o "homem", mostrava não temer as possíveis consequências da denúncia, o segundo "oficial" ficou na expectativa.[110]

Num *post-scriptum*, feito com tinta diferente, o denunciante indicava outros hereges. Haveria na Bahia um protestante suíço da seita de Zwinglio, cujo nome não declarava, nem esclarecia qual seria o seu delito. Delatava, ainda, "mais católicos" que se colocavam face ao sacramento da eucaristia de modo similar aos luteranos e, logo, infere-se, contestavam os dogmas da transubstanciação e consubstanciação. O denunciante, ao final, traçava um paralelo entre a Bahia de fins do século XVIII e a França revolucionária, deixando entrever, quase enfaticamente, que um perigo comum as unificava. Dizia ele que, conforme mostra o exemplo da França, caso d. Maria I não tomasse providências para "remediar" o "mal" que grassava na Bahia, a destruição se abateria sobre a religião e o governo, como seria de conhecimento "público".[111] Portanto, o denunciante, ao discorrer sobre proposições e práticas de cunho herético e/ou desacatador em curso na Bahia, julgava, a partir dos acontecimentos revolucionários passados na França, que um mesmo movimento corruptor ameaçava e entrelaçava, de um lado, a fé e a Igreja católicas e, de outro, a monarquia. Esse movimento, ressalte-se, tinha algo em comum: por trás de discursos, de práticas de proselitismo, de comportamentos etc., havia uma recusa e uma contestação a autoridades e a verdades estabelecidas, na religião e na política.

---

[109] IANTT-IL, processo nº 13.541, 1798, p. 3v.
[110] Ibid.
[111] Ibid.

Aos 20 de dezembro de 1797, o promotor da Inquisição, primeiramente, informou à mesa do Santo Ofício sobre o teor da denúncia feita pelo frei Manuel do Sacramento e encaminhada pelo comissário padre José Nunes Cabral Castelo-Branco. Depois, como era de praxe nos sumários e processos, solicitou aos inquisidores a tomada das seguintes providências: (a) que se ouvisse o denunciante judicialmente, para que declarasse quem eram as pessoas que estariam cientes dos fatos por ele delatados, para que, assim, as mesmas fossem interrogadas; (b) que se interrogassem as pessoas nomeadas pelo delator; e (c) por fim, que se procedesse a um interrogatório sobre o crédito dos depoentes e do delator, frei Manuel do Sacramento. A mesa da Inquisição deliberou, aos 20 de dezembro de 1797, pela realização das diligências requeridas pelo promotor, tendo ordenado que se passassem as ordens necessárias para tanto.[112] O escrivão Miguel Martins de Azevedo registrou, aos 6 de março de 1798, que encaminhava duas comissões, ao que parece, ambas para Anselmo de Almeida e, na ausência e no impedimento deste, para o padre José Nunes Cabral Castelo-Branco, aquele comissário que remetera a denúncia ao Santo Ofício.[113] Tais comissões, infelizmente, não constam do sumário, que, assim, não traz qualquer outro documento posterior a 6 de março de 1798. Essa última documentação teria se perdido? Os comissários nomeados para fazer as diligências, por algum motivo, viram-se impedidos ou sem condições de realizá-las? A Inquisição, por alguma razão, voltando atrás de sua deliberação, teria dado ordem em contrário, que não figura no sumário? Alguma outra autoridade teria interferido no andamento das investigações inquisitoriais? Tais investigações teriam sido deixadas de lado em função das devassas abertas na Bahia pela justiça secular ainda em agosto de 1798? Não há respostas para essas questões. Elas permitem apenas pensar que, em meio à conjuntura revolucionária de fins do século XVIII, a Inquisição, por intermédio de seus oficiais, ou não pôde ou não quis apurar os fatos, num provável indício de seu perceptível enfraquecimento. Talvez a mesma dessacralização que movia os denunciados tolhesse a ação daquele tribunal, o cerceasse interna e externamente.

Ações aparentemente de desrespeito a rituais, práticas e objetos sagrados cristãos, aparentemente de significado irrelevante, foram frequentes entre al-

---

[112] IANTT-IL, processo nº 13.541, 1798, p. 2.
[113] Ibid., p. 2v.

guns implicados na Inconfidência da Bahia, entre eles o tenente Hermógenes Pantoja. Em seu casamento, Pantoja pediu ao padre que oficiava a cerimônia que dispensasse o ritual da Igreja, sendo-lhe suficiente que ele mesmo "afirmasse o desejo de desposar a sua prometida". João Antônio, cabo de esquadra do Segundo Regimento, não se descobriu quando um sacerdote passou diante dele levando consigo o viático (comunhão ministrada em casa aos fiéis adoentados) a um enfermo. Cipriano Barata, por sua vez, quando um missionário pregava nos engenhos de Inácio Bulcão, interrompeu o frade barbadinho, pronunciando palavras contra a religião, escandalizando o arcebispo. Em 1798, na Sexta-Feira Santa, um grupo de oficiais realizou um banquete de carne. Lucas Dantas, outro conjurado, disse a Caetano Veloso Barreto, que "isto de religião é peta [isto é, mentira], devemos todos", seres humanos, sermos iguais, livres de submissão (Ruy, 1942:55-56). Dantas, com essas palavras, sintetizou o percurso intelectual e político desenvolvido, senão por todos, por boa parte dos que se envolveram na sedição baiana, que foi o de deslizar da contestação religiosa para um questionamento da ordem social e política, materializado, no limite, no próprio engajamento na conjuração. Como bem observou István Jancsó, religião e política então "formavam um emaranhado inextrincável", valendo esta máxima tanto para os defensores quanto para os contestadores da ordem.[114] Se, por exemplo, homens de baixa extração social misturavam a promoção de jantares de carne em dias de preceito e o envolvimento em ações da rebeldia, o mesmo se dava com Francisco Agostinho Gomes e outras figuras das mais proeminentes da sociedade baiana, conforme denúncia encaminhada ao governador d. Fernando Portugal e Castro. Tal como se dava com pessoas de pior condição, uma "loucura incompreensível" infectava as "principais pessoas de Salvador", movidas por ideias francesas,

---

[114] Jancsó, 1996:117. Sobre esse entrelaçamento de religião e política, na perspectiva dos defensores da ordem (ou dos arrependidos pela desordem), vale citar a fala que o frei José do Monte Carmelo, prior do Mosteiro de Santa Tereza, atribui a Luís Gonzaga das Virgens, dirigindo-se supostamente ao povo, ao pé da forca: "Sigam a lei do verdadeiro Deus, a Religião Católica é a só e única verdadeira, tudo o mais é engano; quando eu seguia, sem dúvida [*sic*] alguma eu [ia] tão bem, ainda que pobre, talvez independente, porém, depois que eu dei ouvidos a uns Cadernos, a um Voltaire, a um Calvino, a um Rousseau, deixei o que não dever[i]a e, por isso, vim parar a este Lugar" (Tavares, 1975:76). Dias Tavares julga pouco convincente que tal fala provenha de Gonzaga das Virgens. Dele ou não, ela mostra como, aos olhos de supostos ou de reais defensores da ordem, religião e política se mesclavam, concebendo-se por religião apenas a católica e, pelo contrário, metendo num mesmo saco Calvino e os deístas ilustrados Voltaire e Rousseau.

com grande "afeição à absurda pretendida Constituição Francesa que varia cada seis meses", além de se engajar naqueles jantares (Jancsó, 1996:116-117).

O deslizamento-imbricação da heresia e da sedição foi claramente percebido por João Lobato de Almeida, comissário da Inquisição de Lisboa, em suas reflexões sobre a atuação de Cipriano Barata de Almeida e Marcelino de Souza e, de resto, sobre a Bahia em fins do século XVIII. Ele fez análise notável sobre o desenvolvimento de um processo de dessacralização na passagem do século XVIII para o século XIX, processo esse que compreendia, como se salientou anteriormente neste livro, a organização de uma percepção crítica e de combate ao Antigo Regime e, ao mesmo tempo, comportamentos imediatos e não propriamente conscientes, mas de sentido igualmente contestatório. Sobre Cipriano Barata e Marcelino Veloso, dizia João Lobato de Almeida, o supracitado comissário do Santo Ofício, dirigindo-se à Inquisição de Lisboa e, por seu intermédio, à rainha d. Maria I, aos 24 de janeiro de 1800:

> Nunca tive diligência que Vossa Majestade me determinasse que mais perturbação me fizesse e cuidado me desse, pela matéria de que era revestida e, muito principalmente, por ver que a nossa santa fé vai amortecendo, com muita particularidade na mocidade presente, que, por falta de disciplina, se vai engolfando na libertinagem e francesia, sendo muita parte deste procedimento o pouco temor e respeito ao [capitão] *general* [e governador] *desta terra* [d. Fernando Portugal e Castro] pela sua *suma bondade*, que devendo dissipar alguns procedimentos e evitar as ruínas futuras, se comporta com grande piedade ou frouxidão, por cuja razão quase diviso as funestas consequências. Este *Santo Tribunal* [da Inquisição] que dever[i]a ser todo respeitado e causar todo temor, já dele *vão fazendo pouco apreço*, em forma tal que me tem acontecido o *mandar chamar algumas testemunhas e o deixarem de comparecer*, como presentemente me aconteceu e ainda mais que algumas das quais vieram depor nesta Inquirição [e], *não obstante o juramento que prestavam para guardar segredo, foram logo fazendo certo o fim para que foram chamadas*, em forma tal que me asseveram que se escrevera para a cidade ao delato Cipriano, por antonomásia o Baratinha e que, chegado a esta mesma freguesia e indo aposentar-se [isto é, hospedar-se] em casa de uma das mesmas testemunhas, de donde me certificam fora à casa do delato Marcelino Antonio de Souza a comunicar-lhe o sucedido e que este [lhe] responderá ser peta [isto é, mentira, bobagem]. Do mencionado Cipriano, por antonomásia Baratinha, há muito que tenho por notícia da sua pouca fé e obediência à Santa Igreja e, hoje, com mais procedência, venho a

conhecer ser um dos doutores da dita francesia e, *além dele, outros iguais doutores que residem na mesma cidade* e, torno a dizer, procedendo *todo este procedimento, pela falta de doutrina e ensino que lhes deve dar os seus mestres*. Porém, tem sido a desgraça tanta, que *esses mesmos mestres* a quem S. Majestade Fidelíssima os premia e lhes satisfaz o seu trabalho, alguns deles se têm visto e conhecido *serem sequazes da mesma doutrina*, o que suposto, [o] que se pode esperar dos seus discípulos e que doutrina lhes poderá ensinar a respeito da santa fé e nossa religião? E, *se Vossa Majestade não puser as forças necessárias a fim de dissipar estes erros e arrancar-lhe as suas raízes pelo futuro, [n]o tempo não só se verá a nossa santa fé sepultada* e, se não que, *[a]té o mesmo soberano pouco respeitado*, por ser certo que, *quem não aprecia a vida da alma, não terá medo da vida corporal*.[115]

No processo descrito pelo comissário Lobato de Almeida como ameaçador da ordem religiosa e política, vislumbram-se determinados atores sociais, comportamentos e proposições. No âmbito das proposições, havia as "francesias", pelas quais se somava a descrença na vida da alma à heresia, à sedição e ao destemor em relação ao corpóreo. Como atores, ele menciona, de um lado, Cipriano Barata e outros doutores, "desobedientes" e disseminadores de desobediências e, de outro, o governador da capitania e mais "mestres", que, em lugar de reprimir práticas, ideias e comportamentos subversivos, agiam com tolerância, sendo alguns desses mesmos oficiais da Coroa sequazes de princípios afins àqueles abraçados pelos acusados de francesias. O comissário, porém, não para aí. Prosseguindo a análise das inquirições que fizera por ordem da Inquisição, discorre sobre o crédito das testemunhas. Ao fazê-lo, toma algumas como idôneas, enquanto percebe as relações, muitas vezes escusas, estabelecidas entre outras delas e os delatados. Conta o que certas testemunhas disseram após o encerramento de seus depoimentos — e que colidia com o que declararam nos mesmos. Revela que uma delas, Joaquim Inácio de Siqueira Bulcão, denunciara anteriormente Cipriano Barata ao governador da capitania e ao bispo da Bahia, do que se deduz estarem as duas autoridades informadas sobre as heresias e as iniciativas sediciosas daquele cirurgião. Se-

---

[115] IANTT-IL, processo nº 1.386, 1798-1800, [s.p.], grifos meus. Mais ou menos na mesma época, em Pastoral de 18 de dezembro de 1789, o cardeal patriarca de Lisboa, José II, dizia, invertendo a equação exposta pelo comissário da Inquisição na Bahia: "[...] não é bom Cristão quem não for bom vassalo; [...] sem amor, fidelidade, e obediência ao soberano, não pode haver fidelidade e obediência a Deus" (Machado, 2000:269).

gundo o comissário, o prelado, então, teria aconselhado Bulcão a desfazer-se dos negócios que tinha com Cipriano Barata. Lobato de Almeida fala ainda que alguns depoentes juraram falso, enquanto outros estavam atemorizados ao depor (e, destaco, não com medo da Inquisição, mas dos acusados). Denuncia, ademais, que Bernabé da Trindade Neves hospedara Cipriano Barata, o qual, em dia de abstinência, comera carne.[116] Por fim, encerrava sua correspondência com um clamor e a afirmação de uma obediência "cega", postura esta então em questionamento:

> Clamo a Vossa Majestade, com o grande fervor de um verdadeiro católico, queira pôr as providências necessárias *a fim de degolar a cabeça da hidra infernal, que vai, com passos insensíveis, produzindo a sua maldade, a fim de desterrar desta terra a nossa santa religião e obediência cega, que sempre professou aos nossos monarcas* [grifos meus].[117]

Logo, havia mais desacatos à religião e às autoridades e, ao mesmo tempo, mais conivência da parte dessas últimas com os protagonistas das desordens, tudo isso se afigurando como "cabeça da hidra infernal", que punha em risco a religião católica e a "obediência cega" ao monarca. Na Bahia, na verdade, as iniciativas revolucionárias de Cipriano Barata, Marcelino de Souza e outros, envolvidos direta ou indiretamente na conjuração de 1793-98, concretizaram uma possibilidade trazida pelo processo de dessacralização, dentro do qual cabia lugar especial para a compreensão de que a religião era um freio a ser atacado e de que o Inferno, um dos seus mecanismos de frenagem, inexistia: o homem era livre para fazer o que quisesse, fosse gozar das delícias, fosse subverter a ordem política, em ambos os casos exercitando e amplificando sua liberdade. Isto é o que se analisará no próximo capítulo. Por ora, basta que se tenham em mente as linhas gerais de um processo que, em Portugal e também no Brasil, de um lado, por vezes integrava questionamentos religiosos e contestação política, implicando o desenvolvimento de uma esfera pública e uma nova compreensão de devir; e, de outro, em contraposição, uma reafirmação dos valores tradicionais, uma defesa da religião e da Igreja católicas e da monarquia absoluta. As próprias instituições e autoridades, eclesiásticas e civis, em meio a esse embate, ora se mostraram aguerridas defensoras da ordem, ora

---

[116] Cf. IANTT-IL, processo nº 1.386, 1798-1800, [s.p.].
[117] Ibid.

deram demonstrações, senão de complacência com a dessacralização em curso, ao menos de impotência frente à mesma. Nem mesmo a Inquisição parece ter escapado dessa limitação.

As sedições, supostas ou reais, e os espectros da França e da escravidão

Na década de 1790, Diogo Inácio Pina Manique, intendente-geral de polícia, ao ler os fatos que se desenrolavam em Portugal, tinha como referência o que sucedera na França, antes e no decorrer da revolução. Assim, o que se passara neste último país prenunciaria o que estaria por se dar nos domínios portugueses. Em 17 de dezembro de 1794, rememorava:

> em Paris e em toda a França, cinco anos antes do ano de 89, pelas tavernas, pelos cafés, pelas praças e pelas assembleias, a liberdade e indecência, [...] se falava nos mistérios mais sagrados da religião católica romana e na sagrada pessoa do infeliz rei e da rainha. E lendo as *Memórias* do delfim, pai deste infeliz rei, do *Memorial* que apresentou a seu pai, Luiz XIV, já no ano de 1755, que foi estampado em 1777, [...] julgo ser necessário e indispensável que Sua Majestade haja de mandar tomar algumas medidas, para que de uma vez se tire pela raiz este mal, que está contaminando o todo e insensivelmente [grifos meus].[118]

O intendente, portanto, previa que se prenunciava a revolução em Portugal. Fazia esse diagnóstico, ao que parece, ao avaliar o *Tratado do conhecimento dos homens* — segundo José dos Santos Alves, obra impressa em Paris em 1777, composta pelo delfim, morto em Fontainebleau em 1765, filho de Luís XV e pai de Luís XVI, também chamado Luís de Bourbon —, disse que nela se veriam as causas da "Revolução Francesa, preparadas de antemão e previstas por bem prudente e bem instruído Príncipe" (Alves, 1999:65). Segundo tal obra, haveria em cada século vícios dominantes que os caracterizariam e, naquele século XVIII, o que imperaria era, primeiramente, "um espírito de falta de religião"; em segundo lugar, "um espírito de independência"; e, em terceiro, um "espírito [...] de indiferença para o bem público", acrescentando

---

[118] Cf. IANTT-IGP, livro 4, 1794, p. 234-234v.

que só se escrevia para "fazer a religião desprezível e a dignidade real odiosa". Os responsáveis pela difusão desse "veneno" seriam os "apóstolos da impiedade": Voltaire, Diderot, D'Alembert, Rousseau e uma "multidão de imitadores na coleção dos enciclopedistas" (ibid.).

Na América portuguesa, na mesma altura, também se viam manifestações de contestação, que tinham por alvos o domínio colonial e/ou a ordem política, frequentemente marcando-se por questionamentos religiosos e, mais pontualmente, opondo-se à hierarquia social. Não se tratava de movimentos que envolvessem o conjunto da colônia e, muito menos, que almejassem conquistar a independência dela como um todo em relação a Portugal.

Na primeira metade do século XVIII, Minas Gerais fora sacudida por motins, só em alguns casos afrontando a monarquia (Anastasia, 1998). Durante o reinado de d. José I (1750-77), foi cenário de pouco mais do que conversas contra a monarquia (de que são exemplos as inconfidências de Curvelo e Sabará), apimentadas pelas disputas entre membros das elites locais, divididas em "partidos", facções, dentre estes havendo os que se opunham às ações de Pombal, particularmente a expulsão dos jesuítas, o suplício dos envolvidos na tentativa de regicídio e o degredo de José de Seabra Silva (Catão, 2007:571-599; Souza, L., 1999:83-107). Em 1788-89, porém, viu-se como espaço da chamada "Inconfidência Mineira", conspiração abortada em seu desiderato e cujo horizonte espacial ia pouco além da própria capitania de Minas, tendo conexões em São Paulo e Rio de Janeiro. Movimento que reunia pessoas de diferentes ocupações, mas de perfil socioeconômico elevado (em boa parte das camadas proprietárias e/ou ocupando postos na administração colonial, civil, eclesiástica e militar, ou se envolvendo com a contratação de impostos, em alguns casos distinguindo-se pelas letras) e ligadas por laços importantes em uma sociedade estamental (clientela, compadrio, parentesco, amizades, cumplicidade no contrabando de pedras e ouro etc.), em sua maioria esmagadora (senão quase totalidade) homens brancos. O movimento punha em xeque o domínio da monarquia portuguesa (ainda que não se soubesse muito bem o que se colocaria no lugar, se uma república ou uma monarquia, ou se apenas se promoveria uma reacomodação com d. Maria I) e mecanismos econômicos (o monopólio comercial e o arrocho tributário, além dos prejuízos causados aos contrabandistas ligados aos inconfidentes pela sua substituição por apaniguados do governador Luís da Cunha Menezes) que "chupavam" a riqueza para a metrópole (Fernando Novais, com muita propriedade, diria "sistema colonial").[119] Na Inconfidência de Minas Gerais (1788-89), a escravidão foi usada como elemento de reflexão pelos conspiradores, como uma metáfora que servia para pensar sobre a exploração colonial; além disso, a alforria de parte dos escravos (crioulos e mulatos), ao lado da morte dos europeus, foi cogitada, sendo objeto de discussão: qual deveria ser a coisa certa a fazer com os escravos e os europeus, tendo em vista evitar que ambos os atores se aliassem às forças da Coroa? Os conspiradores refutaram a possibilidade de eliminar os europeus, mas não chegaram a um acordo sobre qual seria a melhor solução para o primeiro problema. Ao pensarem sobre ele, analisaram-no, é certo, de uma perspectiva tática, que tinha em mira uma luta cujo fim era a conquista de poder e riqueza. Se, de fato, em Minas, em 1788-89, não se almejava qualquer mudança efetiva na ordem social, mirando-se apenas a restauração da situação anterior ao reinado mariano, esboçou-se um anseio de poder: os mazombos, isto é, os nativos de origem europeia, queriam participar do governo e reter a riqueza que se esvaía, como bem assinalava o boquirroto e genial Tiradentes. Com efeito, este último personagem, pela falta de laços clientelares que o protegessem e por propagar as ideias sediciosas, levando-as do domínio privado e sigiloso para espaços públicos (casas de meretrizes, tavernas e caminhos), foi enforcado e esquartejado. Os inconfidentes de Minas, por fim, sonhavam com um apoio da França e das 13 colônias inglesas da América do Norte, que recentemente haviam conquistado a Independência,[120] movimento que, ao lado da Restauração Portuguesa de 1640, serviu de inspiração aos conspiradores (Villalta, 1999:397-402).

No Rio de Janeiro, em 1794, houve conversas, entre letrados e trabalhadores mecânicos, homens maduros nascidos no Brasil e em Portugal, que louvavam a Revolução Francesa e punham em xeque elementos do Antigo Regime (a monarquia absoluta, a sociedade estamental, a Inquisição, a Igreja, o clero e a religião católica), mas não o domínio português sobre a América: quando muito houve a percepção de que havia tensões entre alguns "brasileiros" e uns poucos "portugueses", porque os primeiros eram pombalinos, enquanto os últimos eram ultramontanos, ou que na América as injustiças se faziam mais presentes. Um dos espaços de discussão foi a Sociedade Literária do Rio de Janeiro, regida, em 1794, nos seus momentos finais, por um regulamento que

---

[119] Sobre a Inconfidência Mineira, veja: Maxwell (1985); Furtado (2002); Villalta e Becho (2007); Villalta (2007).
[120] ADIM, v. 5, p. 25, 48, 113, 116, 191, 329-330.

preconizava para si um governo democrático e o sigilo das discussões. No Rio, fora do espaço da referida sociedade, houve pessoas que pensaram, direta ou indiretamente, sobre a escravidão — ou, ao menos, sobre a marginalização dos que dela eram egressos —, fazendo uma defesa da igualdade. O mulato João Veloso, que não foi tido como suspeito de conspiração, dizia que gostaria de estar na França, porque lá ele estaria bem, usufruindo de sua liberdade, proposição que sugere que, em sua perspectiva, havia uma ligação entre liberdade e igualdade. O carpinteiro João Antunes foi mais longe, parecendo aprovar o fim da escravidão. Ele costumava dizer aos seus escravos: "se os franceses vierem a esta terra, eles vão dar-lhes alguma coisa".[121] Ninguém mais disse qualquer outra palavra em defesa da abolição ou que fosse conectada com a ideia de igualdade. No Rio, mais do que em Minas, portanto, a miragem de uma invasão francesa fez-se presente (de fato, houve quem ali dissesse que os franceses trariam a liberdade). Além disso, as discussões ganharam ruas, praças, adros, sapatarias e, especialmente, boticas, espaços de caráter público ou a este aberto. Um germe de esfera pública, assim, parecia já existir na capital do Vice-Reino do Brasil.[122]

Na Bahia, de 1793 a 1798, viram-se conversas e tratativas de revolta, um tanto obscuras aos olhos de hoje quanto aos seus participantes e ao grau de articulação existente entre eles. Os historiadores chegam até a cogitar se existiram dois ou um único movimento. A documentação tem muitas lacunas. O governador d. Fernando Portugal e Castro foi notoriamente complacente com os poderosos, assim como as devassas abertas para investigar os acontecimentos esmeraram-se em poupá-los de averiguações e, muito mais, de punições.[123] Os protagonistas da tentativa de sedição, alguns deles poupados das investigações, foram pessoas que iam do topo à base da hierarquia social, alguns deles já citados anteriormente: de maiores (como o padre e rico comerciante Francisco Agostinho Gomes), passando por letrados (como o cirurgião Cipriano Barata, que estudara algum tempo na Universidade Coimbra, e o professor régio Francisco Moniz Barreto) e um oficial (o tenente Hermógenes Pantoja, o "Doge" dos libertinos baianos),[124] até chegar a "pardinhos"

---

[121] ADPLRJ, 1994, p. 73.
[122] Ver: Lacombe (1985:406-410); Santos (1992); Villalta (2000:69-93).
[123] Ver: Ruy (1942); Mattoso (1969); Tavares (1975); Jancsó (1996, 2001); Valim (2009:14-23).
[124] Sobre as ideias de Hermógenes Pantoja, veja IANTT-IL, processo nº 13.541, 1798.

(como Luís Gonzaga das Virgens, Lucas Dantas e João de Deus) e escravos. As articulações no interior das tropas foram um veículo de penetração social, de cima para baixo, além de um instrumento indispensável para a realização de uma insurreição. (Jancsó, 1996). Além do entusiasmo com a Revolução Francesa, na Bahia houve a presença de um agente francês, o comandante Antoine René Larcher, na passagem de 1796 para 1797, que propôs um projeto de invasão francesa da Bahia, recusado pelo governo da convenção (Larcher, 1797).[125] Verificou-se também a constituição de uma instituição maçônica ou protomaçônica, a Cavaleiros da Luz, além da tradução de textos do francês para o português, alguns deles claramente revolucionários, por obra de frades carmelitas[126] e também do cirurgião Cipriano Barata e do músico Marcelino de Souza, textos esses que passaram a circular em manuscrito, incendiando mentes e corações. Conjugando um combate político e social, os baianos arquitetaram a realização de uma revolução que poria abaixo o domínio colonial português sobre a capitania, instituindo o livre-comércio, bem como pondo em xeque a ordem estamental, sem, contudo, extinguir a escravidão (ainda que um ou outro envolvido sonhasse com isso). A revolução, delatada e reprimida pelo governo, malogrou, mas não cessaram as ações de franceses no sentido de estimulá-la, como demonstrarei a seguir.

Em 1800, João Lobato de Almeida, comissário da Inquisição de Lisboa, como mostrado neste capítulo, fez um diagnóstico sobre a conjuntura em que vivia na Bahia, diagnóstico esse que tem várias convergências com o realizado por Diogo Inácio Pina Manique a respeito da situação de Portugal. Esse diagnóstico dá novas pistas sobre a sedição baiana de 1798. Lobato de Almeida investigava denúncias de heresias referentes ao cirurgião Cipriano Barata, um dos implicados no movimento, e Marcelino de Souza, ambos lavradores denunciados pelo padre José Fonseca Neves. Ele, por um lado, percebia a estreiteza de laços entre a defesa da religião católica e a da monarquia; por outro, observava a convergência que havia entre heresia e sedição. Detectava a corrosão das autoridades e das hierarquias tradicionais (particularmente relativas à Inquisição, aos seus objetivos e às suas regras de procedimento, mas, de modo geral, referentes à religião). Percebia o impacto das ideias francesas

---

[125] Documento gentilmente cedido por István Jancsó.
[126] Entre esses textos figuravam o romance *Júlia ou a nova Heloísa*, de Jean-Jacques Rousseau, os discursos de Boissy d'Anglais e mais *Revolução do tempo passado* e *As ruínas*, de Volney (Ruy, 1942:67-68).

e, deduz-se, da Revolução Francesa sobre as consciências e as ações das gentes. Denunciava, igualmente, a cumplicidade que se estabelecia entre algumas autoridades políticas lusas e os que se entregavam à heresia e a combinavam com iniciativas sediciosas. No seu entendimento, quem deveria encarregar-se de reprimir a contestação à ordem monárquica e zelar pela preservação da fé católica (nomeadamente, d. Fernando Portugal e Castro, o governador da Bahia, mas também outros doutores e "mestres", que serviam à monarquia) protegia os que se engolfavam em plena libertinagem, aqueles que contestavam, num movimento combinado e articulado, a ordem religiosa e a ordem política. Previa um futuro sombrio para a religião católica e a monarquia, se não houvesse uma ação enérgica da Coroa. Com efeito, Barata e Marcelino, mas não só eles, associavam revolução e heresia, dessacralizando a ordem e pondo o homem como protagonista de seu próprio devir, que poderia ser diferente do passado e do presente, exprimindo assim uma nova compreensão de história.[127]

O cirurgião Cipriano Barata, próximo ao final do século XVIII, ao retornar para a Bahia depois de estudar na Universidade de Coimbra entre 1786 e 1790,[128] articulou proposições heréticas e sedição. Nas iniciativas revolucionárias de Cipriano Barata, Marcelino de Souza e outros, envolvidos direta ou indiretamente na conjuração de 1793-98, viu-se, primeiramente, o uso de manuscritos, trasladados, copiados por letrados e postos em circulação entre os rústicos. Barata apareceu com alguns manuscritos, que foram copiados por Marcelino e, depois, sabe-se lá por mais quem. Tais manuscritos traziam ideias contra a fé e a monarquia. Essas práticas conectavam os letrados e os rústicos, com a intenção deliberada dos primeiros de fazer proselitismo em prol da revolução. Além disso, inscreviam-se numa cultura marcada pela oralidade, valendo-se da mesma e nutrindo-a com elementos heréticos e subversivos, por meio do desenvolvimento da leitura oral e coletiva, de casa em casa. Nos manuscritos e falas, cabia lugar especial para a compreensão de que a religião era um freio a ser atacado e de que o Inferno, um dos seus mecanismos de frenagem, inexistia: o homem era livre para fazer o que quisesse, fosse gozar das delícias, fosse subverter a ordem política, em ambos os casos exercitando e amplificando sua liberdade. Barata articulava proposições heréticas e sedi-

---

[127] IANTT-IL, processo nº 1.386, 1798-1800, [s.p.].
[128] Ali, bacharelara-se em filosofia, concluindo os exames com a avaliação *Nimini discrepante* (Tavares, 1975:65).

ciosas num sistema coerente de ideias, assentado na organização silogístico-dedutiva de princípios e, ao mesmo tempo, em asserções cuja base era o método indutivo. Em suas conversas e nos manuscritos, Barata e Marcelino:

> [...] afirmam e mostram crer que, fora de um ente supremo, tudo o mais é fantasma e em nada se deve crer; que não há Inferno, nem Purgatório; que a morte do homem é igual a de outro qualquer bruto e que, por isso, aquele pode usar livremente da sua vontade e gozar das delícias que o mundo produz; que tudo o que se vê criado sobre a Terra se deve ao homem, e não a Deus; que os ministros da Igreja são uns impostores, que destroem a sociedade humana, e igual absurdo afirmam dos monarcas. Finalmente, desprezam a religião e os seus preceitos. E só estão prontos a morrer pelos erros que seguem, que dizem hão de se retratar se forem presos pelo Santo Ofício, permanecendo depois na sua antiga crença.[129]

Na perspectiva de Cipriano Barata e Marcelino de Souza, o modelo da Revolução Francesa deveria ser imitado, enquanto aos olhos dos denunciantes e depoentes na investigação inquisitorial, que eram defensores da ordem, tratava-se de algo que precisaria ser evitado (e tomado como referência do que poderia ocorrer). Esse modelo estava associado ao aprendizado do francês, pois há menção ao ensino de língua francesa, com professor particular. Subjacente às proposições de Barata e Marcelino estava uma nova compreensão da história, que cindia a indistinção, então em voga, entre passado, presente e futuro, o que, por conseguinte, abria ao homem, concebido como criador do mundo, a possibilidade de construir um futuro diferente, que alterasse a ordem estabelecida.

Na Bahia, mais do que em Minas em 1788-89 e no Rio de Janeiro em 1794, o "fantasma" da escravidão se fez mais claramente presente, assim como o sonho de seu fim. É verdade que a abolição não fazia parte do projeto explicitado nos pasquins afixados em agosto de 1798 por Luís Gonzaga das Virgens. Todavia, é igualmente fato que, na conspiração baiana, egressos da escravidão ingressaram na sociedade política além dos "limites do que poderia ser assimilado pelas classes dominantes" (Jancsó e Pimenta, 2000:145-148), sonhando alguns poucos com a manumissão. Como afirma Carlos Guilherme Mota, na Bahia

---

[129] IANTT-IL, processo nº 1.386, 1798-1800, [s.p.].

a participação na agitação de setores localizados nas baixas camadas provoca a crítica à "opulência", mais que à situação colonial. *O problema social surge mais violento que o problema colonial*, embora, é óbvio, este último não estivesse absolutamente ausente. As discussões são quase sempre referidas à opulência [Mota, 1979:80-82, grifos meus].

A crítica à opulência e a visibilidade do problema social, desse modo, abriram portas para que alguns conspiradores ousassem ir mais além, voltando-se também contra a escravidão. Pode-se conjecturar, por fim, sobre o que teria sucedido se a insurreição não tivesse malogrado: escravos e ex-escravos em ação certamente não deixariam intocada a instituição que negava uma lição por alguns deles memorizada, contida numa quadra composta pelo professor Francisco Muniz Barreto e que falava em liberdade e igualdade, defendendo que os homens eram iguais em seus órgãos e em suas necessidades.

Em 1801, Pernambuco assistiu à denominada "Inconfidência dos Suassuna", uma suposta conspiração cujo objetivo seria formar ali uma república sob a proteção de Napoleão Bonaparte — o que é mais um indicativo da presença do fantasma francês —, mas que, ao que parece, não constituía nenhuma conjura, expressando apenas a inquietação política então existente com as transformações que se processavam no cenário europeu e com medidas tomadas pelo governo local. Envolveu Francisco de Paula Cavalcanti de Albuquerque, do Engenho Suassuna, e seu irmão, José Francisco de Paula Cavalcanti de Albuquerque, que se encontrava em Lisboa, do qual o primeiro recebera cartas supostamente sediciosas. A biografia dos mesmos indica que estavam "integrados ao mundo de convenções sociais e culturais de sua época" e inseridos nas redes de poder de então, que ligavam Pernambuco a Portugal. Em 1804, Francisco de Paula tornou-se capitão de ordenanças da freguesia de Jaboatão e cavaleiro da Ordem de Cristo; no ano seguinte, assumiu o cargo de capitão-mor de Olinda; em 1808, recebeu o título de fidalgo cavaleiro da Casa Real, vindo a morrer em 1821, após regressar dos cárceres baianos. José, irmão de Francisco, teve trajetória cheia de cargos: foi governador do Rio Grande do Norte, depois de São Miguel (maior ilha dos Açores) e, por fim, de Moçambique, posto em que morreu. Na devassa para investigar a inconfidência, nada de sério foi descoberto.[130] Mas em 1818, pelo envolvimento dos Suassuna na

---

[130] Ver: Barreto (1985:201); Neves (1999:439-481); Quintas (1985:210-211); Andrade (2012).

Revolução Pernambucana de 1817, o desembargador João Osório de Castro Souza Falcão, escrivão da Alçada encarregado de investigar a revolução, afirmou que uma carta referente à Inconfidência dos Suassuna teria sido queimada pelo escrivão, que fora subornado. O padre Dias Martins fez afirmação de teor semelhante, dizendo que rios de dinheiro teriam restituído os réus à liberdade (Machado, 1917:XXII-XXIII; Quintas, 1985:212-213).

A sedição da Bahia e algumas outras manifestações de contestação verificadas na América e no Reino, na passagem do século XVIII para o século XIX, mereceram análises do padre Leonardo Correia da Silva, em 1814, nessa data já ex-capelão e ex-secretário particular de d. José Tomás de Menezes (1782-1819). Estribeiro-mor da princesa Carlota Joaquina, governador do Maranhão e Piauí, entre 1809 e 1811, filho do ex-governador de Minas, d. Rodrigo José de Menezes, d. José nascera em terras mineiras e fora objeto de um poema do inconfidente Inácio José de Alvarenga Peixoto, o famoso "Canto genetlíaco". Esta composição poética, datada do segundo semestre de 1782, faz uma apologia dos "bárbaros filhos" e das riquezas de Minas Gerais, celebra o nascimento do filho do governador nas áureas terras e, com ele, a colaboração das elites reinóis e locais. Prognostica, ainda, que "José Americano", porque "brasileiro", um dia iria governar sua terra natal (Villalta, 1999:381-382; Souza, 2006:434-451). Chamado ao Rio de Janeiro, o padre Leonardo Correia da Silva escreveu requerimentos e compôs uma memória contendo reflexões muito interessantes para avaliar as inquietações presentes nos dois lados do Atlântico. Tais reflexões guardam alguma similitude com a esboçada pelo comissário João Lobato de Almeida, citado anteriormente. Em suas análises, ele associava a eclosão de revoluções à inércia dos governantes e encadeava a Inconfidência Mineira (1788-89), a Inconfidência Baiana (1793-98) e as revoltas contra os franceses ocorridas em Portugal após a invasão das tropas de Junot, que culminaram na instalação da oclocracia, o "governo da multidão, da plebe",[131] no Minho e no Porto em

---

[131] As revoltas populares contra a dominação francesa deram-se já em 1808, ocorrendo em quase todas as regiões do país. O povo levantou-se, usando a religião como um dos instrumentos identitários, assim como os mitos ligados ao sebastianismo e voltando-se contra os invasores. Estimulados inicialmente pelas autoridades portuguesas, os populares saíram do controle, cometendo violências e, em algumas localidades, atacando prédios públicos e exercendo autoridade, como na Vila de Arcos de Valdevez e na Vila de Peniche. Esses movimentos assemelhar-se-iam mais aos motins do Antigo Regime, carregando apenas alguns elementos novos, algumas ideias francesas (Neves, 2007:205-210). Os reinos de Portugal e Algarves, en-

1814.[132] As revoluções, de acordo com o clérigo citado, ocorridas nessas localidades do Império português, nasciam da inércia dos governos que deveriam reprimi-las. "A intentada revolução de Minas Gerais não tomaria algum corpo se, quando se achava ainda em embrião, não fosse desprezada pelos mesmos que deveriam dissipá-la",[133] ou seja, na perspectiva do clérigo, depreende-se, o então governador de Minas, Visconde de Barbacena, teria sido incompetente. Anos depois,

> a Bahia deleitava-se com os banquetes de algumas personagens, à proporção que a França, com a sua hipócrita democracia, alcançava vitórias; uma rapazagem, ou antes, na frase do país, uma molecagem vadia, licenciosa e amiga da novidade, por ideias superiormente sugeridas, quis logo avançar os mesmos passos e ainda maiores, vendo que aqueles festins nunca foram condenados nem os seus autores reprimidos, ela concebeu o quimérico projeto de uma República Bahiense, traçou-lhe algumas descompassadas linhas e promoveu alguns frenéticos meios de conseguir os seus depravados fins.[134]

Portanto, na perspectiva do padre Leonardo da Silva, as origens da Inconfidência baiana remetiam diretamente à Revolução Francesa, sua fonte de inspiração, e a uma "molecagem", a jovens vadios que participavam de banquetes e se deixavam levar por ideias transmitidas por "superiores": moços que não encontraram quem os reprimisse e que, assim, intentaram ir mais além que os franceses e formularam o projeto de instalar uma "República Bahiense". Tratar-se-ia, segundo o padre, de moços afortunados, que não foram punidos porque contavam com protetores, enquanto que outros, que teriam frequentado os banquetes como "serventes" e, assim, acessado as ideias de sedição e almejado com ela ascender socialmente, foram supliciados, já que não tinham quem os protegesse:

---

fim, mergulharam numa revolução oclocrática, uma série de levantamentos do povo sem um plano geral e sem um líder, configurando uma situação de "tirania popular". Segundo Vicente José Cardoso da Costa, um autor da época, a turba se guiava por preconceitos, pelo "maravilhoso", tomava-se como portadora da "vontade geral" e transformava ruas e praças em locais de discussão, como se tivesse a seu cargo a "pública administração", proclamando princípios democráticos (Neves, 2007:212-213).

[132] BN-RJ, Silva, Memória, [s.d.], [s.p.].
[133] Ibid.
[134] Ibid.

O suplício de alguns desgraçados, sem protecção, sem fortuna e sem princípios, foi uma consequência da tolerância e frequentação daqueles *banquetes, onde algumas destas vítimas apenas figuravam de serventes, com a esperança de subirem ao grau de amos, ou de companheiros.*[135]

Longe de ser uma simples conspiração de "baixa ralé" — como à época dos acontecimentos propugnava o advogado dos que foram tidos pela devassa como réus — ou de ser um movimento em que não entravam "pessoas de consideração, nem de entendimento, ou que tivessem conhecimento e luzes [...]", como dizia o governador d. Fernando Portugal e Castro,[136] a sedição da Bahia envolveu "moleques afortunados" e "serventes", isto é, os extremos da hierarquia social baiana. Os "serventes", esperançosos de virarem "amos" e "companheiros", infere-se, foram traídos pela "rapazagem" afortunada, sem contar que sobre eles recaiu a severidade das punições. As linhas gerais da memória elaborada por Leornado Correia convergem com as interpretações expostas por Affonso Ruy (1942), Luís Henrique Dias Tavares (1975) e, depois dele, com mais veemência, István Jancsó — este em clara oposição às análises de Kátia de Queirós Matoso (1969, 1990), que excluíam a participação de poderosos no movimento. Portanto, conclui-se que houve, sim, participação de "gente de melhor qualidade", em algum grau de articulação com a "baixa ralé", como insiste István Jancsó (1996), mas os desafortunados foram, de algum modo, iludidos, o que talvez corrobore as análises de Dias Tavares, para quem houve dois movimentos (Tavares, 1975:60-68).

Para Leonardo Correia da Silva, as citadas inconfidências e os movimentos ocorridos no Minho e no Porto, depois da transferência da Corte, sob o impacto e em reação às invasões francesas, acabaram em "suplícios, que bem se poderiam evitar se os remédios se aplicassem logo que os monstros, ainda no berço, deixaram as suas tenras garras e os seus movediços dentes".[137] Portanto, novamente falharam as autoridades. Em outro documento, ele acrescenta uma informação importante, que torna suas acusações ainda mais enfáticas e corrosivas: o governo era inerte diante das atividades de certos homens, ao mesmo tempo que punia algumas autoridades, "os governadores imparciais, desinteressados e justiceiros, que não consentem à perversidade de tais operações e

---

[135] BN-RJ, Silva, Memória, [s.d.], [s.p.], grifos meus.
[136] ABN, 1931, v. 1, p. 57-61.
[137] BN-RJ, Silva, Memória, [s.d.], [s.p.].

doutrinas". O governo assim procedia porque era composto ou ludibriado pela maçonaria, que classificava aquelas autoridades que se lhe opunham como "uns déspotas, uns estúpidos e uns tiranos".[138] É certo que essa crítica às autoridades governamentais, ao que tudo indica feita em 1814, constituía uma estratégia de defesa de si mesmo e de d. Tomás de Menezes, ex-governador do Maranhão. Constituía, ao mesmo tempo, uma demonstração de atrevimento extremo, uma vez que eram endereçadas ao príncipe regente e que passavam pelo crivo de d. Fernando Portugal e Castro, aquele que fora governador da Bahia à época da conspiração de 1798 e que, então já marquês de Aguiar, exercia o posto de ministro e secretário de Estado do Ministério do Reino. Porém, mais do que isso, os escritos do padre Leonardo Correia da Silva trazem outro subsídio para compreender as inquietações que marcavam sua época: para ele, a maçonaria era a responsável pelos movimentos de rebelião. Ele não a associava claramente aos três movimentos citados em sua memória, fazendo uma asserção de caráter genérico.[139] A maçonaria, além disso, entravaria ações corretivas que ele e o governador d. José de Tomás Menezes tomaram no Maranhão. Vivia-se, enfim, segundo o padre Leonardo, em "tempos e países onde a decantada mansidão e humanidade dos pedreiros-livres [isto é, os maçons] quer que os crimes de rebelião e desenvoltura de seus sócios fiquem sem castigo".[140] Nesses tempos, continuava Leonardo, os maçons, "*depois de entregarem os príncipes* aos patíbulos, às abdicações, aos cativeiros e *às emigrações*, não querem averiguar as causas destes fenômenos políticos, porque estão mui contentes com os seus efeitos", dizendo "que a filantropia do século, isto é, do século napoleônico, aborrece a efusão de sangue e que os governos devem ser mansos e pacíficos em suas deliberações".[141] Contra tudo isso, Leonardo defendia a realização de investigações e punições. Em sua leitura dos acontecimentos, enfim, a "culpa" pela transferência do príncipe regente e sua Corte para o Rio de Janeiro era, de um lado, dos maçons e, de outro, da inércia das autoridades que deveriam reprimi-los.

---

[138] BN-RJ, Silva, Requerimento, [s.d.], [s.p.].
[139] Para Emília Viotti da Costa, os movimentos revolucionários ocorridos no Brasil da passagem do século XVIII para o século XIX tiveram foco em lojas maçônicas, sendo exemplos a conjura do Rio de Janeiro, a conjuração baiana e a Revolução de 1817 (Costa, 1980:88).
[140] BN-RJ, Silva, Requerimento, [s.d.], [s.p.], grifos meus.
[141] Ibid.

Anos antes do padre Leonardo Correa da Silva, em 1799, Pina Manique, em Lisboa, associava à maçonaria as iniciativas revolucionárias de fins do século XVIII, na Europa, América, África e Ásia. Ao mesmo tempo, atribuía à instituição, ou melhor, concebia como maçom um personagem bastante controvertido da história luso-brasileira, Pedro Rates Henequim (1680-1744), que negociou com o governo espanhol um domínio sobre Minas Gerais, em 1740 e, fracassada a iniciativa, tentou convencer o infante d. Manuel, irmão de d. João V, a liderar o movimento. Fosse sob o cetro do infante, fosse sob a Coroa de Castela, na América sonhada por Henequim, "os súditos deveriam receber a justa paga pelos seus serviços" (Romeiro, 1996:221-241). O foco da análise de Pina Manique era João Zeco, inglês, grão-mestre da maçonaria que abrira uma loja em Lisboa e que estivera implicado num atentado contra o rei da Inglaterra e nos levantamentos populares acontecidos em Birmingham. Ao discorrer sobre o personagem e sua atuação, Manique reproduziu uma série de lugares-comuns sobre a maçonaria: primeiramente, enfatizou o seu caráter revolucionário e sua atuação nas revoluções americana e francesa, bem como seu alastramento por todos os continentes; em seguida, identificou sua abertura a todas as hierarquias sociais; por fim, diagnosticou como um de seus traços a solidariedade existente entre seus membros. Este último aspecto, segundo Manique, era um dos meios para desmascarar os maçons, na medida em que eles saíam na defesa dos seus irmãos que eram vítimas de alguma opressão. Por isso mesmo, ele queria identificar o autor do requerimento de soltura de João Zeco apresentado ao príncipe regente, para, com isso, descobrir quem era o maçom oculto. Talvez ele suspeitasse que fosse d. Rodrigo de Souza Coutinho. Em sua análise, Manique mencionou Pedro Rates, certamente Pedro Rates Henequim, que, segundo o intendente, teria participado de uma tentativa de golpe que envolvia o irmão de El-Rei d. João V, exatamente como postula a historiadora Adriana Romeiro. Em função disso, traçou um paralelo entre, de um lado, a iniciativa de Pedro Rates Henequim em relação a d. João V e, de outro, o que o duque de Orléans fez na França e, implicitamente, com Luís XVI. Manique usou de alguma fantasia ao classificar Pedro Rates como maçom e também ao descrever a pena que lhe foi imposta (açoutes e galés, ao contrário da morte pela fogueira, como, de fato, se deu), mas, ao mesmo tempo, diagnosticou com clareza a diferença entre a conjuntura de meados do século XVIII e aquela iniciada com as revoluções americana e francesa:

no reinado do Senhor Rei dom João, o Quinto, saiu no auto público da fé, por pedreiro-livre, Pedro de Rates, o qual teve a sentença de açoutes e galés, em uma época que não era tão crítica como a presente e que não estava diante dos olhos o que havia sucedido na América Setentrional e em Paris; que na grande loja [maçônica] daquela capital, de que era grão-mestre o duque de Orléans fora traçada a infelicidade da França e de toda a Europa, e se tem estendido infelizmente à América, à África e à Ásia.[142]

Em suma, nas manifestações sediciosas e/ou de contestação política ocorridas na América portuguesa, de 1788 até aproximadamente pouco antes da chegada da Corte, em 1808, alguns espectros, em parte bem reais, outros talvez mais imaginários, fizeram-se presentes. A França apareceu como uma sombra, de onde se esperava algum apoio (caso dos inconfidentes mineiros), ou, mais do que isso, onde se encontravam princípios políticos e textos (casos da suposta inconfidência do Rio de Janeiro e da conspiração baiana) e sonhada proteção (do governo do diretório, na Bahia, e de Napoleão Bonaparte, em Pernambuco, na obscura Inconfidência dos Suassuna). Maçons talvez tenham atuado em Minas, em 1788-89 e na Bahia, em 1798. Em Minas, no Rio de Janeiro e na Bahia, de algum modo, problematizou-se a questão da escravidão, sem que se propusesse claramente sua extinção. Se em Minas — exceto pelas iniciativas de Tiradentes — e em Pernambuco as discussões se desenvolveram primordialmente em ambientes privados, no Rio de Janeiro e na Bahia vê-se claramente a ocupação de espaços públicos. Com menos ênfase no Rio de Janeiro, as diferenças entre viver sob domínio português na América e no Reino também foram colocadas em debate. Justamente nas manifestações políticas em que as discussões alargaram-se até os espaços públicos, houve igualmente uma ampliação do espectro social dos envolvidos, com a incorporação de sujeitos marginalizados na ordem política colonial. Os acontecimentos passados na França e, em menor escala, nas 13 colônias inglesas da América do Norte, por fim, eram usados por algumas autoridades para pensar a realidade do mundo luso-brasileiro, particularmente da América portuguesa, dos perigos que ameaçavam a ordem monárquica.

---

[142] IANTT-IGP, livro 6, 1799, p. 24v-25v.

Capítulo 3

Realidades e previsões: sob ingleses e franceses, os perigos para Portugal e as riquezas do Brasil

No Reino, agentes estrangeiros, particularmente franceses e norte-americanos, desempenhavam um importante papel para o desenvolvimento das inquietudes e para a constituição de uma incipiente "esfera pública política". Entre tais agentes estrangeiros, figurou o francês Antoine Rougé, preso por Pina Manique em 1799, sob a suspeição de que seria um general republicano e celerado (Alves, 1999:65), motivo pelo qual queria despachá-lo para fora de Portugal.

Antoine Rougé e os prognósticos sobre a invasão de Portugal e a fuga da Corte

Antoine Rougé, um burguês de Toulouse, fora general e, na condição de ex--oficial, sob o estímulo das vitórias russas e austríacas sobre a França, liderara, ao lado de De Vaure e do conde Jules de Paulo, uma insurreição realista na região sul-toulousiana contra a República francesa, em agosto de 1799, reavivando a aliança entre o trono e o altar. Tal insurreição foi favorecida pelas queixas dos camponeses sobre o acesso à terra, pela perseguição religiosa e pelo renovado serviço militar obrigatório (Martin, 1998:294; Brown, 2005:235-238). Anteriormente, a partir de experiência na Guerra de Independência dos EUA e no Exército Republicano nos Pirineus, Rougé galgara postos na hierarquia militar e liderara uma facção de direita nas eleições anuais do Departamento de Toulouse em abril de 1799 (Brown, 2005:239). A revolta foi derrotada, findando em 22 de agosto, levando à morte de mil rebeldes; parte dos revoltosos fugiu para a Espanha, entre eles Rougé e de Paulo (ibid., p. 243-246). Segundo relato enviado ao príncipe regente d. João por Diogo Pina Manique, intendente-geral de polícia de Lisboa e Reino, na perspectiva de Rougé o movimento fora derrotado porque um tal de Louné, em que se fiaram os comissários de Luís XVIII, irmão de Luís XVI, denunciara a "dissolução de 52 departamentos meridionais de França e que foi esta a causa por que se não verificou nem receberem seu legítimo rei, nem chegar o movimento de Toulouse ao fim de ser coroado em Lion".[143]

Em 23 de novembro de 1799, Antoine Rougé foi interrogado por José Anastácio Lopes Cardoso, desembargador, corregedor do crime do Bairro Alto. Em suas respostas, ele trouxe uma série de informações sobre a política externa da França e a a ação de agentes franceses em Portugal, após a revolução. Antoine Rougé se dizia nascido em Cap-Häitien (à época Cap-Français), no Haiti, na América, e filho de Raimundo Rougé e de Madalena Ninfa Rouber. Casado com Josefina Roussaillou, vivendo de suas rendas, ele seguira a carreira militar, tendo ocupado o posto de general comandante da vanguarda do exército francês nos Pirineus orientais na época da revolução. Evadido da França, veio a se estabelecer em Lisboa, morando, no tempo de sua prisão, em fins de 1799, na casa de pasto da rua dos Canos. Tinha, então, 35 anos de idade.[144] Ele se apresentava como realista, além de declarar ter conhecido Napoleão. Em interrogatório, ele discorreu sobre conversas que teve com autoridades superiores do governo revolucionário francês, entre as quais Charles Maurice de Talleyrand-Perigord (1754-1838), político e diplomata francês de origem aristocrática que passou pelo clero e que teve uma atuação política importante na França da passagem do século XVIII para o século XIX, sobretudo em termos de política externa: ele serviu sucessivamente à revolução, a Napoleão, à restauração dos Bourbon e à monarquia dos Orléans.[145]

---

[143] IANTT-IGP, livro 6, 1799, p. 31v-32.
[144] IANTT-MR, maço 454, caixa 569. Correspondência..., p. 1.
[145] Sobre o ministro francês há volumosa bibliografia. Sua biografia pode ser conhecida de forma muito sintética em Gendron (2005:1013-1015). Veja também: Fondation Napoléon. Disponível em: <www.napoleon.org/fr/salle_lecture/biographies/files/talleyrand.asp>. Acesso em: 20 out. 2009.

José Anastácio Lopes Cardoso, o magistrado português, bem-informado, suspeitava que Rougé teria sido um dos chefes do supracitado movimento de Toulouse contra o governo, em dezembro de 1799.[146] Conforme alguns dos depoentes ouvidos na devassa de que foi objeto, ele servira, como militar, a Luís XVI e à República, pela qual fora perseguido inicialmente e, depois, nomeado para o comando das tropas francesas no Roussilon,[147] o que ele mesmo confirmou, acrescentando detalhes, como a condenação que fazia da morte de Luís XVI e do governo da montanha, bem como o aprisionamento de que foi vítima, a conquista de sua liberdade após a morte de Robespierre[148] e seu envolvimento na revolta em Toulouse, a favor dos realistas e contra o governo revolucionário, ocorrida em 9 ou 10 de agosto de 1799.[149] Por seus pronunciamentos contra o governo revolucionário francês, ele teria sido condenado à morte e fugido da França: segundo um dos depoentes, rumo à Alemanha e, conforme outros, na direção da Espanha, chegando de qualquer forma a Portugal pelo norte, por Bragança, com o objetivo de alcançar a Inglaterra, onde se engajaria nas tropas que o levariam de volta à França para lutar pelo retorno da monarquia, do seu "legítimo rei".[150] Tanto o último trajeto de fuga quanto seu objetivo foram confirmados por ele em seu interrogatório:[151] condenado, por desobediência, ao degredo para Caiena, na Guiana, pelo governo do diretório, ele teria saído de Toulouse em 5 de agosto de 1799, visando ao engajamento nas tropas lideradas pelo príncipe de Condé, na Inglaterra.[152]

Segundo alguns de seus interlocutores, ele elogiava a sorte de Napoleão e a hospitalidade portuguesa.[153] Um deles declarou que Rougé punha em dúvida a organização militar portuguesa, fazendo críticas à experiência das tropas, ao número de soldados e de regimentos.[154] Em sua fuga, ele usou passaporte falso, do ministro da Sardenha, com o nome de José André, negociante piemontês.[155]

---

[146] IANTT-MR, maço 454, caixa 569. Correspondência..., p. 1.
[147] Ibid., p. I1-I2v.
[148] Ibid., p. II5v.
[149] Ibid., p. II7.
[150] Ibid., p. 2-4.
[151] Ibid., p. II1v.
[152] Ibid., p. II2.
[153] Ibid., p. I2v-I4.
[154] Ibid., p. I5.
[155] Ibid., p. II2v.

Ao interrogar Antoine Rougé, José Anastácio Lopes Cardoso não ficou satisfeito com suas respostas a respeito dos motivos que o teriam levado a fugir de Toulouse. Acreditava que havia contradições entre o que ele alegava como motivos da perseguição que lhe faria o governo (sua divergência em relação a questões eleitorais e sua recusa ao engajamento nas tropas que estavam na Itália) e sua nomeação, pelas mesmas autoridades, para outros postos nas tropas; entendia que havia contradições também entre as datas: se sua ordem de prisão datava de outubro de 1798, por que seu passaporte seria anterior? Se ele partira para Portugal em 5 de agosto de 1799, como poderia ter participado de uma sedição em Toulouse aos 9-10 de agosto do mesmo ano?[156] As perguntas e as dúvidas do magistrado indicam que ele punha em xeque as convicções monárquicas do general e suspeitava que ele fosse um espião a serviço do governo francês. No interrogatório de 13 de dezembro de 1799, o magistrado luso advertiu o general Rougé para o fato de que o movimento de Toulouse, segundo sua avaliação, teria impedido o restabelecimento da monarquia (absoluta ou constitucional) na França, e não o contrário, como ele dizia.[157] Rougé, então, retrucou-lhe, dizendo que a revolta da "nação" em Toulouse se dera em função de sua indisposição contra seus representantes e que, depois, querendo manter o "espírito republicano", criaram-se as "assembleias filantrópicas", de que se teriam servido não só os republicanos, mas também os defensores de Luís XVIII. Isso não pareceu racional aos olhos do magistrado, sobretudo por causa do contraste entre o movimento popular e a inação do governo francês, o que foi reconhecido pelo general, que, porém, insistiu, ser verdadeiro.[158]

O magistrado e o preso, então, passaram a discorrer sobre a suposta fragilidade militar da França na sua porção meridional (advogada pelo general), o controle pelo governo de parte de seu território (diante da presença de poderosos exércitos do país na Holanda, Países-Baixos, Suécia e Itália e, até mesmo, em expedições no Egito). Avaliaram-se as possibilidades de invasão, ataque e resistência dos franceses.[159] Foi nesse ponto do interrogatório que se inseriu toda uma discussão sobre o intento da República francesa, anteriormente manifestado, de enviar uma expedição contra Portugal. Rougé declarou

---

[156] IANTT-MR, maço 454, caixa 569. Correspondência..., p. II6-II7v.
[157] Ibid., p. II9v.
[158] Ibid., p. II10.
[159] Ibid., p. II11v-II12.

que poderia atestar que tal intenção existiu. A isso, o magistrado contrapôs a ideia anteriormente defendida por Rougé, sobre a fragilidade da organização militar no sul da França, tendo o general, em réplica, dito que esta situação se instaurara depois, por causa do envio de tropas para a invasão da Itália. Perguntado sobre os supostos motivos de uma guerra da França contra Portugal, ele disse que se visava principalmente ao fechamento dos "portos aos ingleses no oceano e evitar que as suas esquadras se fornecessem de Portugal [...] que o fim era unir Portugal à Espanha".[160]

A posição da Espanha — que tinha assinado com a França, aos 26 de abril de 1797, uma convenção secreta para a conquista de Portugal (Brandão, 1919:43) — então, tornou-se o principal assunto do interrogatório. De um lado, o magistrado colocou objeções à participação espanhola numa invasão de Portugal pelos franceses, tanto por temer as consequências possivelmente sediciosas da passagem de tropas por seu território, quanto pelo "pacto de família" que juntava os soberanos ibéricos, pondo em aliança as duas "nações". De outro lado, o general, que defendia que, de fato, a Espanha resistiu muito em consenti-lo, mas, sob a pressão da França, veio a fazê-lo, exigindo que o comando das tropas não recaísse em "Angeró" mas em "Perinhon", para cuidar da invasão, com uma tropa de 24 mil homens, tendo ele mesmo sido convidado a nelas engajar-se, convite que aceitou porque era amigo do comandante e acreditava que ele não semearia a "revolução em Espanha". Tais tropas, contudo, nunca se organizaram.[161]

O corregedor, entretanto, não se deu por satisfeito, ponderando ao interrogado que 24 mil homens seriam insuficientes para invadir Portugal, além do que haveria dificuldades para manter um exército francês no Reino, longe do país de origem. Rougé, em resposta, reconheceu que seria, de fato, um número insuficiente de soldados, mas que o despreparo das tropas lusitanas, sua incapacidade de defesa, conduziria ao êxito.[162] Fez, então, revelações sobre as ações e intenções do governo francês, que delineavam planos que seriam concretizados, como se sabe, em 1807. Ele contou que, em Paris, a expectativa era "unir Portugal à Espanha, e que este plano talvez fosse o com o que se instasse a Corte de Espanha: e foi este mesmo que Monsieur de Talleyrand propôs a ele

---

[160] IANTT-MR, maço 454, caixa 569. Correspondência..., p. II12-II12v.
[161] Ibid., p. II13-II14.
[162] Ibid., p. II14-II14v.

[...], por aquele tempo, oferecendo-lhe o comando da vanguarda".[163] O magistrado, então, contra-argumentou, dizendo que isso traria inconvenientes para a República, do ponto de vista mercantil, no que se referia à Inglaterra e ao "equilíbrio da Europa com a paz geral".[164] A resposta do Rougé, novamente, traz informações sobre os diagnósticos feitos pelo governo francês a respeito de Portugal, quer sobre as relações desse com a Inglaterra, quer, ainda, sobre o que fariam os portugueses na eventualidade de uma invasão francesa e sobre as consequências desta última. A resposta de Rougé, mais do que tudo, mostra que, nos idos de 1799, o governo francês previa, com enorme clareza, o que aconteceria em 1807-08, sem que, como o futuro mostraria, tivesse tido condições de impedir a concretização das previsões. Segundo Rougé, enfim, as autoridades francesas pensavam sobre

> todos esses inconvenientes e que se recorda de ter conversado sobre este assunto com Talleyrand, ministro dos Negócios Estrangeiros nesse tempo, com Monsieur Rochon, representante do povo, *em que ponderavam que a Corte de Portugal se estabeleceria no Brasil, que o comércio seria cortado pelos ingleses, em cujas mãos iam correr as riquezas do Brasil, que não achavam em Portugal senão um esqueleto*, onde, apesar de todas as contribuições, faltavam gêneros de primeira necessidade, mas que estes projetos abortaram, ou pela impossibilidade de expedir as tropas, ou porque trataram de mais importância a expedição da Itália, ou porque conhecessem dificuldade.[165]

Portanto, a partir dessas palavras de Rougé, conclui-se que a transferência da Corte para o Brasil — ideia muito antiga, remontando aos anos 1580, aventada pelo marquês de Pombal na segunda metade do século XVIII e reativada pelos reformistas ilustrados portugueses nos inícios do século XIX, entre eles d. Rodrigo de Souza Coutinho, em 1797 e 1803, e o marquês de Alorna, em 1801[166] — não só não foi uma fuga irrefletida ou um mero ato de obediência aos ingleses (Villalta, 2000:30-35), como também era algo previsto em Paris próximo a 1799. Anos depois, em 1806, também em planos gestados por Napoleão Bonaparte e por Manuel Godoy — denominado o "Príncipe da

---

[163] IANTT-MR, maço 454, caixa 569. Correspondência..., p. II14v.
[164] Ibid.
[165] Ibid., p. II15, grifos meus.
[166] Ver: Lima (1996:54-57); Martins (2008:98); Carvalho (1998:105); Lira (1994:108-112).

Paz", era ministro de Carlos IV, a quem traía e, inversamente, fazia o jogo de Napoleão Bonaparte, que, por sua vez, o tomava como homem "sem caráter e sem talento, cujas energias eram mobilizadas apenas para obter, sem cessar, riquezas e dignidades" (Bonaparte, 1821:102-103) —,[167] a América portuguesa e também a América espanhola figurariam como locais de transferência dos seus respectivos soberanos. Em dezembro de 1804, Godoy tinha enviado a Paris Eugénio Izquierdo, um agente secreto, para "tratar com Napoleão a partilha de Portugal, onde ao Príncipe da Paz se guardaria um principado" (o que foi descoberto por Antônio de Araújo, ministro português, em 1805). Em 1806, o plano evoluiu, prevendo-se "estabelecer Luciano Bonaparte em Madrid, o Príncipe da Paz em Portugal e obrigar os soberanos dos dois Estados peninsulares a passarem aos seus domínios da América, ou a fazer o que mais lhes conviesse na emergência" (Barreiros, 1962:32-33). Esse plano falhou devido à introdução de uma cláusula que previa a cessão à França do porto espanhol de Pasajes, na costa basca. Além disso, Izquierdo julgava que

> a transferência da família real portuguesa para o Brasil viria a ser origem dum extraordinário impulso no desenvolvimento e poderio deste Estado, e de criar-se ali, em consequência, uma nação demasiadamente poderosa, que absorveria as possessões sul-americanas de Espanha [Barreiros, 1962:34].

A "carta" da transferência da Corte, no "baralho diplomático" de fins do século XVIII para o século XIX, portanto, era não apenas manjada pelos franceses, como também seu uso foi aventado por eles e pelo traidor Godoy. Este último não parecia ter limites em seus jogos perigosos, pois, em maio de

---

[167] Godoy, pró-francês, tinha fama de bajulador e de subserviente a Bonaparte. Era amante de d. Maria Luísa, esposa de Carlos IV, sendo muito impopular e odiado pelo príncipe das Astúrias, futuro Fernando VII (Slemian e Pimenta, 2008:31). Uma saborosa e exagerada descrição de Godoy, em suas relações com a família real espanhola, é feita por Raul Brandão, segundo o qual, o Príncipe da Paz tratava "com o mesmo amplo desprezo" o rei Carlos IV, a rainha d. Maria Luísa de Parma e o infante d. Fernando, ao mesmo tempo que alcançava um poder inimaginável, tornando-se "almirante, generalíssimo, conselheiro de Estado, valido. É dono de Espanha", amontoando milhões (Brandão, 1919, Location 404). Laure Permont, ou Laura Junot, duquesa de Abrantes, por sua vez, conta que d. Carlota Joaquina, princesa do Brasil, que "procurava amantes por todo o lado", dizia que "não queria ser espancada como a mãe por um Godoy, e queria ter liberdade [...]. De modo que a usava amplamente!", deixando solto o pensamento e, depois, a execução desse [...]. Por esse motivo, Junot, o marido, com quem a princesa marcara um encontro, a chamava de Messalina (Abrantes, 2008:62, 73, 76).

1806, alcançando a paz com a Inglaterra e despeitado com a França, propôs a Portugal um acordo que previa o casamento da princesa Maria Tereza com o príncipe das Astúrias e, o mais importante, a entrada numa coligação contra os franceses, pondo-se as forças luso-espanholas ao serviço da Inglaterra. Isso foi recusado por d. João (ibid., p. 164).

Voltando-se ao interrogatório de Rougé, tendo o inquiridor insistido na tecla de que a Espanha não permitiria uma invasão, o general retrucou que já o tinha consentido (a ação de Godoy, o "Príncipe da Paz", ministro de Carlos IV, confirma que ele tinha razão). Citou que Portugal celebrara um Tratado de Paz em 1797 com a França e os artigos de paz de Utrechet etc.[168] Nenhuma das objeções demoveu o general Rougé da defesa de suas convicções sobre os propósitos e diagnósticos feitos pelo governo de Paris. O corregedor, ao final, perguntou-lhe se ele sabia sobre as razões dos problemas encontrados pelo embaixador português em Paris, ao que nada soube responder o general, o que pareceu contraditório ao magistrado, uma vez que Rougé gozaria da confiança das autoridades francesas. Segundo o intendente-geral de polícia Pina Manique, em correspondências enviadas aos 5 e 6 de dezembro de 1799, Antoine Rougé avaliava que a França estava desarmada de gente e de munições, e que, só pela traição de um comissário denominado Louné, Luís XVIII não teria tido sucesso em chegar à Toulouse, para daí partir para Lyon, onde seria coroado. Embora tivesse atendido a um pedido de papel, para que escrevesse "umas memórias", Manique considerava contraditórias suas respostas e o tomava como um celerado.[169]

Mais do que o jogo de gato e rato disputado entre, de um lado, o corregedor José Anastácio Lopes Cardoso e o intendente Pina Manique e, de outro, o general Antoine Rougé, todo esse caso demonstra alguns elementos muito importantes para a compreensão da situação de Portugal na passagem do século XVIII para o século XIX: à delicada situação diplomática, somava-se a presença de agentes franceses no Reino, seja fugindo do governo da França, seja servindo à propagação das ideias revolucionárias e/ou favoráveis à sua expansão; evidencia, igualmente, que as "peças" e as "jogadas" eram de conhecimento comum dos governos, constituíam objeto de uma previsão muito bem fundamentada sobre seus possíveis resultados, bem como sobre as formas de

---

[168] IANTT-MR, maço 454, caixa 569. Correspondência..., p. II15-II16.
[169] IANTT-IGP, livro 6, 1799, p. 31v-32, 37v-38.

evitá-los. Em Portugal, as autoridades a serviço da Intendência-Geral de Polícia espreitavam os agentes revolucionários e procuravam evitar, a todo custo, a eclosão de uma revolução, no que obtiveram sucesso, ao menos até 1820 (e, talvez, "até com 1820", na medida em que a revolução veio, mas empalidecida pelos ventos da restauração dos Bourbons, que se dera após a derrota de Napoleão). A França, de qualquer forma, não conseguiu evitar as "jogadas" da Coroa portuguesa, de que tinha conhecimento antecipado; a Inglaterra, por sua vez, movimentou suas peças no tabuleiro exatamente como o previsto por Rougé, patrocinando a transferência da Corte portuguesa em 1807-08 e vindo se assenhorear do comércio com o Brasil.

Aos 11 de novembro de 1803, cerca de quatro anos antes da partida da Corte para o Brasil, lorde Fitz-Gerald, representante diplomático da Inglaterra em Lisboa, aproveitando-se da impressão desfavorável causada pelas sucessivas exigências do general Lannes, o representante da França, em nota ao visconde de Balsemão,[170] então ministro dos Negócios Estrangeiros, colocou o governo português contra a parede. Dizia que, naquele quadro, não era possível conservar as "possessões europeias de Portugal" intactas e, dessa forma, a Coroa inglesa pretendia

> ao menos, prover à salvação das colônias portuguesas e assegurar assim, em caso de necessidade, os meios de uma retirada honrosa ao seu aliado, que, "possuindo a alma de um grande príncipe", de certo antes quereria sacrificar o seu sossego e cômodo pessoal, que demorar-se inutilmente na Metrópole, em risco de perder a honra, a liberdade e talvez a Coroa [Barreiros, 1962:12].

Sugeria, então, que d. João

> se retirasse do continente a possessões longínquas, "onde um povo livre das desgraças que perseguem a Europa e sabendo avaliar os tristes sacrifícios de um so-

---

[170] Trata-se de Luís Pinto de Sousa Coutinho, primeiro visconde de Balsemão, nascido em 1735 e falecido em 1804. Fidalgo da Casa Real, foi governador de Mato Grosso, embaixador em Londres, ministro da Guerra ao tempo de d. Maria I. Em 1801, passou a ser ministro do Reino, mas como d. João de Almeida Melo e Castro, nomeado para os Negócios Estrangeiros estava em Londres, até junho daquele ano ele acumulou essa pasta e assinou o Tratado de Badajós. Voltou depois aos Negócios Estrangeiros, mas por pouco tempo, pois veio a morrer em 1804 (Torres, 1904-1915:46-47).

berano querido, lhe ofereceria um trono estável, adornado com a dedicação dos súditos e com as virtudes do príncipe" [Barreiros, 1962:12-13].

Não seria a intenção do governo inglês propor uma retirada prematura. Entendia, porém, que a França levaria Portugal até a exaustão e, então, faria uma invasão e a conquista do território, apoderando-se da esquadra e realizando uma rapina das províncias do ultramar (ibid., p. 13). Oferecia ao príncipe uma esquadra britânica e segurança à família real. A esquadra portuguesa receberia um chefe indicado por d. João, devotado à aliança inglesa e contrário aos princípios da Revolução Francesa. A Inglaterra se moveria por "intenções puras", enquanto a demora em se fazer um acordo poria tudo a perder (ibid., p. 13-14).

Pressões de França e Inglaterra e ações de agentes estrangeiros

O quadro era complexo. Portugal vivia sob a pressão da Inglaterra e da França. Em seus domínios, ademais, agentes estrangeiros atuavam. Antoine Rougé não foi o único agente francês pego em Portugal (ou no Brasil) naquela conjuntura. Lorde Fitz-Gerald, ademais, parecia ter toda razão. Além disso, as avaliações que se fizeram sobre os agentes franceses ultrapassaram as questões de uma invasão francesa em Portugal, da participação da Espanha e da transferência da Corte para o Brasil. Os franceses se meteram em iniciativas (em boa parte obscuras e, talvez, exageradas pelas autoridades lusas) de sublevar partes do Brasil contra a Coroa portuguesa. Anos antes, em 30 de novembro de 1796, chegara à Bahia o comandante da nau francesa La Preneuse, Antoine René Larcher, conforme citado no capítulo anterior. Acompanhava-se de sua mulher, de duas filhas menores e de membros de sua fragata e passageiros, entre eles, madame Joana de Entremeuse. Tendo combatido navios portugueses quando se dirigia do porto de Rochefort às ilhas Maurícias e embarcado, depois de infortúnios, na nau espanhola Boa Viagem, acolhera os marujos portugueses das embarcações que combatera. A Boa Viagem, no entanto, avariou-se, motivo pelo qual arribou na Bahia, autorizada pelo então governador, d. Fernando de Portugal e Castro, em função do tratamento que Larcher dispensara àqueles portugueses (Tavares, 1975:81-82).

O tenente Hermógenes Francisco de Aguilar Pantoja foi incumbido de vigiar Larcher, tendo este se aproximado bastante do seu vigia e da população local (Mattoso, 1969:14-15). Larcher foi bem-recebido pelo alto escalão do poder em Salvador e encontrou alguns jovens da elite baiana, ativos e radicais do ponto de vista político, livres das "velhas superstições" e ávidos na leitura de "livros franceses", entusiasmados com a presença dos visitantes (Jancsó, 2001:365-366). Supõe-se que, em serões secretos ocorridos na casa do farmacêutico João Ladislau Figueiredo de Melo, tenha desfiado a filosofia dos enciclopedistas e suas teorias políticas, diante de pessoas como o padre e comerciante Francisco Agostinho Gomes, o médico Cipriano Barata de Almeida, o aristocrata canavieiro Inácio Siqueira Bulcão e o professor Francisco Moniz Barreto (Mattoso, 1969:13-15). Teria, ainda, participado de banquete e colaborado para a fundação da sociedade secreta "Cavaleiros da Luz", o que é colocado em dúvida por Luís Henrique Dias Tavares (1975:82). Essa movimentação, não importa qual tenha sido exatamente, contudo, escandalizou a elite local em sua maior parte. Pantoja chegou a ser admoestado pelo governador em razão de seus excessos de entusiasmo (Jancsó, 2001:364-366).

Larcher partiu da Bahia no dia 2 de janeiro de 1797. Chegando à França, submeteu à aprovação do diretório, que então dirigia a República francesa, um projeto de invasão da cidade da Bahia, datado de 24 de agosto de 1797 (ibid., p. 361-362). Larcher recolhera informações sobre as defesas da cidade, munições, disposição das fortificações e dos pontos de defesa. Afirmava existir um poderoso sentimento antiabsolutista de parte da elite local, traçando um projeto de aliança política entre luso-americanos e franceses. Esse projeto envolvia o desembarque de um corpo expedicionário francês, seguido pela sublevação de parte da tropa aquartelada na Bahia, iniciando-se o levante. Os franceses cuidariam da proteção da capitania até a organização eficaz do aparelho de Estado soberano em moldes republicanos, ao que se seguiria a independência. Os baianos, segundo o projeto, teriam solicitado 4 mil fuzis (ibid., p. 366-369).

Embora o governo francês tenha refutado a proposta de invasão da Bahia (provavelmente por motivos similares aos que o impediram de invadir Portugal em fins do século XVIII, como alertara Antoine Rougé às autoridades portuguesas em 1799), não desistiu de acompanhar o que se passava na América portuguesa e continuou a atuar para desenvolver o contrabando e semear a revolta nestas plagas, propósito este que não pareceu ausente à presença anterior de Larcher pelas águas do Atlântico sul. Nessa iniciativa, o governo francês tinha parceiros internacionais: agentes privados e alguma cobertura da embai-

xada da Espanha, em Lisboa. Isto é o que alguns documentos da Intendência-
-Geral de Polícia de Lisboa permitem supor.

Aos 20 de outubro de 1799, Diogo Inácio Pina Manique, o intendente de polícia, escreveu a d. Luís Pinto de Souza, ministro já citado, informando-o sobre a apreensão de papéis, mercadorias contrabandeadas e cartas pertencentes a d. Gaspar Rico, espanhol, procedente do Rio de Janeiro, suspeito de contrabando. As cartas, encontradas na algibeira de d. Gaspar, teriam sido escritas por madame Joana Entremeuse, que violara "o segredo da cadeia, em que esta[va] [por ordem do intendente] presa". A dita dama, que esteve entre as passageiras trazidas por Larcher a Salvador na passagem de 1796 para 1797, conforme registrei anteriormente, chegara a Lisboa vinda no comboio do Rio de Janeiro, mesmo comboio em que se encontrava Gaspar Rico, "em um navio da sua nação".[171] O embaixador espanhol, em demonstração clara da prepotência com que diplomatas espanhóis e franceses tratavam o governo lusitano, reagiu à prisão de seu compatriota, tomando-a como um insulto, perspectiva da qual Pina Manique discordava, pois, no seu entendimento,

> os sagrados direitos de embaixador o não autorizam para proteger insolentes, para dispensar aos estrangeiros desconhecidos que se legitimem perante os competentes magistrados e para embarcar, que se procede contra os que por algum princípio se fazem suspeitos ao Estado.[172]

Essa história, porém, não parava aí, pois, na mesma data em que escreveu para d. Luís Pinto de Souza, Manique o fez também para d. Rodrigo de Souza Coutinho. Para este ministro do príncipe regente, o intendente deu mais dados sobre madame Joana Entremeuse e suas ações, a respeito do que d. Rodrigo havia anteriormente lhe pedido informações, provavelmente porque haviam chegado ao seu conhecimento notícias passadas pelo conde de Resende, vice-rei do Brasil, ao príncipe regente: ela "tinha entrado por duas vezes no porto do Rio de Janeiro" e na "Bahia de Todos os Santos por diversas vezes".[173] Manique informou que Joana Entremeuse fora presa a bordo do na-

---

[171] IANTT-IGP, livro 6, 1799, p. 5v.
[172] Ibid.
[173] Ibid., p. 10.

Figura 4. *D. Rodrigo de Souza Coutinho, conde de Linhares.* Óleo sobre tela de Domingos Antônio de Sequeira. D. Rodrigo, figura de proa do chamado "partido inglês", desempenhou papel essencial sob a regência de d. João, tomando várias iniciativas que tinham em vista o Brasil

Fonte: Pedreira e Costa (2008).

vio Confiança assim que chegou, ficando comprovado — conforme suspeitava d. Rodrigo[174] — que a embarcação era sua,

> sendo simulada a escritura de venda que fez no Rio de Janeiro, não tendo outro motivo mais que embandeirar-se com bandeira Portuguesa e poder continuar o giro do comércio clandestino com as colônias portuguesas, como já tinha feito e repetido por diversas vezes debaixo do pretexto de arribadas. Ou então, talvez por ser encarregada de *fazer algumas indagações ou dispor os ânimos de alguns habitantes daquelas duas cidades e ganhar amizades com algumas famílias para outros fins*.[175]

Logo, deduz-se, ela mesclava o contrabando com a espionagem, com fins suspeitos. Segundo Manique, tais suspeitos fins seriam sediciosos, acrescentando o mesmo intendente: "e isto é tão provável, que alguns destes [membros de famílias da Bahia e do Rio de Janeiro] a recomendam para os seus correspondentes, amigos e parentes que têm na praça de Lisboa", anexando cartas que comprovavam tais ligações.[176]

---

[174] Isto se vê registrado em ofício de Pina Manique ao mesmo ministro, datado de 25 de outubro de 1799 (Ibid., p. 18).
[175] IANTT-IGP, livro 6, 1799, p. 10-10v, grifos meus.
[176] Ibid., p. 10v.

Aos 25 de outubro de 1799, Manique escreveu novamente para d. Rodrigo. Confirmou ao ministro que a galera Confiança, de fato, pertencia a Joana Entremeuse, sendo simulada a venda que fora feita para o capitão João de Souza Lobo. Na mesma correspondência, o intendente apresentou novas informações sobre o capitão Lobo, madame Entremeuse e Gaspar Rico, fazendo um diagnóstico sobre a ação deles e do governo francês. Lobo assumiu a propriedade da embarcação apenas para, caso encontrassem na viagem alguns navios de guerra ingleses, poder escapar de tê-la apreendida. Para evitar que os franceses pudessem apreender o Confiança, Joana Entremeuse, por seu turno, trazia passaporte francês. Ambos, Lobo e Joana, confessaram-no às autoridades portuguesas. D. Gaspar Rico, ao vir do Rio de Janeiro no comboio, em embarcação espanhola, comunicara-se com Joana em alto-mar, indo ao seu navio.[177] D. Gaspar, demonstrando suas simpatias políticas, levava consigo uma bandeira republicana. Entre ele e madame Entremeuse, houve, segundo o intendente:

> varias conferências e conversações, do que pode inferir-se que os negócios de um e outro eram os mesmos e que as suas *comissões, ou se encaminhavam a explorar os portos do Rio e Bahia, ou [a mapear as] forças que o príncipe regente nosso senhor ali tinha, os sentimentos dos habitantes destas colônias e insinuar e disseminar as infames doutrinas de que os jacobinos se servem para revoltar os povos e dispô-los para os seus fins, ou pelo menos que iam às mesmas colônias a fazer um comércio clandestino* e, talvez, venderem as fazendas que os franceses haviam tomado aos navios portugueses, por serem próprias somente para as ditas colônias e para as quais tinham sido carregadas nos portos deste Reino, no que muito podia lucrar a dita francesa *e tirar muito ouro e diamantes* [Os réus seriam] exploradores e emissários do governo francês, [...] porquanto nos papéis apreendidos ao dito d. Gaspar Rico se encontram várias memórias e especulações sobre comércio e outros diferentes objetos, as quais, posto que pareçam dizer relação às colônias espanholas, por trazerem os nomes de Montevidéu e outras mais, podem muito bem ser uma ficção premeditada para com este disfarce remover toda a suspeita no caso de lhe serem apreendidos, mas não repugna que ele, pelo nome de Montevidéu e das mais colônias espanholas, entenda o Rio de Janeiro e as mais colônias portuguesas.[178]

---

[177] IANTT-IGP, livro 6, 1799, p. 18.
[178] Ibid., p. 18-18v, grifos meus.

Figura 5. *Vista de Vila Rica (início do século XIX)*, de Henry Chamberlain. Vila Rica é a expressão máxima do fausto gerado pela extração aurífera

Fonte: *O Museu da Inconfidência* (1995).

Portanto, na perspectiva de Pina Manique, Joana Entremeuse e Gaspar Rico eram dublês de contrabandistas e espiões-agentes revolucionários a serviço da França, e/ou ao menos estariam envolvidos no comércio clandestino.[179] Desejariam fazer comércio com a Bahia e o Rio, de olho no ouro e nos diamantes (e, portanto, no que vinha sobretudo de Minas Gerais) que poderiam obter, e/ou faziam um diagnóstico das forças que a Coroa portuguesa tinha naquelas praças, dos ânimos dos habitantes da região, com o propósito de disseminar as ideias jacobinas pelas quais levavam os povos à rebelião. Os papéis encontrados na posse de Rico faziam referências às colônias de Espanha, mas isto seria apenas um disfarce e, assim, eles se refeririam, na verdade, às duas localidades da América portuguesa.

---

[179] Raul Brandão, ao referir-se à prisão de Entremeuse, alinha-a a elementos maçons (Brandão, 1919:33).

Haveria na análise de Pina Manique algum quê de desvario ou paranoia? Gaspar Rico e Joana Entremeuse, esta mesma mulher que passara pela Bahia em companhia de Larcher em 1797 e, depois, por várias vezes no mesmo porto e também no Rio de Janeiro, seriam meros contrabandistas? Por que o espanhol Gaspar Rico e, indiretamente, o embaixador de seu país se envolveram com Entremeuse? Seriam, de fato, agentes a serviço da França e da revolução? Que relações estabeleceriam tais pessoas entre si e as coroas de França e Espanha às quais se ligavam e/ou que representavam? Trata-se de relações nebulosas, que provavelmente passariam por parcerias em contrabandos e, ainda, em articulações políticas que envolviam o apoio a iniciativas sediciosas na América portuguesa, mesmo porque, naquela conjuntura de crise do Antigo Regime, as disputas acirradas entre as potências passavam pela conjugação de iniciativas contra as rivais, juntando-se contrabando e apoios a rebeliões. O envolvimento do governo espanhol fica difícil de avaliar e precisar. Mas as repetidas viagens de Entremeuse ao Brasil, desde a estada de Larcher em Salvador entre 1796 e 1797, e a presença de comerciantes franceses em debates travados na Bahia, mencionada pelo historiador Affonso Ruy, reforçam o diagnóstico de Pina Manique acerca do caráter duplo, comercial e político, da ação da madame e de Gaspar Rico. Igual sentido tem a notícia que d. Fernando Portugal e Castro dera, antes de outubro 1798, a d. Rodrigo de Souza Coutinho a respeito do assédio de corsários franceses e suas pretensões de propagação revolucionária. Tudo isso mostra que o perigo da sedição, com apoio francês, rondava a Bahia, malgrado a repressão iniciada em agosto de 1798 contra a chamada Conspiração dos Alfaiates.

O contrabando inglês

Não se pode pensar que apenas franceses e espanhóis fizessem incursões nos domínios portugueses: mais do que eles, os ingleses o faziam, embora pareça que, na América portuguesa, na passagem do século XVIII para o século XIX, a atuação desses últimos tivesse mais uma natureza econômica do que política, ou melhor, não se moviam a incitar sedições, diferentemente do que se passou em relação às colônias espanholas, onde, como mostra José Jobson Arruda, foi desenvolvida, a partir de 1804, uma política de aberto apoio às lutas pela Independência (Arruda, 2008:23). De qualquer forma, como assinalava o general francês Antoine Rougé, em fins do século XVIII, a cobiça inglesa em relação ao comércio com o Brasil era algo conhecida, prevendo-se então que ela seria saciada caso se transferisse a Corte portuguesa para a América. Antes que essa transferência se desse, todavia, a Inglaterra entregava-se ao desenvolvimento do contrabando com Portugal e o Brasil. Como bem assinalou Fernando Novais, o contrabando fazia parte da competição comercial, que, por sua vez, era inerente à colonização mercantilista. Porém, com a Revolução Industrial e o decorrente barateamento da produção, a Inglaterra ganhava mais condições competitivas e poderia angariar maior apoio interno na colônia às suas atividades e conectar-se às tensões políticas. Assim, seu desenvolvimento ao invés de poder levar à substituição de uma metrópole por outra, na verdade, punha em risco a manutenção do domínio colonial, isto é, poderia desembocar na Independência da colônia. Nesse quadro, o desenvolvimento do contrabando intensificava-se, ao mesmo tempo que seu combate se fortalecia no âmbito das políticas reformistas desenvolvidas por Portugal (Novais, 1981:242-243).

Um exemplo de contrabandista inglês com atuação no Brasil é Thomas Lindley, aqui já citado. Em seu livro *Narrativa de uma viagem ao Brasil*, esse comerciante inglês conta que aportou com sua esposa na Bahia, em meados de abril de 1802, vindo da cidade do Cabo (Lindley, 1805:XVII-XVIII, XXV). Seguindo para o Rio de Janeiro em meados de maio do mesmo ano, por problemas de navegação, viu-se obrigado a parar em Porto Seguro, onde travou contato com algumas autoridades e, estimulado por elas, tentou contrabandear pau-brasil (ibid., p. XX-XXII). Os envolvidos na tentativa de contrabando foram denunciados ao governador, sendo Lindley preso por essa razão no início de julho (ibid., p. XX-XXVI; Agrado do Ó, 2004:15). Em fins de setembro daquele ano, retornou a Salvador, onde ficou preso em diferentes fortalezas. Dois meses depois, em fins de dezembro, Lindley obteve permissão para circular na cidade, sob a exigência de voltar à fortaleza onde estava preso todo dia às 18 horas. Da Bahia, escapou para o Porto, em Portugal, onde chegou em novembro de 1803 e encontrou suas embarcações, que para lá tinham seguido mais ou menos à mesma época de sua fuga (Lindley, 1805:XXVII-XXVIII). Em sua passagem por Salvador em 1802, como mencionado no capítulo 2 deste livro, Thomas Lindley travou contato com Francisco Agostinho Gomes, rico comerciante e clérigo licenciado sobre o qual recai a suspeição de ter-se envolvido na Conspiração dos Alfaiates, de 1798. Lindley deixou registros muito interessantes sobre a Bahia, os livros, as atividades científicas e as ideias de Agostinho Gomes, interessando-me aqui apenas repetir uma das avaliações que fez acerca do último. Segundo Lindley, Agostinho Gomes estava familiarizado com as disputas políticas do mundo anglo-saxão, pois ele discorrera sobre os estudos de Thomas Paine, enfatizando algumas das "inúteis opiniões" do pensador norte-americano, como ele classificava, sendo possível presumir, a partir dessas adjetivações, que se tratasse da defesa que um dos pais fundadores dos Estados Unidos fazia da Independência da América inglesa (ibid., p. 68); portanto, se Lindley não parecia ser simpático às ideias que fomentassem rebeldias na América, ao menos a inglesa, era outra a posição do comerciante baiano.

Mais sugestivas a respeito das práticas dos ingleses em relação a Portugal e seus domínios da América, contudo, são algumas informações colhidas em Lisboa por Inácio Pina Manique, o intendente-geral de polícia. Em 1790, ele registrou a apreensão de fazendas, em boa parte proibidas, oriundas de um navio inglês, desembarcadas em uma lancha, em Póvoa do Varzim e que traziam selos da alfândega de Lisboa, do que o intendente deduzia duas possibilidades: ou os selos eram falsos ou tinham sido passados aos ingleses por alguns oficiais da alfândega lisboeta. O fato só fora descoberto porque a embarcação acidentara-se na costa portuguesa, tendo sua tripulação fugido, exceto um português, que fora preso. Segundo o intendente, além disso, as fazendas que se queriam introduzir em Portugal destinavam-se a ser reembarcadas em algum navio, "que estivesse a sair do Porto para a América", uma vez que a maior parte delas era do que "costuma consumir-se mais frequentemente naquelas capitanias"; aliás, ele tivera notícia de que da "Inglaterra se introduzia na América portuguesa quantidade de fazendas seladas com o selo da alfândega de Lisboa".[180] Dessa história toda, infere-se que, em fins do século XVIII, o contrabando de tecidos ingleses podia ter a complacência de oficiais da alfândega de Lisboa e de comerciantes lusitanos, vindo as mercadorias em navios ingleses até o litoral de Portugal, sendo ali desembarcadas em lanchas e, delas, reembarcadas em navios lusos que se destinavam à América portuguesa. As citadas mercadorias seriam seladas com selo daquela alfândega, falsificados ou verdadeiros (e, nesse caso, sendo repassados por oficiais lusos). No mesmo documento, ademais, o intendente anotava outras estratégias de que se valiam os ingleses: eles disporiam de um "grande número de navios", que

---

[180] IANTT-IGP, livro 3, 1790, p. 113v-114.

se deslocariam "para as costas do Brasil, pretextados irem à pesca da baleia", mas "a maior parte deles leva[va] toda qualidade de fazendas", introduzidas na colônia "em pequenos pacotes para [com] mais facilidade fazerem aquele contrabando"; comerciantes portugueses seriam sócios dos contrabandistas ingleses, recebendo desses "comissão pelas receitas"; no Brasil, ademais, sumacas portuguesas iriam buscar as mercadorias contrabandeadas nos navios. Manique chegava a identificar a ilha da Trindade como entreposto usado frequentemente, ao mesmo tempo que sublinhava um aspecto importante: "há quinze anos a esta parte os negociantes nossos americanos têm construído uma quantidade de navios e [...] estão senhores quase da navegação mercantil para aquele Estado".[181] Por fim, registrava que fazia ao menos quatro anos que, em Londres, tinha-se feito seguro de "três navios de fazendas que iam em direitura para se introduzirem na América portuguesa", sendo que "parte da mesma fazenda levava o selo da alfândega de Lisboa".[182]

Os diagnósticos do intendente, se por um lado mostram os subterfúgios de que se valiam os britânicos para desenvolver o contrabando no Brasil, indicam que tal atividade contava com sócios no Reino e na colônia e, por outro, confirmam o que, de um lado, Fernando Antônio Novais e José Jobson de Andrada Arruda e, de outro, Alberto da Costa e Silva, Maria Beatriz Nizza da Silva e João Luís Fragoso, historiadores de vertentes interpretativas distintas, afirmam sobre a economia lusitana e colonial na passagem do século XVIII para o século XIX. À época, florescia o desenvolvimento do contrabando,[183] que compreendia um amplo leque de atividades ilegais: comércio com estrangeiros, com mercadorias estancadas (isto é, sujeitas à comercialização exclusiva por um determinado comerciante ou companhia), ou fazendo-se o pagamento de taxas alfandegárias abaixo dos valores estabelecidos (Arruda, 2008:113). Arruda apresenta informações e análises que comprovam que Manique não tinha nada de paranoico. Primeiramente, defende a tese de que, antes de 1808, assistia-se a uma abertura informal, efetiva, dos portos do Brasil, por obra da ação de contrabandistas, que teria tido um arranque em 1800 (ibid., p. 15-16). Acrescenta, ademais, que, por volta de 1790, os contrabandistas brasileiros desenvolviam suas atividades ilícitas fora e dentro da área de vigilância dos oficiais da Coroa, contando, portanto, com a complacência e cumplicidade

---

[181] IANTT-IGP, livro 3, 1790, p. 114v-115.
[182] Ibid., p. 115.
[183] Ver: Novais (1981:90-91, 185); Fragoso (1998:84); Arruda (2008:15-16, 112-118).

desses últimos. Por essa razão, os ingleses, desde 1800, diziam abertamente não reconhecer a jurisdição portuguesa sobre os portos brasileiros (ibid., p. 114). Possuindo como foco principal o Rio de Janeiro, o contrabando era praticado ali abertamente, tendo havido um salto de navios estrangeiros que oficialmente frequentavam o porto (havia certa tolerância para a atracagem, em função das atribulações das viagens marítimas):[184] nove em 1791, foram 70 em 1800. Para completar, analisando-se o desempenho da balança comercial, pode-se quantificar a taxa de contrabando, mediante a contraposição entre os movimentos de importação e exportação, que, em condições de comércio monopolizado, deveriam ser equivalentes. Segundo José Jobson Arruda, como a partir de 1800 houve um declínio das importações de Portugal, infere-se que essas eram feitas de outros fornecedores, sendo possível contabilizar uma taxa de comércio ilegal de 17,4%. Logo, pode-se concluir que "os portos brasileiros foram abertos gradualmente a partir de 1800", situação formalizada em 1808.[185] Se Manique identificava a ilha de Trindade como um entreposto usado pelos ingleses, a José Jobson Arruda não escapa destacar que, pelo arti-

---

[184] Em situações excepcionais de acostagem forçada das embarcações estrangeiras, permitia-se que as despesas dessas últimas fossem custeadas com a venda de produtos nelas transportados (Almodovar e Cardoso, 1999:16).

[185] Arruda (2008:116). Jorge Miguel Pedreira opõe-se aos pressupostos e às conclusões sustentadas por Arruda. O contrabando, segundo ele, não poderia ser dimensionado a partir do "déficit acumulado por Portugal nas trocas com o Brasil". Uma análise como essa comportaria "pressupostos econômicos insustentáveis (por exemplo, o da tendência para o equilíbrio a curto prazo das trocas bilaterais)". Arruda, ademais, teria usado "valores altamente sobrestimados dos déficits, pois não deduziu a circulação da moeda e dos metais monetários que se destinavam em parte ao pagamento das próprias transações de bens": corrigidos, tais déficits seriam pouco significativos "(apenas 4,2% das importações originárias do Brasil em 1796-1802) e o saldo acumulado só se torna desfavorável a Portugal justamente em 1806" (Pedreira, 2008:68). Além disso, o sistema colonial seria capaz de "assimilar o contrabando, que era de resto um fenômeno endêmico"; se ele "era uma manifestação de crise, então o sistema sempre estivera em crise". A presença do monopólio, pelo contrário, seria atestada pelos altos preços de reexportação de produtos brasileiros cobrados pelos comerciantes portugueses dos mercadores estrangeiros, isto é, se o contrabando fosse tão forte, não haveria como cobrar tais preços (ibid., p. 71). Se essas ressalvas de Pedreira permitem aceitar sua contestação à suposta "crise do sistema colonial", derivada de um ameaçador contrabando na passagem do século XVIII para o século XIX, são frágeis os outros argumentos por ele apresentados ao contrapor-se à associação entre, de um lado, o aumento do contrabando e, de outro, o crescimento do número médio de embarcações estrangeiras atracadas no Rio (54, contra 25 na época anterior) entre 1800 e 1808 (segundo o autor, nem todas elas estariam envolvidas em atividades ilícitas), o maior apresamento de navios acusados de contrabando (para Pedreira, isso demonstraria a eficácia da repressão) e a introdução ilegal de artigos estrangeiros por comerciantes portugueses no Brasil (equivaleria à reexportação feita legalmente pelos mesmos mercadores) (ibid., p. 69-70).

go XXII do Tratado de Comércio estabelecido entre Portugal e Inglaterra em 1810, concedia-se ao porto de Santa Catarina a condição de "porto franco", de onde partiriam livremente produtos ingleses tanto "para outros portos dos domínios de Portugal como para os de outros Estados".[186]

O tráfico negreiro e os grandes comerciantes residentes no Brasil

Segundo Alberto da Costa e Silva, "o exclusivo colonial deixara na prática, a partir da segunda metade do século XVII e, sobretudo, no século seguinte, de se aplicar à mais importante das atividades mercantis externas: o tráfico de escravos com a África", feito a partir do Rio de Janeiro e de Salvador, empregando vultuosos capitais "predominantemente originários da colônia e não da metrópole" (Silva, 2010:25; Alencastro, 2000:262-263). Maria Beatriz Nizza da Silva reproduz considerações feitas em 1807 por d. Domingos de Souza Coutinho, embaixador português em Londres, para não proibir o tráfico de escravos aos vassalos portugueses do Brasil: nos domínios lusitanos, o armador poderia construir e enviar navios para todos os lugares que fossem permitidos a um português fazê-lo e, assim, os habitantes da colônia "desde tempos imemoriais enviavam dos portos do Brasil as suas embarcações para fazer o tráfico na costa da África" (Silva, 2008:43). Ou seja, partindo dessas palavras, é preciso que entendamos o "monopólio português" num sentido largo: exclusivo dos súditos de Portugal. João Luís Fragoso, por sua vez, considera que os limites do monopólio comercial lusitano ficavam evidenciados na concessão de licenças a estrangeiros e no contrabando (Fragoso, 1998:84) e, ao mesmo tempo, florescia uma camada de grandes comerciantes residentes, mais precisamente fixados no Rio de Janeiro, que, desde 1790, controlava o tráfico negreiro (ibid., p. 174). Para o autor, dava-se então um duplo e correlacionado processo: por um lado, de acumulação endógena e, por outro, de constituição de uma camada de comerciantes de grosso trato (grandes comerciantes), controladora da praça mercantil do Rio de Janeiro e residente na colônia. A acumulação endógena, "um movimento que diz respeito à reiteração, no tempo, das produções ligadas ao abastecimento interno", realizava-se em todas as suas etapas no espaço colonial e implicava

---

[186] Tratado de Comércio Portugal-Inglaterra (1810 apud Arruda, 2008:163).

a retenção do seu trabalho excedente no interior da economia colonial (ibid., p. 37). A camada de comerciantes de grosso trato, beneficiária do processo de acumulação endógena, intermediária dos processos de reprodução da produção de abastecimento interno e da agroexportação, por sua vez, estendia seu laço de influência por todo o centro-sul do Brasil. Analisando as atividades econômicas de Minas Gerais, Rio Grande do Sul, Santa Catarina, São Paulo e Rio de Janeiro, Fragoso conclui que, ao redor da praça do Rio de Janeiro,

> havia um mosaico de núcleos de produção para seu abastecimento, núcleos esses que combinavam a força de trabalho escrava com diversos outros regimes de produção [...]; o Rio de Janeiro conformava uma área de ponta, voltada para o mercado externo, [e] seu abastecimento implicava a criação de uma ampla rede intracolonial, o que vem negar a ideia de autarquia da *plantation* [ibid., p. 143-144].

Um aspecto importante das interpretações de Fragoso — e que deve ser sublinhado por sua persistência durante o Brasil joanino e depois da Independência, traço de continuidade da colônia até a derrocada da monarquia — tem a ver com o destino dos capitais retidos por essa camada de grandes comerciantes. Em todo esse largo período, de preeminência de relações escravistas de produção, tornar-se grande proprietário de terras e de homens "representava também adquirir uma posição de mando em uma sociedade estratificada". Por essa, razão,

> alguns comerciantes de grosso trato transformaram sua acumulação mercantil em grandes fazendas. Nesse ponto, nota-se que a reiteração da produção no escravismo colonial (a sua forma de reproduzir sobretrabalho) confunde-se com a recorrência de sua hierarquia social fundada no *status* [ibid., p. 35].

Essa ânsia de distinção, evidenciada na aplicação de capitais na aquisição de terras e escravos, movia essa gente também na direção da obtenção de títulos, o que, como se verá adiante, foi utilizado pelo Príncipe Regente para cooptá-la.

Na avaliação de Pina Manique, boa parte desses grandes comerciantes controlava o comércio da América com o Reino. Fragoso, diferentemente, entende que o comércio do Rio com o destino final dos produtos coloniais permaneceria sob a tutela dos comerciantes europeus e do Reino (ibid., p. 222). Pina Manique, em suas análises, vai além de João Luís Fragoso também noutro ponto: o tráfico negreiro. Em 1792, o intendente pronunciou-se sobre dois marinheiros por ele presos no Limoeiro, em Lisboa: Rodrigo José Dias e Valentim Gomes Marinho. Sobre o primeiro, piloto do navio Jesus Maria José, denominado o Balça, afirmava que se metera em roubo de dinheiro que estava no cofre da embarcação, de propriedade de Antônio Moniz Pedro e João de Oliveira Guimarães, negociantes estabelecidos em Lisboa, que contra ele se queixaram à Intendência. O caso, porém, era mais complexo, pois a embarcação fazia contrabando de pau-brasil e havia suspeita de que trouxesse algum ouro e diamantes, negócio em que estava envolvido, ou ao menos ciente, um inglês chamado João Bulleles, "infamado desta qualidade de contrabandos".[187] Segundo Pina Manique — e aqui está o ponto em que ele foi além de Fragoso —, o outro preso, Valentim Gomes Marinho, contramestre da corveta Nossa Senhora da Conceição Santo Antônio, embarcara de Angola mais de 300 escravos, levando-os para Caiena, na Guiana. Tais navios, que seriam mais de 15 "navios de escravatura", seriam de propriedade de "comerciantes das praças das nossas Américas" (isto é, do Brasil) e, com ou sem o conhecimento destes, por eles se tiravam escravos dos "portos de África dos domínios deste Reino", levando-os para os "portos das colônias espanholas, inglesas e francesas, aonde têm chegado a venderem os mesmos navios que os transportam nestes ditos portos", ao que parece fazendo-se, depois, queixas de roubos e furtos dessas embarcações. Todos esses fatos teriam como consequência o "perder-se a cultura das Colônias".[188] Assim, as ações dos grandes comerciantes residentes na América envolvidos com o tráfico negreiro estendiam-se para além dos domínios da colônia portuguesa, atingindo espaços coloniais das monarquias de Espanha, Inglaterra e França — portanto, o raio desses comerciantes não se resumiria aos domínios da América portuguesa e aos confins de Buenos Aires e Montevidéu, como quer João Luís Fragoso, ultrapassando esses limites (Fragoso, 1998:222-224).

As riquezas e a diversificação econômica do Brasil

O que estava em jogo nessas incursões francesas e inglesas, bem como nas iniciativas dos comerciantes residentes na América portuguesa, na verdade, era o controle das riquezas dos domínios de El-Rei, com destaque para os

---

[187] IANTT-IGP, livro 3, 1792, p. 257-258.
[188] Ibid., p. 257-258.

localizados no interior do Brasil: e este é o ponto que se quer sustentar aqui, escapando-me qualquer intenção de associar contrabando à "crise do sistema colonial".[189] Naquela conjuntura, o potencial das riquezas da América portuguesa, mais especificamente, era considerado pelo príncipe regente. Ele queria não só melhor conhecê-lo como explorá-lo, como se vê numa correspondência por ele enviada à Congregação da Faculdade de Filosofia da Universidade de Coimbra, em abril de 1801, para que se organizassem planos de viagens e expedições filosóficas. Julgava o soberano ser muito conveniente "aplicar as luzes da filosofia natural ao descobrimento das imensas riquezas e preciosidades, que a natureza liberalizou" nos seus reinos e senhorios, assim como conhecer as produções de outras partes do mundo que se acomodassem a Portugal e suas colônias, observando ainda o estado em que naquelas partes se achassem as "fábricas e manufaturas", para que essas se desenvolvessem em seus domínios.[190] Em 1806 — portanto, cinco anos depois — determinava-se o início, sem demora, das viagens, o que, contudo, não teve efeitos, talvez por causa das invasões francesas (Carvalho, 1872:44). Nesse mesmo ano de 1806, o príncipe regente aprovou o nome de Luís Antônio da Costa Barradas para se dirigir a Pernambuco, no Brasil, para o fim de "coligir produtos e plantas com as competentes descrições, e fazer remessas destas coleções para a universidade" (ibid., p. 85). Anos antes, em 1798, em congruência com esse esforço da monarquia, em que se veem unidas a produção de conhecimento científico, a realização de viagens, a busca do desenvolvimento econômico e a competição entre os países, Hipólito José da Costa foi enviado aos Estados Unidos por d. Rodrigo de Souza Coutinho. Sua missão era obter informações privilegiadas sobre espécies agrícolas já cultivadas nos Estados Unidos e remeter clandestinamente do México exemplares da planta e do inseto da cochonilha

---

[189] Fernando Novais, em resposta às críticas que são feitas às suas análises, muitas vezes reducionistas, defende que a crise do sistema colonial não teve uma natureza propriamente econômica, mas política. Segundo o autor, a "crise do sistema colonial não é crise econômica, é crise na relação entre metrópole e colônia [...] quanto mais a política econômica portuguesa reformista relativa ao Brasil dava certo, mais se aprofundava a crise porque os colonos tomavam consciência de que eles eram explorados [...] O comércio estava em expansão, as indústrias estavam se desenvolvendo no Brasil e em Portugal. [...] o Brasil se tornou uma nação e se organizou como Estado por causa da crise do sistema colonial que engendrou tensões que podem chegar a rupturas, que são encaminhadas de uma ou de outra maneira, *politicamente*" (Gonçalves, 2001:6-7).
[190] A Carta Régia de 1º de abril de 1801 encontra-se transcrita em: "Ata de 24/5/1806" (Gonçalves. 2001:3-16; Dias e Prata, 1978).

para serem aclimatados no Brasil. Suas instruções mencionavam ainda métodos empregados em atividades de mineração e obras de engenharia desenvolvidas para a navegação de rios e canais. Visava-se, enfim, à diversificação da agricultura e à modernização da economia no Reino e no Brasil. Ao que tudo indica, contudo, Hipólito não alcançou nem o sul dos Estados Unidos, nem o México, restringindo-se ao nordeste do país (Buvalovas, 2011).

Destaque-se que, para além do senso comum na ênfase às riquezas do Brasil em termos minerais e agrícolas, vale ter em conta que, no século XVIII, verificou-se uma grande diversificação econômica (Arruda, 2008:15). Na passagem do século XVIII para o século XIX, notou-se uma "crescente complexidade da vida econômica" no Brasil, com a interligação de mercados regionais (ainda que "profundamente marcados pela política de fragmentação colonialista, na qual se incentivava a correspondência direta das capitanias com a metrópole e não a integração delas") crescentemente dinâmicos, outrora com ligação mais rarefeita, o que gerava possibilidades de integração, novas abrangências, em meio à diversidade (Chaves, 2001:55-77). Todavia, tratava-se ainda de um mercado restrito, característico das economias não capitalistas, com uma incipiente divisão do trabalho, um precário índice de circulação de mercadorias e baixa liquidez, em parte relacionada com o frágil índice de circulação de numerário (Fragoso, 1998:181, 184).

A economia de Minas Gerais é um caso exemplar de diversificação e de integração com outras partes do Brasil e do Império português, como atestam estudos sobre as comarcas do Serro (Meneses, 2000:63-65) e Vila Rica (Almeida, 2001). Ambas com atividades econômicas distintas e concomitantes, e rio das Mortes, que, então, se tornava o centro econômico da capitania, cuja especialidade era a produção de gêneros alimentícios, os quais, além de abastecer as Minas Gerais, eram exportados para outras províncias, principalmente para o Rio de Janeiro (Maxwell, 1985:110-111; Lenharo, 1979).[191]

---

[191] Em Mariana, como mostra o exame de 911 inventários do cartório do 2º Ofício, datados do período que vai de 1714 a 1822 (733 dos quais realizados entre 1776 e 1822), isso fica patente. Os inventariados desenvolviam atividades agrícolas, minerais, criatórias, comerciais, artesanais e/ou dedicavam-se ao sacerdócio, à botica, à advocacia e à cirurgia. O patrimônio dos inventariados do período totalizava cerca de 2.413.377.793,52 réis, dos quais 739.830.765,1 réis estavam nas mãos dos que se dedicavam simultaneamente à agricultura e à criação, enquanto 665.954.968,7 réis eram detidos pelos que somavam a mineração a essas duas atividades. Os que se dedicavam exclusivamente à mineração e à agricultura somavam, respectivamente, 134.625.446,22 e 113.638.041 réis. A combinação de agricultura e criação reunia o maior número de escravos: de um total de 9.201 cativos, 3.350 eram empregados nessas atividades. Já a

Com base nos mapas de produção de Minas Gerais, Cláudia Chaves afirma que, no período entre 1805 e 1832, a economia mineira não era autossuficiente, mas era extremamente diversificada. Com cada uma das suas comarcas com clara especialização, Minas possuía vínculos com as outras capitanias, por meio de vias fluviais e territoriais, sendo esses vínculos diferenciados quanto ao seu peso. Tinha ligações também com o exterior. Minas exportava para o Rio de Janeiro, São Paulo, Bahia, Pernambuco, Lisboa e ilhas lusitanas. As importações vinham dessas mesmas localidades, às quais se acrescentavam o Porto, Angola, Costa da Mina e Moçambique. Por Minas, passavam produtos que eram importados ou exportados de Goiás e Mato Grosso. As exportações eram encabeçadas pelo gado, toucinho, queijo e algodão, aparecendo, ao final das listas, azeite de mamona, solas, chapéus e açúcar. As importações mais importantes eram: sal, escravos e vinho. As exportações foram maiores do que as importações, considerando-se todo o período, demonstrando a força da economia interna mineira. As importações mostram o que era importante comprar para auxiliar nas atividades agropecuárias: escravos, ferramentas para a agricultura, animais de carga e sal. Revelam também o apreço por artigos requintados, como bebidas e comestíveis finos e exóticos, fornecidos aos núcleos mais abastados. Aço, chumbo, cobre, ferro e estanho precisavam ser adquiridos fora (Chaves, 2001:288-306).

Em Minas e, de resto, em toda a colônia, assistia-se ao desenvolvimento de uma produção têxtil doméstica, que se assemelhava aos estágios iniciais da chamada protoindustrialização europeia. Com base no exame de relatos de viajantes estrangeiros do século XIX (Koster, Saint-Hilaire, Luccock, Spix e Martius, Maria Graham, Richard Burton, Kidder e Saint-Hilaire) e do "inventário de teares existentes na capitania de Minas Gerais", de 1786, Douglas Cole Libby constatou, primeiramente, que o famigerado Alvará de 1785, que proibia o desenvolvimento de manufaturas de tecidos finos no Brasil, foi inócuo em Minas Gerais. No "inventário de teares existentes na capitania de Minas Gerais", em relação a 94,8% dos teares arrolados, vê-se menção à produção de panos lisos de algodão, embora da variedade grosseira (que não eram proibidos). Logo, "o produto final consistia nos tecidos grosseiros de algodão usados para vestir escravos e para ensacamento, especifica-

---

combinação de mineração, agricultura e criação somava 2.701 escravos (ACSM-C2, Cartório do 2º Ofício. Inventários, 1714-1822).

mente isentos das proibições" (Libby, 1997:99, 115-116). A produção têxtil doméstica, ademais, existia em quase todas as regiões do Brasil (Nordeste, Sudeste e Centro-Oeste). A partir das observações feitas pelos viajantes entre 1808 e 1867, conclui-se que Minas Gerais era a região que possuía a indústria têxtil caseira mais desenvolvida, exportando mercadorias para pontos distantes de todo o país (ibid., p. 99-105). Fernando Novais há muito já sublinhava que a estreiteza do mercado interno colonial era desfavorável ao desenvolvimento de atividades manufatureiras competitivas com as importações europeias, mas, inversamente, estimulante para o desenvolvimento de uma produção artesanal e doméstica que visasse, sobretudo, aos escravos, podendo tal atividade até adquirir certo volume, como se deu ao fim do século XVIII, ultrapassando o consumo local e abastecendo o setor exportador (Novais, 1981:273-274).

1807-1810, entre França e Inglaterra: as invasões francesas e a transferência da Corte

Agindo em meio às diferentes pressões — assinaladas anteriormente neste livro, a saber, de ingleses, franceses, liberais, absolutistas, portugueses e brasileiros —, o príncipe regente, e depois rei d. João VI, procurou atuar no sentido de preservar sua coroa, seus domínios na Europa e, sobretudo, na América, cujas riquezas eram claramente reconhecidas, assegurando a perpetuação de sua dinastia o máximo possível. As pressões inglesas foram muitas. Para a Inglaterra, nos idos de 1807, o Império português constituía um polo distribuidor de "uma vasta rede mercantil", viabilizava o escoamento de sua produção industrial, por vias legais e ilegais, além de fornecer-lhe "matérias-primas essenciais, especialmente o algodão" (Arruda, 2008:24-25). Em maio de 1807, o governo português temia pela sorte da península e do Brasil. Como meio de garantir o Brasil,

> onde se receava tanto um movimento pró-independência como o apossamento pela Inglaterra, [pensou-se que a solução] seria erigir naquele Estado uma pequena Corte, enviando-se para lá o príncipe da Beira, d. Pedro, com outras pessoas da família real e uma escolhida comitiva e dando-se ao príncipe o título de condestável do Brasil [Barreiros, 1962:67].

Mas, aos 11 de agosto de 1807, Napoleão Bonaparte, imperador dos franceses, intimou Portugal a cortar relação com os ingleses e, em 25 de setembro, a aderir ao bloqueio continental, fechando seus portos à Inglaterra. Em setembro de 1807, o ministro Antônio de Araújo registrava que "não se esconde o plano de sujeição da península; a Espanha trabalha para perder-nos e ver se escapa: há plano de troca de províncias por Portugal" (ibid., p. 108). Em inícios de outubro, o Conselho de Estado discutiu a transferência do príncipe da Beira, d. Pedro, para o Brasil, e no dia 20 do mesmo mês Portugal fechou seus portos aos navios ingleses.[192] Dois dias depois, sob a pressão de George Canning, ministro inglês das relações exteriores, Portugal assinou uma convenção secreta.[193] Tal convenção estabelecia, entre outras medidas, a transferência da Corte para o Brasil, a assinatura de um tratado comercial entre os dois países tão logo essa se realizasse e continha um artigo que reservava o porto de Santa Catarina, ou de outro lugar da costa do Brasil, para a Inglaterra, artigo esse não aprovado pelo príncipe regente em 8 de novembro do mesmo ano, data de ratificação da convenção em Lisboa (Pantaleão, 1985:67; Arruda, 2008:28). Em 27 de outubro, França e Espanha assinaram o Tratado de Fontainebleau, respectivamente por meio do general Duroc e de d. Eugénio Isquierdo, que previa a divisão de Portugal entre ambos os países, o mesmo se dando com suas colônias (Lima, 1996:375): as províncias do Minho e Douro, incluindo a cidade do Porto, passariam para o poder do rei da Etrúria, cujo reino seria cedido para Napoleão; o Alentejo e o Algarve seriam destinados perpetuamente para Godoy, o "Príncipe da Paz"; a Beira, o Trás-os-Montes e a Estremadura portuguesa permaneceriam em depósito até a paz geral, podendo retornar ao domínio da Casa de Bragança em troca de Gibraltar, Trindade e outras colônias que os ingleses haviam tomado dos espanhóis (Brandão, 1919:159-160).[194] Em meados do mesmo mês, chegaram a Lisboa notícias, que o ex-embaixador francês em Portugal, Androche Junot, partira de Bayonne em marcha pela Espanha em direção a Portugal (Wilcken, 2005:33).

---

[192] Ver: Barreiros (1962:127-129); Pantaleão (1985:67); Wilcken (2005:32-33).
[193] O teor da convenção secreta, como demonstra o depoimento de Antoine Rougé, em Lisboa, em 1799, não era tão sigiloso, pois já era conhecido pelo governo francês (IANTT-MR, maço 454, caixa 569. Correspondência..., p. II15).
[194] O projeto de apossar-se de Portugal ou de parte dele, em combinação com a Espanha, como se mostrou neste livro, já tinha sido alentado em 1797 (Ibid., p. 43). Antes de 1807, além disso, a França, então sob Napoleão, renovara o mesmo propósito. Desde 1804, Godoy fazia negociações com Napoleão sobre o assunto (Slemian e Pimenta, 2008:32). Um plano datado de fevereiro de 1806, comunicado à Corte de Madrid, previa que o Reino de Portugal seria dado ao príncipe das Astúrias como dote pelo casamento com a sobrinha do imperador francês. Os reis de Portugal — sem que se possa saber se seriam da Casa de Bragança ou algum Bourbon da Espanha — ficariam com suas Índias e Estados ultramarinos (Brandão, 1919:135-136).

Figura 6. *Androche Junot.* Ex-embaixador francês em Portugal, Junot invadiria o país em 1807, provocando com isso a transferência da Corte para o Brasil

Fonte: Junot (2008).

D. João, sem desconsiderar o poder de fogo dos ingleses e dos franceses, procurou preservar a integridade e o desenvolvimento de seus domínios, protelando as decisões que fossem em sentido contrário e adequando-se às transformações históricas das quais era espectador e ator. Se, por um lado, nos idos de setembro e outubro de 1807, d. João cuidava dos preparativos para a transferência da Corte em caso de emergência, por outro, sabia muito bem o que ela representaria. Lorde Strangford, embaixador inglês em Lisboa, mantinha-o sob pressão permanente, sem, porém, vencer suas hesitações. Em reunião com ele, em Mafra, o príncipe disse-lhe explicitamente o que entendia estar por trás das propostas inglesas: obrigá-lo a sacrificar "suas possessões europeias", para, assim, "ter o benefício de negociar com suas colônias e de recuperar, no Novo Mundo, os prejuízos que seu comércio havia sofrido no Velho" (Strangford apud Wilcken, 2005:32). Tentando ainda impedir a invasão francesa, d. João, por pressão do ministro Antônio de Araújo, francófilo, assinou um decreto, em 5 de novembro de 1807, que expulsava os britânicos e confiscava seus bens, ainda que tais medidas fossem claramente ilusórias ("para francês ver"), e enviava o marquês de Marialva a Paris numa derradeira tentativa de convencer Napoleão a não invadir Portugal, inclusive subornando-o com diamantes. O nobre citado, porém, não chegou ao seu destino. Aos 24 de novembro de 1807, enfim, o Conselho de Estado aprovou a partida da Corte para o Brasil, marcada para o dia 27, mas realizada no dia 29, devido a questões climáticas.[195]

Em proclamação dirigida aos seus súditos de Portugal, datada de 26 de novembro de 1807, d. João explicava sua decisão de transferir a Corte para o Rio de Janeiro e nomeava governadores para o Reino durante sua ausência. Ao mesmo tempo sintetizava as linhas gerais de sua política externa naquela conjuntura conturbada e reiterava a essência da governação régia lusitana, malgrado as inovações introduzidas a partir da administração josefina, em 1750. Assim, primeiramente, declarava ter procurado "por todos os meios possíveis conservar a neutralidade", para cujo fim exaurira o real erário e sujeitara-se a sacrifícios, inclusive chegando ao "excesso de fechar os portos" ao seu "antigo e leal aliado o rei da Grã-Bretanha", expondo dessa forma o comércio de seus vassalos "à total ruína e a sofrer por esse motivo grave prejuízo nos rendimentos da" Coroa (Brandão, 1919:143). No entanto, acrescentava, vira as tropas "do imperador dos franceses e rei da Itália, a quem" havia se "unido no continente, na persuasão de não ser mais inquietado", invadir Portugal, dirigindo-se a Lisboa. Dizendo querer evitar "as funestas consequências que se pode[ria]m seguir de uma defesa", que só serviria para "derramar sangue em prejuízo da humanidade", e, ainda, que as tropas francesas não visavam senão à sua "real pessoa" e prometiam não cometer maiores hostilidades, o príncipe declarava ter decidido partir com a rainha, sua mãe, e "com toda a real família, para os Estados da América", estabelecendo-se no "Rio de Janeiro até a paz geral" (ibid., p. 143-144). Em seguida, nomeava o marquês de Abrantes, Francisco da Cunha de Menezes, e o principal Castro como governadores do Reino, além de indicar nomes de outras pessoas para outros cargos. Por fim, manifestava sua confiança no sentido de que todas essas autoridades, durante sua ausência, cumpririam "inteiramente a sua obrigação", que seria a de administrar "a Justiça com imparcialidade, distribuindo os prêmios e castigos conforme o merecimento de cada um" (ibid., p. 145).

---

[195] Ver: Pantaleão (1985:67-68); Lima (1996:48); Wilcken (2005:34-36).

Os governadores instituídos por d. João para regerem o Reino durante sua ausência seriam destituídos por Junot em fevereiro de 1808, dando lugar a uma nova regência presidida pelo próprio general francês, que rasgou o Tratado de Fontainebleau, ludibriando a rainha da Etrúria e Godoy, o "Príncipe da Paz". Em fins de 1807, Junot insinuou que a Espanha teria dado ao príncipe regente o conhecimento dos termos do referido documento (ibid., p. 240-242) e teceu um juízo bastante desfavorável sobre Godoy, dizendo tratar-se de pessoa odiada na Espanha e execrada em Portugal (Junot, 2008:104). Demonstrando dupla acuidade — isto é, percebendo a visão que os portugueses tinham sobre os espanhóis e, ao mesmo tempo, justificando com isso o primado francês —, Junot afirmou que a entrada de um exército espanhol em Portugal, capaz de inúmeros desacatos, provocaria uma reação desesperada do povo, havendo, portanto, a necessidade da presença de franceses. Fez ainda um amplo elogio ao Reino de Portugal, classificando-o como "belo", reputando seu clima como "puro" e seu território como "fértil", concluindo que "a sua posição é tão feliz, o seu grande porto é tão seguro e magnífico e sua população é tão capaz de ser melhorada, *que merece[ria] realmente fruir do governo*" de Sua Majestade, o imperador dos franceses. Havia, porém, que ocupar todo o território do Reino e resistir ao exército inglês (ibid., p. 104, grifos meus).

É bom sublinhar que a partida do príncipe para o Brasil e a chegada dos franceses deram espaço para demonstrações de adesões a Napoleão por parte de letrados, nobres e clérigos portugueses (Saraiva, 2005:268-269).[196] Em fins de maio, juntaram-se clero, nobreza e povo para, na Junta dos Três Estados, pedir um rei ao imperador dos franceses. Cismou Junot em ser rei, no que contou com apoio de José de Seabra da Silva.[197] Na Junta, apelou-se para o tanoeiro José de Abreu Campos, juiz do povo, homem rude, a quem se pediu que fizesse a leitura de um papel. A Junta, reunida em 23 de maio, propôs Junot para rei, mas o tanoeiro tomou a palavra, lendo o papel que lhe haviam passado e que, no seu entendimento, continha as "liberdades políticas" que não se puderam

---

[196] Disso são exemplos o padre José Agostinho de Macedo, que pregava as bondades do imperador dos franceses (Brandão, 1919, loc. 4652), Antônio de Seabra da Silva, que propôs a substituição do retrato de d. João pelo de Napoleão nas lojas maçônicas (Brandão, 1919, loc. 4726), alguns negociantes ricos, que abrem as suas casas aos oficiais franceses (Brandão, 1919, loc. 7812), e o marquês de Alorna, para quem o maior bem que poderia acontecer a Portugal era estar na dependência da França (Brandão, 1919, loc. 7588). A Academia Real das Ciências pediu a Junot que presidisse uma de suas sessões (Brandão, 1919, loc. 5122).
[197] Cf. Brandão (1919, loc. 5135-5354).

estabelecer com a aclamação de d. João IV, em 1640, episódio sempre presente na memória luso-brasileira. Esse papel condensa, em boa parte, princípios que se fariam presentes em movimentos revolucionários posteriormente ocorridos em Portugal e no Brasil, particularmente a Revolução do Porto de 1820, e na Constituição portuguesa de 1822 (Saraiva, 2005:270). Pedia uma "Constituição e um rei constitucional" (que fosse príncipe do sangue da família de Napoleão). Pela Constituição, o catolicismo seria adotado como a "religião do Estado", mas os outros cultos ficariam livres, gozando da "tolerância civil e de exercício público". Todos os cidadãos seriam iguais perante a lei. Portugal seria dividido em oito províncias e "as nossas colônias, fundadas por nossos avós e com o seu sangue banhadas", seriam "consideradas como províncias ou distritos, fazendo parte integrante do Reino, para que seus representantes, desde já designados, ach[ass]em em nossa organização social os lugares que lhes pertence[sse]m". A imprensa ficaria livre. Haveria uma divisão dos poderes: Executivo, Legislativo e Judiciário. O Poder Executivo seria assistido por um conselho de Estado. O Poder Legislativo seria exercido por duas câmaras. O Poder Judicial seria independente, e "o código de Napoleão posto em vigor". Os impostos seriam repartidos "segundo as posses e fortuna de cada um, sem exceção alguma de pessoa ou classe". O número imenso de funcionários públicos seria reduzido. A isso, Junot respondeu com fúria, chamando de facínora o tanoeiro e exclamando que queria ser rei absoluto, não tendo o general francês remetido o projeto à França.[198] Do adesismo, destoaram, sobretudo, a plebe e os frades, que vieram a estimular e comandar revoltas. A insurreição contra os franceses começou em junho de 1808, colaborando para seu sucesso, de um lado, a eclosão de movimento similar na Espanha e, de outro, o auxílio de tropas inglesas, culminando com a assinatura da Convenção de Sintra, aos 30 de agosto de 1808, com a rendição dos franceses, que abandonaram o país em setembro e outubro do mesmo ano. A plebe surgiu como novo ator no cenário político e militar, mas logo deu lugar "à Corte, aos ministros, ao aparato e à vergonha".[199] Os franceses, por sua vez, voltaram a invadir Portugal outras duas vezes: no início de 1809 e, depois, em meados de 1810, retirando-se definitivamente em abril de 1811 (Saraiva, 2005:271-272).

---

[198] Cf. Brandão (1919, loc. 5379-5412); Saraiva (2005:270).
[199] Cf. Brandão (1919, loc. 8430 e segs, 8506-8509, 8594-8673, 8809-8936, 9196, 9482).

Capítulo 4

O Antigo Regime no Brasil sob d. João: rupturas e continuidades

A viagem da Corte ao Brasil teve seus percalços. Um formidável temporal dispersou os navios da esquadra portuguesa uns dos outros (Fazenda, 1920:31). Na altura do litoral de Pernambuco, o soberano recebeu víveres e água, remetidos pelos habitantes daquela capitania, conforme consta de uma proclamação feita em 1817 pelo governo instituído pela Revolução Pernambucana (Machado, 1917:XXII-XXIII). Parte das embarcações foi parar no Rio de Janeiro, enquanto outra, na Bahia. Numa das embarcações chegadas ao Rio em 17 de janeiro de 1808, estavam as irmãs da rainha, além de duas infantas; d. João desembarcou primeiramente na Bahia. O Senado da Câmara do Rio de Janeiro definiu um calendário de festividades. O conde dos Arcos, vice-rei do Brasil, tomou várias providências, entre elas a construção de um passadiço que ligava o Convento do Carmo à casa do governo, além de outro entre esta e a cadeia, de onde tinham sido retirados os presos, transferidos para o aljube. Aos proprietários dos melhores prédios, ordenou-se a entrega das chaves, para que fossem acomodados membros da comitiva real. O vice-rei, ainda, escreveu aos governadores de Minas e São Paulo pedindo víveres (Fazenda, 1920:31; Silva, 2008:15-16).

A abertura dos portos, o tratado de 1810 e seus efeitos

Aos 28 de janeiro de 1808, dias após chegar à Bahia, o príncipe abriu os portos brasileiros às "nações amigas", estipulando uma tarifa alfandegária de

Figura 7. *Vista do Largo do Palácio do Rio de Janeiro*, de Jean-Baptiste Debret. Cidade acanhada, o Rio de Janeiro se transformou na capital do Império português em 1808

24% *ad valorem* sobre os gêneros secos importados e fixando depois, em 11 de junho, tarifa preferencial para os gêneros secos portugueses, de 16%. Com isso, rompeu-se com o monopólio comercial português. Essa medida, em boa parte, favoreceu à Inglaterra e prejudicou todo o esforço português anterior de desenvolvimento manufatureiro, intensificado desde a ascensão de d. José I ao trono, em 1750. O mesmo efeito teve o Tratado de Navegação, Comércio e Amizade, de 1810, negociado por lorde Strangford, que fixava tarifas alfandegárias mais baixas aos produtos ingleses (15% *ad valorem*, contrastando com os 16% cobrados de produtos portugueses e 24% dos demais países) e lhe cedia o porto de Santa Catarina como porto franco (Lima, 1996:136; Arruda, 2008:28). D. João revogou, em 1º de abril de 1808, as proibições que pesavam sobre o desenvolvimento das manufaturas no Brasil e, um mês depois, aos 13 de maio, estabeleceu a Real Fábrica de Pólvora na lagoa Rodrigo de Freitas, no Rio de Janeiro (Cavalcanti, 2004:97). A primeira medida veio a arruinar a indústria de Portugal e a restaurar declaradamente a vocação agrícola do país,

Fonte: Debret (1993).

conforme reconhecido posteriormente pelo mesmo soberano aos seus súditos reinóis, em 7 de março de 1810,[200] situação essa agravada pelo Tratado de Comércio firmado com a Inglaterra, acima citado.

Com essas medidas, a Inglaterra substituiu Portugal como fornecedora de tecidos manufaturados de algodão, controlando, em 1821, 67% dos tecidos dessa natureza importados pelo Brasil. Ao mesmo tempo, o Brasil assumiu o papel de fornecedor de matérias-primas (o algodão em rama) para o complexo industrial inglês. Em 1808, o valor das exportações de algodão em rama do Brasil subiu 1.102% em relação à reexportação do mesmo produto feita por Portugal antes da abertura dos portos. Até então, desde fins do século XVIII, os produtos coloniais garantiam a Portugal balança comercial superavitária com a Inglaterra. Depois de 1808, porém, as exportações portuguesas para o Brasil reduziram-se em 52%,

---

[200] Ver: Almodovar e Cardoso (1999:21); Pantaleão (1985:71-72, 80-81); Neves (1995:87-93); Arruda (2008:76).

as reexportações de produtos brasileiros por Portugal caíram 54%, as vendas do país para as nações estrangeiras diminuíram 25% e sua balança comercial com outras nações, superavitária até 1809, passou a registrar déficits entre 1810 e 1819. Enquanto a balança comercial do Brasil com Portugal, ao mesmo tempo, era superavitária — do que discorda Valentim Alexandre (1993:31) —, a balança comercial do Brasil, no conjunto, depois de 1812, tornou-se deficitária, devido ao comércio com a Inglaterra (Arruda, 2008:65-72, 76-82, 103-106). Apesar de todas as concessões feitas por d. João, lorde Strangford não sossegou. Ele procurou intrometer-se em tudo o que lhe parecia ser do interesse dos ingleses. Disso é exemplo seu papel na suspensão, aos 16 de junho de 1813, do Alvará de 26 de maio de 1812, que determinava a cobrança dos mesmos direitos de baldeação das mercadorias inglesas que aqueles que incidiam sobre as mercadorias do Brasil e produtos portugueses na Inglaterra. Exemplo também é sua intermediação na entrega de diamantes ao comandante de uma fragata inglesa, destinados a Londres, também no mesmo ano.[201]

A abertura dos portos, inicialmente, beneficiou quase exclusivamente os ingleses, mas, com o passar do tempo, verificou-se nos portos brasileiros a presença de barcos norte-americanos e latino-americanos e, a partir de 1815, de todas as nações europeias (Arruda, 2008:71). Ainda em 1808, d. João buscou incentivar o comércio com outros países, tendo enviado um ministro para Estocolmo para o fim de oferecer vantagens à Suécia no que diz respeito à venda de manufaturas ao Brasil (Slemian e Pimenta, 2008:74-75). Para a França, a invasão de Portugal, do ponto de vista econômico, foi um péssimo negócio, pois, além de levar à submissão do Brasil ao imperialismo inglês, trouxe danos para a indústria francesa nascente, uma vez que ela era dependente, em boa parte, do algodão brasileiro, que alcançava aquele país via Portugal — a França chegou a importar de Portugal, em 1807-08, 77,8% de todos os produtos oriundos do Brasil, sendo que 50,5% deles correspondiam ao algodão em rama (Arruda, 2008:71, 91).

Os efeitos da abertura dos portos brasileiros ao comércio internacional em 1808 e da entrada de tecidos oriundos das fábricas britânicas sobre o desenvolvimento da indústria no Brasil, ao que tudo indica, foram exagerados pela historiografia. Três elementos devem ser considerados no exame desse problema. Primeiramente, o desenvolvimento manufatureiro foi prejudicado pela preemi-

---

[201] AN-RJ, RAO, livro 6, 1813-14, p. 19-19v, 26-26v.

nência das relações escravistas de produção, que impunham limites ao mercado interno (que, sabe-se hoje, embora restrito, existia). Inversamente, um fator sublinhado por José Jobson Arruda, a partir de Celso Furtado, foi desfavorável à entrada de produtos ingleses e benéfico para nossas manufaturas: a desvalorização da moeda diante da libra esterlina, decorrente dos déficits comerciais, fiscais e orçamentários provocados pela vinda da Corte (ibid., p. 109-110). Há de se considerar, ainda, os custos de transporte, que encareciam demasiadamente o preço final das importações nas regiões distantes dos portos. Combinando-se todos esses fatores, pode-se defender, por um lado, como faz Douglas Libby, que os produtos britânicos não solaparam a indústria doméstica nas regiões afetadas pelos altos custos dos transportes (Libby, 1997:104-105) e, por outro, supor que isso se deu também nas demais regiões, uma vez que os preços dos produtos britânicos foram elevados por causa da desvalorização da moeda no Brasil. Ou seja, depois de 1808, se não houve um desenvolvimento industrial, a indústria doméstica sobreviveu em boa parte do país.

A nova Corte, a indústria mineira e Minas Gerais

Por sua importância econômica e social, a capitania de Minas Gerais recebeu atenção do soberano. Em 1808, logo aos 13 de maio, o príncipe ordenou ao governador de Minas Gerais que iniciasse uma guerra contra os índios botocudos, aos quais imputava práticas "horríveis", como antropofagia, assassinatos de portugueses e de "índios mansos" (Schwarcz, 2011:217).[202] Em 1810, o regente tomou providências que afetavam a região fronteiriça entre Minas e a capitania do Rio de Janeiro. No sertão, situado na parte setentrional do rio Paraíba até o rio Preto, por ocasião da "civilização dos índios coroados" ali residentes, haviam sido concedidas sesmarias, cultivadas pelos povos do Rio de Janeiro e de Minas Gerais, "que habitaram as vizinhanças do rio Preto e se acharam ali minerando". Em resposta a uma representação encaminhada pelo visconde de Condeixa, "governador e capitão general" de Minas Gerais entre 1803 e 1810, que alegava que "aquela mata se não dev[er]ia devassar de todo, para se não facilitar o extravio de ouro, mandando-se retirar os povos da capitania de Minas Gerais, que" ali se achavam, foi-lhes proibida "a continuação da cultura, que

---

[202] Sobre isso, veja: Paiva (2013:219-220).

haviam principiado".²⁰³ Em 10 de janeiro de 1810, porém, já a Corte estando instalada no Rio de Janeiro, o panorama mudou. O soberano concluiu que se encontravam cessados os motivos para aquela interdição e que, "para aumentar a cultura e população é[ra] muito conveniente que aquele sertão se cultiv[ass]e". Por isso, ele ordenou à Mesa do Desembargo do Paço que, por meio de editais, fizesse constar que se poderiam dar "livremente as sesmarias", cabendo aos pretendentes do Rio de Janeiro solicitá-las à mesma mesa e, aos de Minas Gerais, fazê-lo ao governador e capitão general da referida capitania. Portanto, os grilhões do domínio colonial, com a vinda da Corte para o Rio de Janeiro, afrouxavam-se também em Minas Gerais. Aliás, naquela mesma data, outra providência econômica, que juntava os interesses da capitania e da Corte, foi tomada, em atendimento a uma representação do sargento-mor Inácio de Souza Vernek: ordenou-se a Paulo Fernandes Viana, intendente-geral de polícia, que se encarregasse da abertura da estrada "para a comarca de São João de El-Rei, com trinta léguas de menos de caminho, pela qual" pudessem "os gados transitar em mais abundância e em melhor estado para esta capital [...], como igualmente para que se aproveit[ass]em as plantações já feitas sem legítimo título, por alguns indivíduos, que se estabeleceram nas matas das vizinhanças de Rio Preto".²⁰⁴ Se a medida atendia a interesses de um sargento-mor de Minas e da Coroa, facilitando o trânsito de mercadorias entre o sul da capitania e a Corte, como se percebe, ela prejudicava os posseiros estabelecidos na região do Rio Preto, indicando muito bem quais eram os estratos sociais beneficiados pela monarquia: os grilhões coloniais podem ter-se afrouxado, mas não os sociais.

A indústria mineira não foi esquecida pelo monarca, sendo Minas Gerais palco de iniciativas que procuravam dinamizá-la. Desde 1799 — portanto, antes mesmo da transferência da Corte — foi estimulada a instalação de fábricas de ferro, permitida a partir de 1801. Nessas iniciativas coube destaque ao ministro d. Rodrigo de Souza Coutinho, que se cercou por letrados naturais de Minas, tais como José Teixeira da Fonseca Vasconcelos, José Vieira Couto, Antônio Pires da Silva Pontes Leme, José Elói Ottoni, Joaquim Veloso de Miranda e Manuel Ferreira da Câmara. Em 1803, D. Rodrigo incentivou o governo de São Paulo a recuperar a fábrica de ferro de Ipanema, em Sorocaba, no que não obteve resultados animadores, embora em 1818 tenham sido carregadas cru-

---

[203] AN-RJ, RAO, livro 3, 1810, p. 110.
[204] Ibid., p. 110v.

zes de ferro nela fundido pelo coronel Varnhagen.[205] Negócios privados, além disso, vinculavam-no a Minas, onde ele tinha patrimônio que lhe vinha por via materna (Monteiro, 2010:132). Na capitania, com a vinda da Corte, desenvolveram-se iniciativas concretas de estabelecimento de uma siderurgia (Novais, 1981:280-284), sendo elas protagonizadas por Manuel Ferreira da Câmara e Wilhelm Ludwig von Eschwege, com participação direta ou indireta da Coroa. Em 1808, Manuel Ferreira da Câmara, intendente dos diamantes, "foi autorizado a utilizar recursos da Real Extração Diamantina para levantar uma fábrica de ferro no Serro do Frio". Com efeito, em 1809, ele iniciou a construção da fábrica no atual município do Morro do Pilar, nas imediações de Diamantina, visando a atender à demanda local e também ao exterior, e de lá saíram as primeiras barras fundidas em 1815 (Martins, 2008:6). Nos idos de 1813, Câmara precisava de um "fundidor prático e inteligente para ajudá-lo na empresa da fundição do ferro da Real Fábrica do Morro de Gaspar Soares". O conde de Aguiar, por ordem do príncipe, determinou que fosse transferido "o fundidor alemão Schöenwolf" para aquele empreendimento, encaminhando decisão nesse sentido ao governador de Minas Gerais aos 29 de março daquele ano.[206] Schöenwolf trabalhava numa outra fábrica de ferro, a Fábrica Patriótica de São Julião, fundada em 1811, em um distrito de Ouro Preto, próximo de Congonhas do Campo, por sugestão de Wilhelm Ludwig von Eschwege, natural de Essen, Alemanha. Eschwege, que fora para Portugal em 1803 e se deslocara para Minas em 1810, sugeriu ao conde de Palma a proposta de criação da fábrica por meio de uma sociedade por cotas. A proposta foi aprovada pela Coroa em agosto de 1811, sendo as cotas "subscritas por altas autoridades, ricos proprietários mineiros e pelo próprio Eschwege" (Martins, 2008:6-7).

Se a referida interferência régia para beneficiar uma empresa privada fazia parte das regras daquela ordem patrimonialista em que negócios particulares misturavam-se a empresas e assuntos públicos e em que a Coroa interferia diretamente na economia, é importante considerar a justificativa utilizada pelo conde de Aguiar, para cuja compreensão se deve mencionar outra iniciativa de Eschwege. Ele se envolveu também na criação da Real Mina de Galena de Abaeté (Faria e Rezende, 2011:237), para o que a fazenda real dispendeu recursos, desde 1811 até 1825, para a compra de 26 escravos, sem que hou-

---

[205] Ver: Prado (1968:130); Maxwell (1999:183-185); Martins (2008:4); Vinhosa (2000:351).
[206] AN-RJ, RAO, livro 6, 1813, p. 32-32v.

vesse resultado vantagens, "por ter o ministério faltado com as providências necessárias" (Eschwege, 1825:76). Ora, a dinâmica do funcionamento da Real Mina de Galena de Abaeté e da Fábrica Patriótica de São Julião foi usada pelo conde de Aguiar como justificava para a transferência daquele fundidor alemão. Schöenwolf poderia, segundo o ministro: "ser dispensado do serviço da fábrica de Congonhas, onde" tinha "discípulos já tão adiantados que" seriam capazes de substituí-lo "na sua ausência e, outrossim", naquele momento, ele "não era preciso na fábrica do Abaeté, que ainda não lavra[va], por não estar toda montada".[207] Se a Mina de Galena não parece ter dado certo, segundo Roberto Martins, a Fábrica do Pilar também não foi exitosa, vindo a ser fechada em 1831 por problemas técnicos e financeiros. Só a Fábrica Patriótica de São Julião teve melhor sorte. A justificativa do conde de Aguiar e as histórias desses empreendimentos régios, enfim, não só confirmam aquela mistura entre negócios privados e empreendimentos régios, como, ademais, revelam a morosidade e os impasses que marcavam o desenvolvimento efetivo dos últimos, malgrado a disposição da Coroa em favorecê-los.

As comunicações de Minas com a Corte foram objeto de outras iniciativas da Coroa e/ou de reflexões de seus altos oficiais. Assim, aos 30 de março de 1814, atendendo a requerimento de tropeiros da capitania de Minas Gerais e de fazendeiros e lavradores da Corte, o príncipe solicitou a Paulo Fernandes Viana, intendente-geral de polícia, que desse parecer sobre requererem que "na praia dos Mineiros se não levant[ass]em barracas" e que ela estivesse "de todo desembaraçada para embarques e desembarques".[208] Com a transferência da família real, mais do que permitir e planejar, era preciso fazer acontecer (Martins, 2008:6), porém isso frequentemente encontrava obstáculos e morosidade. Em novembro de 1813, o conde de Aguiar solicitou ao príncipe um pronunciamento sobre uma impugnação feita pelo marquês de Alegrete junto à Secretaria de Estado dos Negócios do Brasil contra as pretensões de Manoel Ribeiro Pinheiro, da Vila de Taubaté, em São Paulo, "relativas à abertura de uma estrada, que saindo da capitania de Minas Gerais entr[ass]e na de São Paulo, passando pelas imediações de Taubaté, ao estabelecimento de uma passagem no rio Paraíba do Sul e à mudança do Registro de Itajubá". Tudo isso estava em exame no Desembargo do Paço desde junho daquele ano.[209]

---

[207] AN-RJ, RAO, livro 6, 1813, p. 32-32v.
[208] AN-RJ, RAO, livro 6, 1814, p. 190v.
[209] AN-RJ, RAO, livro 6, 1813, p. 110v.

Figura 8. *Vila de Taubaté, vista do átrio do convento franciscano.* Lápis aquarelado de Thomas Ender. A Vila de Taubaté desempenhara papel de destaque nas descobertas auríferas e na fundação de arraiais que se tornariam vilas em Minas Gerais

Fonte: Wagner (2003).

"Sociedade de corte", concessões de títulos e elites locais: objetivos e limites

Ciente de que, no Brasil, estava a parte mais rica de seu império, d. João, fiel ao caráter patrimonialista da monarquia portuguesa e recorrendo a práticas típicas de uma sociedade de corte, procurou cooptar as elites locais. Até 1821, d. João concedeu mais de 254 títulos de nobreza (28 marqueses, oito condes, 16 viscondes e 21 barões) e nomeou 2.630 cavaleiros, comendadores e grã-cruzes da Ordem de Cristo, 1.422 da Ordem de São Bento de Avis e 590 da de Santiago. Ele ainda ressuscitou a Ordem da Espada, que havia sido criada por d. João V (Malerba, 2000:213-216; Schwarcz, 2002:255). Houve uma verdadeira inflação na concessão de honras (Monteiro, 2010:26). Não se deve, contudo, pensar que a benevolência régia contemplou igualmente naturais do Brasil e do Reino e, mais do que isso, que as maiores honrarias foram concedidas aos membros das elites brasileiras. Para um exame mais cuidadoso das concessões, como demonstra Nuno Gonçalo Monteiro, é preciso, primeiramente, verificar a quantidade de casas titulares da nobreza criadas entre 1808 e 1820, a qualidade delas e a quem elas foram concedidas. De um total de 44 casas titulares, 16 tinham maior grandeza, enquanto que 28 eram sem grandeza, correspondentes aos viscondes e barões. Os 16 títulos de maior grandeza foram dados a reinóis, majoritariamente filhos primogênitos das grandes casas da nobreza portuguesa. Inversamente, dos 28 títulos sem grandeza, sete foram dados a naturais do Brasil. Entre esses 28 títulos, alguns foram dados a grandes comerciantes e, o que é importante, daquele montante total, apenas nove, eles mesmos ou seus descendentes, permaneceram no Brasil após a partida de d. João de volta para Lisboa. Tudo isso mostra que, no topo da nobreza, não houve fusão com a nobreza local, embrião dos titulares do novo Império brasileiro, dando-se o oposto com os patamares inferiores, onde, presume-se, houve maior mistura (ibid., p. 28-34). Considerando-se o grosso das honrarias concedidas, conclui-se que d. João buscou apoio entre os grandes negociantes, que lhe haviam dado suporte financeiro quando de sua chegada. Essa sua prodigalidade não agradou a todos, pois foi tida como humilhante por setores da nobreza portuguesa (Malerba, 2000:204, 216).

Entre os contemplados com honrarias por d. João, esteve Paulo Fernandes Viana, cuja trajetória é emblemática da política de cooptação joanina e da mistura entre negócios públicos e privados no interior da monarquia portuguesa, em meio à corrupção. Filho de um contratador de impostos reinol estabelecido no Rio de Janeiro no século XVIII, ele estudou direito na Universidade de Coimbra, ocupou cargos administrativos no Reino e na colônia, onde foi intendente-geral do ouro de Sabará, em Minas Gerais, e desembargador do Tribunal da Relação do Rio de Janeiro. Em 1802, ele se casou com Luiza Rosa Carneiro da Costa, filha de Brás Carneiro Leão, um rico negociante carioca. Viana foi nomeado intendente-geral de polícia em 1808, menos por seus méritos como magistrado do que por seus laços de parentesco com a família Carneiro Leão, à qual interessava ter um familiar ocupando postos na administração régia, pelos negócios e projeção social que poderiam ser obtidos (e a firma da família cresceu durante o período). Ao mesmo tempo, ele pôde ser útil à Coroa, na medida em que lhe adiantou recursos quando o caixa do tesouro estava vazio (Prado, 1968:104-105; Lemos, 2008:18-19). Por seus serviços à Coroa, Viana foi "agraciado com hábito de Cristo e o foro de fidalgo cavalheiro" (Lemos, 2008:18-19), malgrado os boatos de corrupção que o cercavam e ao seu clã, motivos de imensa ira de d. Pedro (Prado, 1968:106). O rico comerciante reinol Elias Antônio Lopes foi outro exemplo. Ele ofertou ao príncipe regente uma casa de campo em São Cristóvão (segundo um relato da época, bastante exagerado, "o mais soberbo Palácio, que há nas Américas" e que teria motivado um comentário elogioso de d. João),[210] dizendo almejar com tal doação apenas o bem-estar do soberano. Elias, porém, recebeu uma pensão vitalícia por causa de sua iniciativa (Schwarcz, 2011:209).

Exemplos de mineiros de agraciados pelo soberano são Diogo Pereira Ribeiro de Vasconcellos e Antônio da Fonseca Vasconcelos. Diogo, cadete do Regimento de Cavalaria de Linha das Minas Gerais — ao que tudo indica, o personagem que, em 1792, fez um discurso em homenagem à repressão à Inconfidência Mineira, no *Te Deum pelo feliz sucesso de se achar desvanecida a pretendida conjuração nesta capitania*, sobrinho do dr. José Pereira Ribeiro, que emprestou a *Histoire philosophique et politique des etablissements et du commerce des européens dans les deux Indes*, do padre Raynal, aos Inconfidentes de Minas, e pai de Bernardo Pereira de Vasconcelos, político de grande importância no império (Anastasia, 1994:25-28; Antunes, 2005:36-37) — a quem, por decreto de 3 de junho de 1812, o príncipe concedeu o "hábito da Ordem de Cristo". Como não lhe tinham sido dados "os despachos necessários para o receber e professar na dita ordem" até dezembro daquele ano, foi lhe autorizada a "faculdade para que, por tempo de três meses", pudesse "usar livremente da insígnia do hábito da Ordem de Cristo, sem embargo de não ter ainda professado".[211] Benefício e faculdade similares foram passadas a Antônio da Fonseca Vasconcelos, vigário colado na igreja matriz de Santa Bárbara, do bispado de Mariana. O príncipe o autorizou, pelo tempo de três meses, a "usar livremente da insígnia do hábito da Ordem de Cristo, de que lhe fez mercê, por Decreto de 13 de maio de 1808, sem embargo de não ter ainda professado na mesma ordem".[212]

Como já enfatizei, as honrarias dadas pelo soberano tinham como contrapartidas os benefícios e favores que os súditos lhe faziam. E isso não deixou de ser lembrado e cobrado pelos oficiais da Coroa, quando não pelo próprio monarca. Em 12 de outubro de 1808, d. João criou o Banco do Brasil, que se

---

[210] O comentário, bastante inverossímil, teria sido o seguinte: "Eis aqui uma varanda real. Eu não tinha em Portugal uma cousa assim" (Cavalcanti, 2004:99).
[211] AN-RJ, RAO, livro 5, 1812, p. 104v-105.
[212] AN-RJ, RAO, livro 5, 1812, p. 40v.

estabeleceu por ações, "ficando cada subscritor obrigado a adiantar a soma por que se inscrevia, a fim de fazer circular papel pagável à vista, e com o capital assim levantado descontarem-se letras pagáveis a prazo" (Lima, 1996:477). Não é meu objetivo aqui analisar a história do Banco do Brasil, exceto sublinhar três aspectos: primeiramente, que ele foi levado à falência devido aos problemas financeiros da monarquia, com gastos e erros de gestão crescentes, que culminaram com o saque vultoso feito por d. João antes de seu regresso a Lisboa; em segundo lugar, que o banco foi criado por cotas de responsabilidade de particulares;[213] e, por fim, que se deu uma combinação entre essa composição societária e a concessão de honrarias pela Coroa. Tudo isso explica o que aconteceu a Diogo Gomes Barroso, que, vindo da Vila dos Campos dos Goytacazes, nos idos de 1812, "procurou logo desanimar as pessoas que o juiz de fora daquela Vila então convocava para concorrerem com ações em auxílio do Banco do Brasil", figurando tal iniciativa "como contrária aos interesses de cada um e oposta ao bom senso qualquer prestação que para este fim lhes houvessem de fazer e até alegando, [...] para os dissuadir, o exemplo dos negociantes desta praça", do Rio de Janeiro, "fazendo malograr uma tão importante diligência na dita vila". O caso chegou ao conhecimento de Paulo Fernandes Viana, que, por sua vez, veio a noticiá-lo ao conde de Aguiar, e este a d. João. O príncipe, então, aos 3 de novembro de 1812, determinou ao intendente que mandasse Diogo Gomes Barroso "vir à sua presença", repreendendo-o "mui severamente, no seu real nome, da indiscrição com que se houve, frustrando o bom êxito de uma diligência em que tanto interesse o seu real serviço e o bem público" tinham. Além disso, deveria ser-lhe lembrada a fidelidade devida ao soberano e a honraria que este lhe concedera, ameaçando-lhe com punições: o comportamento de Diogo era "escandaloso por ter sido há pouco beneficiado com a patente de tenente-coronel de milícias *pela real magnificência do mesmo senhor, que espera ele haja de emendar para o futuro um procedimento pelo qual o fez merecedor de maior castigo*".[214] O tenente-coronel Diogo Gomes Barroso, porém, retratou-se, ou melhor, desmentiu a acusação que contra si fora feita: aos 10 de fevereiro de 1813, o conde de Aguiar registrava, em correspon-

---

[213] Segundo Maria Beatriz Nizza da Silva, o fundo inicial da instituição seria "constituído por 1.200 ações no valor de um conto de réis cada uma, mas, em finais de 1810, os acionistas do Banco do Brasil eram apenas 28, talvez pela dificuldade em recrutá-los nas capitanias, onde se pretendeu criar filiais" (Silva, 2008:28).
[214] AN-RJ, RAO, livro 5, 1812, p. 85, grifos meus.

dência, um requerimento de Diogo, de que tivera conhecimento por via de Paulo Fernandes Viana, em que o acusado procurara desmentir a indiscrição supracitada, motivo pelo qual o príncipe regente era servido de "relevá-lo de vir à presença" do intendente "para ser repreendido pelo desacato, com que se houve".[215] Em Pernambuco houve também pouca receptividade aos pedidos de compra de ações do Banco do Brasil, o que, em teoria, poderia ser atribuído à menor adesão das capitanias do Norte à Corte fluminense (Slemian e Pimenta, 2008:121). Todavia, em São Paulo, algo similar se deu: solicitou-se aos comerciantes de Santos que se tornassem acionistas do banco, mas todos se recusaram, com as mais variadas desculpas. Como sugeria Hipólito José da Costa, em 1813, em seu *Correio Braziliense*, havia dúvida sobre a solidez do crédito do banco, sobre a ingerência que nele teria o governo. Certamente em função das recusas dos particulares e das dúvidas que os alimentavam, quatro anos após a criação do banco, a fazenda real entrou como acionista, com a quantia de 100.000.000 réis, retirada de novos impostos pelo período de 10 anos (Silva, 2008:28-29).

A chegada da Corte, suas primeiras medidas e a própria política de cooptação desenvolvida por d. João levaram a uma adesão à monarquia por parte das elites políticas americanas das diferentes partes, embora em graus variáveis, mais forte na nova Corte e nas capitanias de Minas e São Paulo, porém menos entusiasmada nos atuais Norte e Nordeste do Brasil. No Rio de Janeiro, verificou-se a cessão de moradias e de outras facilidades para os que recém-chegavam, com a expectativa de que haveria alguma compensação. Entre as elites locais da América portuguesa, muito mais que vaidade, desenvolveu-se a percepção de que

> na nova situação ampliar-se-ia a sua participação na gestão da coisa pública com a maior proximidade do centro de poder, o que, no plano das identidades coletivas, traduziu-se no reforço de sua adesão à [identidade] *portuguesa*, engendrando um surto [...] de patriotismo imperial [Jancsó e Pimenta, 2000:153, grifo no original].

Ampliou-se grandemente "o número de personagens que formavam a sociedade política na América portuguesa, se confrontado o quadro emergente

---

[215] AN-RJ, RAO, livro 5, 1813, p. 142-142v.

do 1808 com aquele prevalecente anteriormente a essa data" (ibid., p. 149). No Norte e Nordeste, o impacto da instalação da Corte no Rio foi mais difuso e, ao mesmo tempo mais controverso, podendo-se mencionar as críticas feitas em Pernambuco à decorrente elevação da carga fiscal, considerada injusta pelo setor ligado à produção (Slemian e Pimenta, 2008:116-119). A transferência da Corte teve efeitos que certamente ultrapassaram as previsões do soberano e de seus oficiais superiores, embora derivassem, em boa parte, de suas ações. Se ela afagou a vaidade brasileira, veio pôr a nu a "debilidade de um domínio que a simples distância aureolara, na colônia, de formidável prestígio" (Holanda, 1985:11). Na verdade, alguns grilhões tornaram-se mais evidentes e novas contradições emergiram entre o centro-sul do Brasil e as demais regiões, e entre o Brasil e o Reino, mas também entre os diferentes grupos sociais, como as observadas no âmbito dos distintos ramos constitutivos da nobreza, ou as verificadas entre "portugueses" e "brasileiros", ou entre os diversos "partidos", facções, das elites coloniais. Ou ainda, como sustentam Andréa Slemian e João Paulo Pimenta, a partir das análises de Alcir Lenharo, as diferenças entre o que se passou, de um lado, com os comerciantes de grosso trato, setores da nobreza e burocratas emigrados de Portugal, muito favorecidos pela presença da Corte e, de outro lado, com os proprietários vinculados ao setor de abastecimento, em boa parte de médio porte, cuja importância política cresceria no âmbito local e das capitanias, mas que teriam suas pretensões de nobilitação muitas vezes barradas (Slemian e Pimenta, 2008:65-66).

A "interiorização da metrópole": patrimonialismo, sociedade de corte e corrupção

Transformações centrais nessa conjuntura foram o "enraizamento de interesses portugueses e, sobretudo, o processo de interiorização da metrópole no centro-sul da colônia" (Dias, 1972:165). O Brasil tornou-se "centro político e administrativo do império", vindo a endogenizar "o processo de acumulação por canalizar para seus cofres todas as rendas geradas pelo sistema tributário, inclusive a realizada no território metropolitano", transformado em periferia do império (Arruda, 2008:16). Na região centro-sul do Brasil, fixaram-se "novos capitais e interesses portugueses, associados às classes dominantes nativas" e interessadas na afirmação de um poder executivo central que queriam fortalecer contra as manifestações de insubordinação das classes menos favorecidas, muitas vezes identificadas com nativismos facciosos ou com forças regionalistas hostis umas às outras e, por vezes, à nova Corte, como seria o caso do Nordeste na Revolução de 1817 e na Confederação do Equador" (Dias, 1972:179). A Coroa sobrecarregou as províncias do atual nordeste do Brasil com despesas que acentuariam as características regionais de dispersão e introduziu reformas econômicas no Reino de Portugal (no que se incluía a venda de bens da Igreja e da própria Coroa), liberalizando-o e reconstruindo-o após a guerra contra as forças napoleônicas. Queria também evitar sobrecarregar a Corte que "começava a enraizar-se e a estreitar seus laços de integração no centro-sul" no Brasil, para aqui se dedicar "à consolidação de um império" (ibid., p. 167-169).

A monarquia, ao mesmo tempo em que fincava raízes e articulava grupos e interesses no centro-sul do Brasil, criava uma situação que gerava tensões e latentes possibilidades de insurgência no próprio Portugal e no norte da América portuguesa. Essa nova configuração política, o "novo Império português", "metrópole interiorizada" no centro-sul do Brasil, implicava

> o controle e a exploração das outras "colônias" do continente, como a Bahia e o Nordeste. Não obstante a elevação a Reino Unido [em 1815], o surto de reformas que marca o período joanino visava à reorganização da metrópole na colônia e equivale, de resto, no que diz respeito às demais capitanias, apenas a um recrudescimento dos processos de colonização portuguesa do século anterior [Dias, 1972:173].

Às capitanias, parecia a mesma coisa dirigir-se ao Rio de Janeiro ou a Lisboa; esta, por sua vez, achava-se subordinada, assim como Portugal, à primeira cidade. Se, com isso, de fato, inicialmente houve um surto de patriotismo imperial, este, todavia, logo veio dar lugar a decepções, pois as retribuições não vieram na medida do esperado (Malerba, 2000:203), além do que novas tensões emergiram.

Ao invés de criar uma nova administração no Rio de Janeiro, d. João, em boa parte, simplesmente replicou os órgãos da administração régia existentes em Lisboa, o que lhe conferiu um caráter arcaico, já notado à época, em novembro de 1808, por Hipólito José da Costa, no *Correio Braziliense*, dizendo que o governo novo foi arranjado conforme o almanaque de Lisboa. Ademais, a administração degenerou frequentemente numa espécie de gerontocracia (Lima, 1996:465; Vinhosa, 2000:355): d. João tinha horror à troca de auxiliares, que motivavam delongas "que atrasavam a nomeação de um ministro, o qual depois de empossado no cargo não mais o deixava" (Prado, 1968:103), senão com a morte. Entre os órgãos lisboetas replicados no Rio destacam-se a Intendência-Geral de Polícia da Corte (5/4/1808), "o Erário Real (28/6/1808), a Imprensa Régia (13/5/1808), o Conselho Supremo Militar (1/4/1808), o Conselho da Real Fazenda (28/6/1808), as Mesas do Desembargo do Paço e de Consciência e Ordens (22/4/1808), e o Registro das Mercês (9/5/1808) [...], a Casa de Suplicação do Brasil (10/5/1808), a Junta do Comércio, Agricultura, Fábricas e Navegação do Brasil (23/8/1808)".[216] Na ex-colônia, como já explicado, além disso, criou-se o Banco do Brasil, estabelecido pela primeira vez em 12 de outubro de 1808. O príncipe, ainda, logo ao chegar ao Rio de Janeiro, organizou o primeiro ministério, em cuja composição estavam d. Rodrigo de Souza Coutinho, na pasta dos Negócios Estrangeiros e da Guerra, convertendo-se em homem forte da administração real; João Rodrigues de Sá e Menezes, visconde de Anadia, no Ministério dos Negócios da Marinha (em Portugal, ele tinha-se ocupado da Secretaria dos Negócios da Marinha e dos Domínios Ultramarinos); e d. Fernando Portugal e Castro, ex-governador da Bahia e vice-rei no Rio de Janeiro entre 1801 e 1806, na pasta do Ministério do Reino. Esse trio também foi objeto do sarcasmo de Hipólito José da Costa, que, em seu *Correio Braziliense*, comparou os ministros a "três diferentes relógios: um atrasado (d. Fernando Portugal); outro parado (visconde de Anadia) e o outro sempre adiantado (d. Rodrigo)" (Prado, 1968:103). Demonstrando o esforço régio no sentido de centralizar a administração e levar a presença real para as diversas partes do território da América portuguesa, durante o período joanino foram duplicados os tribunais de apelação, aumentou-se em um terço o número de comarcas existentes e seus respectivos ouvidores, quadriplicou-se a quantidade de juízes de fora, cuidando-se para que sua distribuição fosse relativamente equilibrada espacialmente. Com isso, visava-se a neutralizar os efeitos negativos da continentalidade para a administração real, combater a anomia que grassava em vastas áreas, inibir "a justiça privada no âmbito do mandonismo local e a própria justiça ordinária local". Essas medidas dão um quê de novo e moderno para a administração joanina, uma vez que exprimem uma concepção de justiça dentro da qual não havia lugar para jurisdições concorrentes (Wehling e Wehling, 2012:83).

---

[216] Cf.: Martins (2008:2); Lima (1996:465); Vinhosa (2000:354).

Figura 9. *Antônio de Araújo de Azevedo, conde da Barca.* Óleo sobre tela de Giuseppe Troni (c. 1800). Representante do chamado "partido francês", o conde da Barca foi figura de destaque sob a regência de d. João

Fonte: Pedreira e Costa (2008).

Como reverso do patrimonialismo e da "sociedade de corte", a administração joanina — em grande medida, de caráter arcaico para a própria época, como já afirmei — marcou-se pela corrupção e pelo peculato, pelas disputas travadas entre os oficiais da monarquia.[217] Os oficiais organizavam-se em facções, "partidos", que disputavam cargos, oportunidades de ganhos, lícitos e ilícitos, assim como denunciavam uns aos outros como corruptos, injustos e despóticos. Deixarei de lado as disputas travadas entre os mais elevados oficiais da Coroa, vinculados ao "partido francês" e ao "partido inglês", capitaneados por Antônio de Araújo, o conde da Barca, e por d. Rodrigo de Souza Coutinho, conde de Linhares, para me concentrar num tipo de conflito bastante típico do que se passava na América portuguesa anteriormente à chegada da Corte e que veio a se dar também durante o Brasil joanino (e, de resto, ao longo do período imperial): as disputas entre "partidos" locais, isto é, aquelas acontecidas nas capitanias (depois de 1821, províncias), mas com reverberações na Corte. O exemplo escolhido envolve justamente o personagem que, logo ao nascer em Minas Gerais, foi celebrado por Inácio de Alvarenga Peixoto, no "Canto genetlíaco", como elemento de unidade entre Portugal e Brasil: d. José Tomás de Meneses, aqui já citado, governador do Maranhão entre 1809 e 1811.

---

[217] Ver: Prado (1968:107-121); Lima (1996:84); Vinhosa (2000:355).

As lutas entre "partidos" locais: o exemplo do Maranhão

Antes de focalizar o conflito em questão, apresentarei uma breve análise da situação da capitania na virada do século XVIII para o século XIX. Pina Manique, em 1802, fez um histórico bastante interessante a respeito da situação do Maranhão, que, unido ao Grão-Pará, foi dele separado em 1772, ficando com jurisdição sobre a capitania do Piauí (Slemian e Pimenta, 2008:121). Segundo o intendente, nos princípios do reinado de d. José I (1750-77), o comércio da capitania era insignificante, não havendo sequer uma embarcação que para lá se dirigisse diretamente, mas apenas uma, que saía do Pará e que levava mercadorias da Europa. Martinho de Mello e Castro, ministro da Marinha e Ultramar ao tempo de d. Maria I, modificou tal situação. Ele promoveu a cultura do arroz e do algodão na capitania, encarregando "a um negociante, que ali se havia estabelecido, chamado Belfor, a execução do referido nesta útil agricultura" e, ao mesmo tempo, obrigou a Companhia do Grão-Pará e Maranhão a enviar dois navios anualmente de Lisboa para São Luís. Com isso, concluía Pina Manique, Mello e Castro "conseguiu, com efeito, em breves anos, estabelecer [...] a agricultura naquela colônia e capitania do Maranhão, ao ponto que, nos seus mesmos dias, viu irem de 20 a 25 embarcações, a buscar algodão e arroz",[218] diagnóstico este endossado pela historiografia, que assinala que as possibilidades de escoamento da produção geraram profundas mudanças socioeconômicas no Maranhão, baseadas nas culturas do algodão e do arroz (Slemian e Pimenta, 2008:121-122), bem como no beneficiamento do último na própria capitania, para o que se chegou a contratar técnicos na Europa (Maxwell, 1995:89).

De 1806 a 1809, antes do governo de d. José Tomás de Meneses, o Maranhão foi governado por Francisco de Melo Manuel da Câmara, o "Cabrinha", que possuía uma opulenta biblioteca e sobre quem recaía a suspeição de simpatia pelos franceses, além de se saber que teria se comprometido quando Portugal foi invadido pelas tropas de Junot, de quem dizia ser amigo seu sogro, propalando que o referido general seria capaz de engrossar-lhe os bens (Slemian e Pimenta, 2008:123-124). O Maranhão, portanto, anteriormente ao governo de d. José Tomás, por um lado, tinha um histórico de progressos econômicos e, por outro, de ser governado por um capitão general de orien-

---

[218] IANTT-IGP, livro 6, 1802, p. 241v-242.

tação política duvidosa. Em novembro de 1810, segundo Laura de Mello e Souza, noticiou-se que d. José Tomás de Meneses, então governador do Maranhão, fora nomeado para governar os Açores. Na ocasião, "a Câmara, os misteres do povo, o clero, a nobreza e o comércio" de São Luís enviaram ao príncipe regente uma representação em que invocavam "as altas virtudes do governador: prudência, imparcialidade, justiça, habilidade em desterrar 'a intriga, o orgulho e a depravação dentre os povos'", além de qualidades pessoais, como honra e desinteresse. Dessa representação, poder-se-ia concluir que d. José Tomás gozava de uma avaliação muito positiva, quase unânime, entre as elites do Maranhão (Souza, 2006:440-441). Essa conclusão, porém, é equivocada, pois, aos 27 de novembro de 1810, o padre Leonardo Correia da Silva, secretário do governador, teve ordem dada pelo conde de Aguiar (d. Fernando Portugal e Castro) para vir de Lisboa ao Rio de Janeiro, aonde chegou em outubro de 1811, para que fossem averiguadas as acusações que pesavam contra ele e d. José Tomás.[219] Este último, por sua vez, que, conforme correspondência de d. João ao governador dos Açores, deveria receber o governo do arquipélago, nunca assumiu o novo posto (Souza, 2006:440).

De um requerimento apresentado pelo padre Leonardo Correia, deduz-se que ele e o governador d. José Tomás de Meneses entraram em conflito com o bispo do Maranhão, que, com mais duas outras pessoas, Bernardo José da Gama, ouvidor e juiz de fora interino, e o desembargador José da Mota Azevedo, ouvidor da comarca, constituiria um "triunvirato", seguido por outros homens, entre eles o arcipreste Antônio Nicolau e Carlos César Burlamaqui, ex-governador do Piauí. Segundo o padre Leonardo, essa "perseguição" seria obra dos "pedreiros-livres", de que era chefe o citado arcipreste, sendo o governador acusado por seus inimigos dos crimes "de alta traição e rebelião contra" o príncipe regente, "suscitada entre o povo".[220] A Leonardo, por sua vez, eram atribuídos os delitos de estar "armado de poder para soltar presos que a justiça conduzia, outras vezes acompanhado de gente armada e ultimamente preparado para uma forma de resistência" às ordens reais, "ainda que ao Maranhão fossem fragatas para conduzirem ao governador, por não querer entregar o governo ao triunvirato"; a suposta desfaçatez do padre Leonardo seria tão grande que ele "dizia ser mais fácil arrasar-se a cidade [do Maranhão] do que

---

[219] BN-RJ. Silva, Requerimento, [s.d.], p. 1.
[220] Ibid., p. 1v, 4v.

verificar-se o governo do dito triunvirato".[221] Os inimigos de d. José Tomás teriam ramificações em Londres, de onde sairiam "dictérios picantes de um assalariado jornalista" (ao que parece, Hipólito José da Costa), e contavam com "os continhos de um punhado de pretendentes do Maranhão" no Rio de Janeiro, "homens sem caráter, sem honra, sem consciência e sem talentos", os quais deveriam "decidir da conduta pública do dito governador capitão general".[222] Os inimigos de d. José Tomás estariam interessados "nas extorsões, nas vinganças, nas pilhagens e nas tiranias do seu maçonismo", agindo, portanto, a serviço da maçonaria.[223] A disputa entre as duas facções tinha chegado à Casa de Suplicação de Lisboa, cujas ordens não teriam sido cumpridas pela Ouvidoria no Maranhão. Não se pode dar total crédito às palavras do padre requerente,[224] mas a partir delas tão somente conclui-se que havia uma disputa pelo controle do governo da capitania, disputa essa que envolvia os mais elevados oficiais da administração civil e eclesiástica no Maranhão, além de personagens que atuavam em outros espaços, como Londres, Lisboa e Rio de Janeiro, sendo que aos que ocupavam postos na última localidade caberia decidir sobre a sorte do governador e de seu secretário.

Tudo indica que Leonardo Correia incluía entre seus inimigos e algozes o conde de Aguiar e que, por conseguinte, o avaliava como injusto e corrupto, com o que atingia diretamente a administração do príncipe regente. Essa sus-

---

[221] BN-RJ. Silva, Requerimento, [s.d.], p. 1v.
[222] Ibid., p. 2.
[223] Ibid.
[224] Isso exigiria uma investigação mais longa e fugiria aos objetivos deste livro. Para se ter uma ideia da complexidade das disputas e crimes, bem como do enraizamento das práticas de corrupção entre os oficiais da monarquia no Maranhão, citarei apenas o que diz um documento produzido pelo ouvidor Gama, adversário de d. José Tomás e do padre Leonardo, sobre Elias Aniceto Martins Vidigal, um dos cinco réus do Maranhão. Ele era acusado dos seguintes crimes: "sendo escrivão da fazenda, só serviu de a dilapidar; [...] dilapidou mandando conservar em branco certas dívidas da alfândega; [...] fez extraviar-se direitos de inspeção do algodão; [...] roubou o sal e a pólvora do rei; [...] dilapidou, perdoando balanços às repartições de Fazenda; [...] dilapidou, perdoando ajustamentos de conta aos que estavam alcançados; [...] encobria os furtos do contador para este omitir a escrituração de certas dívidas; [...] fez sociedades nas arrematações e vendeu condições contra a Real Fazenda; [...] negociou com os dinheiros remetidos para o Pará e para o Erário desta Corte; [...] reincidiu nos mesmos crimes para que já tinha sido processado; [...] fez que *o governador usurpasse toda a jurisdição da Junta para lhe servir de gerente*" e "*fez que o governador soltasse criminosos de Fazenda e sumisse as culpas de que ele era corréu*" (Gama, 1810-1812:[s.p.], grifos meus). Sendo verdadeiras as acusações, d. José de Tomás estaria envolvido em corrupção grave e em desmandos, acobertando e se acumpliciando com outros oficiais inferiores.

peita ganha mais elementos pelo fato de o referido sacerdote mencionar que constariam, nas secretarias de Estado dos Negócios da Marinha e do Brasil (esta última, tendo por titular o marquês de Aguiar), acusações ao governador, feitas em 1810, "de transtorno do foro, de tropas aniquiladas, de roubos e mortes ao ponto do meio-dia, de escravatura armada, de povos amotinados, de suspensões de magistrados e vários empregados públicos, de juiz de mero arbítrio [...], de cidade aflita e gente consternada pela condescendência do governo às sugestões ou influências" dele mesmo, padre Leonardo.[225] Em defesa do governador, o clérigo dizia que "os governadores imparciais, desinteressados e justiceiros, que não consentem a perversidade" das operações da maçonaria e de suas doutrinas eram adjetivados como "uns déspotas, uns estúpidos e uns tiranos".[226]

O conflito entre as facções atingiu grandes proporções. O padre Leonardo foi preso e seus bens sequestrados pela Ouvidoria, em combinação com o bispo. D. José Tomás foi denominado numa carta — ao que parece, um pasquim — "d. Fuás", e o seu secretário, "o Bode". Segundo o padre Leonardo, essa alcunha mostrava a "baixeza e insulto com que certos homens de sangue e de rapina fala[va]m de pessoas que não apoia[va]m suas manobras e não se alista[va]m nas bandeiras da sua iniquidade".[227] O arcipreste do Maranhão, ademais, teria dado carta de seguro (espécie de *habeas corpus*) àqueles que vituperassem contra d. José Tomás.[228] O padre insinua, ainda, em tom crítico, que o conde de Aguiar o teria tomado, num aviso, pelo "título de Bode", uma vez que ao invés de nomeá-lo, fez sobre si a seguinte referência: "Que um *clérigo pardo*, que é capelão do governador e capitão general, que foi daquela capitania [do Maranhão], viesse a essa capital [do Rio de Janeiro] para certa averiguação do real serviço".[229] Todas essas palavras mostram que as disputas travadas no Maranhão tinham sido arbitradas de algum modo na Corte, com juízo desfavorável ao já então ex-governador e a seu secretário, sendo a cor deste último utilizada por seus inimigos para atacá-lo, o que foi sutilmente endossado pelo ministro do príncipe regente, o conde de Aguiar. Em sua defesa e do governador a quem servira, o padre Leonardo alegou que seu superior, ao

---

[225] BN-RJ. Silva, Requerimento, [s.d.], p. 2v.
[226] Ibid., p. 3.
[227] Ibid., p. 3v.
[228] Ibid., p. 5v.
[229] Ibid., p. 3v, grifos meus.

proceder contra o governador Carlos César Burlamaqui, do Piauí — que teria denunciado uma "abortiva, patranhosa e fingida revolução" em sua capitania —, foi não só apeado do cargo como ameaçado por seus inimigos maçons. Tais homens recorriam a cartas particulares e "continhos mexericosos", além de mencionarem "proteções da Corte".[230] Os conflitos entre as facções, assim, ganhavam o público, além de ultrapassar as fronteiras da capitania.

O padre Leonardo não se limitou a fazer acusações contra oficiais civis e eclesiásticos do Maranhão e insinuações contra um ministro de d. João, indo mais além, na medida em que desnudou toda a cadeia que sustentava a trajetória dos oficiais da monarquia, em meio às práticas patrimonialistas e aos mecanismos típicos de uma sociedade de corte. Em seu requerimento, ele contrapôs as duas possibilidades que tinham, ele e o governador, diante dos seus inimigos:

> Ou de prostituir a mesma consciência na sociedade dos crimes, para que, na triste situação de criminoso, andasse[m] de rastros pelas cocheiras, pelas escadas e pelas salas de espera de alguns figurões da Corte a fim de alcançar deles a impunidade dos delitos; ou de seguir os caminhos da honra e da virtude, que é precisa ao homem público para fazer-se de vítima da intriga, do ódio, da calúnia e da perseguição, cujos efeitos são mais gloriosos e mais toleráveis do que os do crime.[231]

Segundo o padre, d. José Tomás, diante dessas alternativas, não teria titubeado, uma vez que se movia pela religião, pelo caráter e pela vassalagem: coibiu os crimes e, por isso, sujeitou-se "à calúnia, à difamação, à trapaça e à vingança de quem mais pode ferir, entre o *fumo de bastardos incensos da Corte*, com a habilidade de esconder o punhal".[232]

Com essa crítica tão clara, venenosa e certeira (o que não significa que fosse pura e, muito menos, que as acusações feitas fossem falsas), não poderia haver dúvidas sobre a sorte que a Coroa daria ao padre Leonardo, quanto mais que, como se mostrou anteriormente, ele fazia acusações implícitas aos ex-governadores de Minas Gerais (o visconde de Barbacena) e da Bahia (d. Fernando Portugal e Castro, conde e marquês de Aguiar) de não terem reprimido as inconfidências de Minas e da Bahia. Com efeito, aos 10 de fevereiro

---

[230] BN-RJ. Silva, Requerimento, [s.d.], p. 4v-5.
[231] Ibid., p. 5.
[232] Ibid., p. 5v, grifos meus.

de 1814, o marquês de Aguiar, então ministro e secretário de Estado dos Negócios do Brasil, após consultar o Desembargo do Paço, determinou ao intendente-geral de polícia que repreendesse o padre Leonardo Correia da Silva e que o recolhesse ao Convento de São Bento, no Rio de Janeiro, onde ele deveria ficar incomunicável, por ter enviado vários requerimentos "descomedidos e cheios de invectivas".[233] Além disso, o padre deveria ser advertido "de que se decidirá o seu processo por modo legal, cominando-lhe a pena de ser degredado para uma das colônias d'África no caso de contravenção"; caberia ao intendente-geral de polícia, ademais, vigiá-lo cautelosamente.[234] Já d. José Tomás de Menezes, não só não ocupou o governo dos Açores como retornou a Lisboa e submergiu na vida privada, voltando ao Rio de Janeiro, onde faleceu em 1818, aos 37 anos (Souza, 2006:441). Se ser descendente da Casa de Cavalheiros pôde ter-lhe poupado maiores dissabores, o vaticínio que Inácio José de Alvarenga Peixoto fez sobre seu futuro revelou-se apenas parcialmente verdadeiro: tornou-se, sim, governador de parte do Brasil, mas foi devorado por erros seus e/ou alheios, pela máquina voraz do patrimonialismo e da sociedade de corte, em que corrupção, peculato e conflito de jurisdições se somavam. Sua história, com certeza, é emblemática de tantas outras que lhe antecederam e das que viriam a lhe suceder, mesmo depois de alcançada a Independência, ao longo do período imperial: nada de novo parece tê-la marcado. Sua irmã, d. Eugênia de Menezes, teve também uma trajetória marcada pelas armadilhas da sociedade de corte e envolta em névoas ainda maiores. Após tornar-se dama das infantas, foi banida da Corte em 1803, havendo versões distintas para as razões dessa medida. Segundo alguns, o príncipe regente por ela se apaixonou, vindo a engravidá-la em 1803, motivo pelo qual simulou-se um rapto da mesma em maio do referido ano; segundo outros, o doutor João Francisco de Oliveira, médico da Corte, envolvido anteriormente em casos escabrosos, sequestrara a moça. O certo é que d. Eugênia contou com apoio apenas de d. João, viveu reclusa em conventos até sua morte em Portalegre, quando tinha 42 anos de idade, ocasião em que ainda recebia pensão do Estado. Ela foi reabilitada em 1849, ocasião em que sua filha, Eugênia Maria, foi legitimada.[235]

---

[233] AN-RJ, RAO, livro 6, 1814, p. 169v.
[234] Ibid., p. 170.
[235] Cf. Brandão (1919:118); Souza (2006:436-438); Caniato (2005:233-234). Há quem coloque em dúvida a suposta paternidade de d. Eugênia Maria — isto é, ser d. João seu progenitor.

A Coroa, o Prata e a Guiana Francesa

A transferência da Corte para o Rio de Janeiro, em 1807-08, e a construção de um amplo Império luso-brasileiro, com sede no Brasil, envolveram o projeto de conquista das colônias espanholas do Rio da Prata, sendo isso explicitamente alentado por d. Rodrigo de Souza Coutinho, conde de Linhares, ministro de d. João, e pelo conde de Palmela, representante do governo do Rio de Janeiro na Espanha, entre 1809 e 1812, tendo este último sonhado com a criação de "um colossal império ultramarino formado pelas possessões das duas coroas [de Espanha e de Portugal], abrangendo toda a América meridional e central, e quase metade da setentrional".[236]

A posição da princesa Carlota Joaquina, nesse projeto, no entanto, era motivo de controvérsia, seja entre os ingleses, seja no governo português, cuja avaliação modificou-se ao longo do tempo. A princípio, nos idos de 1808, d. João e d. Rodrigo de Souza Coutinho, inimigo declarado de d. Carlota, aceitavam a possibilidade de concretizar aquele projeto, via o reconhecimento dos direitos da princesa do Brasil à Coroa espanhola (Lima, 1996:191). Entre os agentes ingleses, o almirante sir Sidney Smith endossava a mesma ideia, o que não ocorria com lorde Strangford, o qual encarava Carlota como inimiga dos interesses ingleses e defendia a Independência das colônias espanholas; na Espanha, em 1812, o embaixador inglês, por sua vez, opôs-se às pretensões da princesa e à possibilidade de uma regência luso-espanhola no Prata (Azevedo, 2003:127). D. João e seu ministério, por seu turno, cedo passaram a reprovar a ascensão política da princesa, preferindo exigir "a participação do infante d. Pedro Carlos — primo de d. Carlota e sobrinho de d. João, criado na Corte de Bragança — na disputa pela regência" (Norton, 1979:41; Azevedo, 1998:4-5), impedindo-a de deslocar-se para o Rio da Prata ainda no final de 1808 (Lima, 1996:193-194) e asfixiando-a financeiramente em 1809 (Azevedo, 2003:201).

A diversidade de posições era ainda maior no interior do vice-reinado do Rio da Prata: havia partidários de d. Carlota, outros que defendiam a regência de d. Pedro Carlos e, ainda, alguns que eram partidários do cônego Inca Mango Capac (ibid., p. 147). Em relação às pretensões de d. Carlota, nas

---

Questiona-se a comprovação da paternidade pela mera proteção especial dada pela Coroa à sua mãe. Sobre o assunto, veja também: Pedreira e Costa (2008:104-107).
[236] Ver: Lima (1996:187, 196); Cunha (1985:140-141); Azevedo (1998:2).

Cortes e na Junta Governativa de Espanha, também se verificavam oposição e hesitação: temia-se que, com isso, se entregasse o poder a Portugal (ibid., p. 113). D. João, instigado por d. Rodrigo (falecido em 1812), ademais, agia de modo dúbio nas questões platinas. Em 1810, com vontade de mostrar sempre concordar com os conselhos britânicos, prometeu a lorde Strangford não mais se intrometer nos negócios do Prata. A região estava agitada pela "Revolução de Maio", de Buenos Aires, assistindo a conflitos entre seus partidários e os realistas de Montevidéu. D. João, às escondidas, malgrado todas as suas promessas de neutralidade, usando os "interesses" de d. Carlota como cunha para seus próprios projetos e contrariando os ditames ingleses, mandou invadir a Banda Oriental (Uruguai). Negou ser seu desejo incorporá-la ao território português e devolveu-a, depois, por acordo firmado aos 20 de outubro de 1811, com Inglaterra e Espanha (Cunha, 1985:145, 151; Lima, 1996:214), porém, em janeiro de 1817, ocupou novamente Montevidéu.

Essas iniciativas expansionistas da Coroa tiveram consequências para os vassalos do Brasil, agudizando as tensões aqui existentes. Em Pernambuco, por exemplo, segundo Hipólito José da Costa, devido aos tributos excessivos decorrentes da conquista da Banda Oriental do Rio da Prata, o governador Caetano Pinto Montenegro atrasou o pagamento dos soldos, causando descontentamentos na tropa regular (Lima, 1996:496-498). O governador de Pernambuco procurava ampliar a arrecadação fiscal, para manter a Corte e também a conquista da Guiana Francesa, que consumia recursos e homens (Quintas, 1985:214-215). A guerra no Uruguai, ademais, encareceu os gêneros alimentícios no Brasil. Em Pernambuco, em 1817, por causa disso e da seca que assolou o Nordeste, havia carestia de mantimentos, principalmente da farinha e também do feijão, com fome para os setores populares (Lima, 1996:496-497).

Entrecruzando política externa e assuntos domésticos, sob pressão inglesa, d. João assinou acordos e tratados com a Inglaterra referentes ao tráfico de escravos. Pelo Tratado de Aliança e Amizade de 1810, por sua cláusula X, o monarca reconhecia o caráter maligno do tráfico negreiro, comprometendo-se a aboli-lo gradualmente e, desde logo, a proibi-lo fora da costa africana. Em 1815, um tratado, por seu artigo V, proibia aos vassalos do rei de Portugal a compra ou tráfico de escravos em regiões da África ao norte do Equador, ficando lícito apenas o que se realizasse ao sul, cabendo à Inglaterra, em caso de captura e detenção ilegal de navios portugueses, o pagamento de uma indenização de 300 mil libras, desobrigando-se de todas as reclamações. Em 1817, nova convenção, adicional ao tratado de 1815, dava à Inglaterra a prerrogativa de ditar as providências a serem adotadas conjuntamente na repressão ao norte do Equador e definia mais precisamente as áreas em que o tráfico era permitido ao sul da linha, em território português na África ocidental (Goulart, 1950:222-239; Bethel, 1976:22-32).

D. João, ao fixar-se no Rio de Janeiro em 1808, enfim, não rompeu com os fundamentos do Antigo Regime português. As exceções foram a extinção do monopólio comercial, a permissão ao estabelecimento de todas as manufaturas no Brasil e, ademais, a transferência do eixo da administração régia para a América, com o que se deu início a um processo de "interiorização da metrópole", que, por um lado, articulava interesses nas capitanias do Centro-Sul e, por outro, marginalizava os enraizados nas capitanias setentrionais e, de resto, no próprio Portugal.

O estatuto econômico de colônia viu-se enterrado com a abertura dos portos e com a permissão e o estímulo ao estabelecimento de manufaturas, medidas que arruinaram a economia portuguesa e conferiram preeminência à Inglaterra, agora com um controle legitimado do comércio com o Brasil, que até então, desde fins do século XVIII, já se dava pela via do contrabando. Se as manufaturas brasileiras não alçaram grandes voos, a indústria têxtil doméstica continuou firme, sobretudo nas áreas distantes dos portos, onde os custos de transporte encareciam os tecidos ingleses. Com isso, enterraram-se os esforços de desenvolvimento manufatureiro em Portugal, que retomou a sua vocação agrícola.

As estruturas patrimonialistas e de sociedade de corte tiveram continuidade, agora girando em torno do Rio de Janeiro. Na nova Corte, o governo assumia feições predominantemente arcaicas, regendo-se pelo velho almanaque lisboeta, como criticava Hipólito José da Costa. Sede da monarquia e tendo sua região Centro-Sul como palco do processo de interiorização da metrópole, o Brasil inverteu sua relação com Portugal, o que fez do Rio de Janeiro uma nova Lisboa. Na capital fluminense, nova sede da monarquia, verificou-se a aglutinação de um grupo de nobres, burgueses, oficiais da Coroa (civis, eclesiásticos e militares e, de resto, letrados), unidos em torno de negócios lícitos e ilícitos, que envolviam a reiteração de mecanismos de sociedade de corte e patrimonialistas. A decorrência disso, além da sujeição de Portugal, foi a exploração do norte do Brasil em benefício das capitanias do Centro-Sul.

A utopia de um poderoso Império americano, em suma, tornava-se realidade: não tão possante como se propagava, mas de qualquer forma com forças para se expandir e para alimentar setores que resistiriam, caso houvesse qualquer tentativa de regresso ao quadro anterior, de hegemonia política e econômica da parte europeia sobre a parte americana do Império português. Transformava-se em realidade, ademais, a ponto de fomentar contradições internas à própria América, entre o Norte e o Centro-Sul.

Capítulo 5

A Corte no Rio de Janeiro: acomodações, reformas e festas

O Rio de Janeiro contava com uma população, em 1799, de 43.376 habitantes na área urbana, dos quais 14.986 (34%) eram escravos. Em 1808, a população girava em torno de 60 mil. Com a transferência da Corte, certamente 5 mil pessoas chegaram à cidade (as estimativas, muito desiguais, variam entre 15 mil e 444 pessoas), tendo a população saltado, nas áreas urbana e rural, para 112.695 habitantes em 1821, dos quais 55.090 (49%) eram escravos.[237] No início do século XIX, a cidade era bastante acanhada, tendo um núcleo principal que se limitava pelos morros do Castelo, em que ficava o centro, de São Bento, de Santo Antônio e da Conceição. Contava com quatro freguesias — Sé, Candelária, São José e Santa Rita —, 46 ruas, quatro travessas, seis becos

---

[237] Ver: Florentino (2002:11); Silva (2010:246-247); Schwarcz (2011:220, 230). Segundo Nireu Cavalcanti, a estimativa de 15 mil migrados seria completamente fantasiosa. Com base na consulta às diversas listas de passageiros chegados em navios portugueses entre 1808 e 1809, ele contabilizou 444 pessoas, 60 delas da família real (Cavalcanti, 2004:96), cifra que me parece extremamente diminuta. Junot, por sua vez, em carta a Napoleão Bonaparte datada de 30 de novembro de 1807, relata que apenas no navio Príncipe Real embarcaram 2 mil pessoas (Junot, 2008:101), o que sugere que a cifra de Cavalcanti está subestimada. Em estudo recente, Carlos Eduardo Barata estima em, no mínimo, 11.528 pessoas o fluxo para o Brasil: cerca de mil pessoas embarcaram às pressas em Lisboa acompanhando a família real, desembarcando no eixo Bahia–Rio de Janeiro, principalmente nesta última cidade, enquanto outras 10 mil nem atravessaram o Atlântico apressadamente, uma vez que já fariam parte dos navios mercantes e da Marinha de Guerra, nem desembarcaram deste lado do Atlântico; enfim, o contingente que se fixou no Rio seria de cerca de 1.100 pessoas (Barata, 2008:48-56).

e 19 largos. Seu crescimento dera-se por meio de aterros de brejos e mangues. Suas ruas, em boa parte fétidas, eram de terra batida, em desnível, cheias de buracos, poças e detritos. Um ponto da cidade destoava em parte desse cenário, a atual Praça XV, na época Largo do Carmo, onde se viam a igreja e o Convento do Carmo, além de um hospital, dos prédios da Câmara, da cadeia e da sede do Vice-Reino do Brasil. No século XVIII, o largo foi calçado e ali o mestre Valentim da Fonseca e Silva construiu um chafariz. Ao lado do Paço do Vice-Rei, construiu-se um cais. Assim, esse ponto da cidade fazia lembrar o Terreiro do Paço de Lisboa. Um dos maiores atrativos da cidade era o Passeio Público, com seus jardins bem cuidados, construído entre 1779 e 1783. A cidade, na verdade, tinha duas faces: uma, que ganhava ares de nova Lisboa e outra, que era uma pequena África, em função da grande quantidade de escravos e libertos.[238] Esses últimos, longe de se confinarem a um espaço da cidade, estavam onipresentes em praticamente toda sua extensão.

D. João tomou uma série de medidas que provocaram uma mudança na fisionomia urbana do Rio de Janeiro, além de importantes iniciativas culturais, tendo em vista torná-la digna para ser sede da Corte. D. Rodrigo de Souza Coutinho, conde de Linhares, e d. Antônio de Araújo, conde da Barca (depois de 1814), em suas gestões ministeriais, desenvolveram um plano de ensino científico, literário e artístico, o qual atendia às necessidades de transformação do Rio de Janeiro em sede da monarquia. Equipamentos culturais e instituições militares e sanitárias eram necessários (Martins, 2010:107). A Intendência-Geral de Polícia desempenhou um papel importante nessas alterações.

A Intendência-Geral de Polícia, os escravos e os estrangeiros

Como dito, ao estabelecer-se na América, o príncipe d. João logo criou a Intendência-Geral de Polícia no Rio de Janeiro, ainda em abril de 1808, com juris-

---

[238] Schwarcz (2011:206-207); ibid., p. 224. Em Lisboa também havia negros, embora não escravos, e uma quantidade nada desprezível de galegos, que se encarregavam de trabalhos vistos como menos nobres; no Porto, eles chegariam a 7 mil (Brandão, 1919:196, 368). Em 1793, Pina Manique queixava-se da quantidade de espanhóis presentes em Portugal, com destaque para os galegos, afirmando que eles gozavam de inúmeros privilégios, que eram dados pelas câmaras facilmente "a homens de ganhar, taberneiros, quinquilheiros, tendeiros, com lojas de bebidas e casas de café e de pasto, aos das artes fabris [...] chegando a prostituição a tal excesso, que até as meretrizes públicas e escandalosas passa[va]m os ditos privilégios" (IANTT-IGP, livro 4, 1793, p. 62-62v).

dição sobre a Corte e o Brasil, à imagem e semelhança da existente em Lisboa, com o mesmo leque de atribuições. Aos 10 de maio do mesmo ano, instituiu o cargo de intendente-geral de polícia.[239] No Rio de Janeiro, tal como em Lisboa, a Intendência envolvia-se em questões relativas à urbanização (aterrar pântanos, construir chafarizes, cuidar das calçadas e da iluminação pública, levantar pontes e cais etc.), à promoção e policiamento de festas públicas e à fiscalização dos teatros e diversões públicas. Se d. João tomou uma série de medidas que provocaram uma mudança na fisionomia da cidade, e coube à Intendência-Geral de Polícia desempenhar um papel importante nessas alterações, isso não ocorreu sem conflitos com outros órgãos, como o Senado da Câmara (Lemos, 2012:62), tal como sucedia em Portugal.[240] De modo similar ao que se dava no Reino, a Intendência atuava também no domínio socioeconômico, intervindo em questões relativas, por exemplo, ao Banco do Brasil, conforme já citado, e ao combate ao contrabando, como o do pau-brasil. Outros campos de menor amplitude similares aos da Intendência em Lisboa foram: a organização da guarda real e o estabelecimento de quartéis, a abertura de novas estradas e as melhorias nas velhas da capitania do Rio de Janeiro, a matrícula dos veículos e embarcações, o registro dos estrangeiros, a expedição de passaportes, a perseguição e prisão de críticos e opositores da monarquia.[241]

Talvez de modo específico (mas não de todo, uma vez que em Lisboa houve preocupação em relação aos vidros das janelas), em junho de 1809, a Intendência aboliu a rótula ou gelosia das casas, assinalando com tal medida a passagem do Rio de Janeiro à condição de Corte, uma vez que se entendia que elas nenhuma comodidade traziam, além de mostrar a "falta de civilização" dos habitantes locais (Silva, 1978:154). Cumpria, afinal, tornar o centro urbano algo compatível "com a residência de Sua Alteza Real nesta cidade" do Rio de Janeiro (Schultz, 2006:132). No Rio, a Intendência, desde sua instituição, ficou encarregada de fornecer trabalhadores para os serviços públicos, como limpeza de ruas, reparos em estradas e conservação de prédios oficiais, para o que apelou ao serviço de prisioneiros e à arregimentação de escravos de terceiros, por meio de aluguel, ou à alocação dos que serviam à Fazenda Real de

---

[239] Ver: Algranti (1988:35); Lemos (2012:56); Lima (1996:465); Vinhosa (2000:354).
[240] Esses conflitos de jurisdição não foram singulares ao Brasil, como parecem supor Leila Algranti (1988:3-4) e Natália Lemos (2012:61-65).
[241] Ver: Algranti (1988:35-38); Silva (1978:153); Prado (1968:104); Schultz (2006:132); Schwarcz (2011:211-212).

Figura 10. *Loja de Rapé (1823)*, de Jean-Baptiste Debret. No detalhe, percebe-se um militar conversando com uma escrava, enquanto outros cativos encontram-se sentados, situação que mostra a contiguidade em que estavam cativos e oficiais, frequentemente conflituosa

Fonte: Debret (1993).

Santa Cruz (Algranti, 1988:78-80). Essa operação, com certeza, revestia-se de mais complexidade do que em Lisboa, sobretudo porque envolvia, em parte, os escravos e seus respectivos senhores. Diferentemente do que se passava na capital portuguesa, no Rio, porém, a Intendência também detinha escravos fugidos (Schwarcz, 2011:212), enquanto que, na capital portuguesa, ela administrava as diferentes e conflituosas situações de escravos que lá chegavam e alegavam estar no cativeiro ilegal ou erroneamente.

As relações entre senhores e escravos reverberavam no espaço urbano, com a ocorrência de crimes os mais variados, como o sucedido com o feitor Antônio de Freitas, que trabalhava para Manoel Gonçalves Vale, nos idos de 1810. O feitor foi assassinado porque quis chicotear o preto Sebastião "por lhe faltarem três laranjas seletas", além do que tinha ordem para "castigar os seus escravos quando lhe faltassem ao respeito". Para matá-lo, Sebastião contou com a ajuda do "seu parceiro João Bengala", que batera com uma enxó, por duas vezes, na cabeça do feitor, vindo Sebastião a dar-lhe mais duas socadas com o mesmo instrumento e, depois, fugindo.[242] A Coroa não se eximiu de intervir numa ou noutra situação de conflito entre senhores e escravos, tendo em vista a aplicação de castigos exemplares. D. Rodrigo de Souza Coutinho, conde de Linhares, considerando ser na Corte "extraordinário o número de negros", julgava ser "indispensável contê-los na verdadeira subordinação, por meios de grandes exemplos, que lhes inspir[ass]em terror e sujeição". Por isso, aos 5 de julho de 1810, em relação aos referidos escravos de Manoel Gonçalves Vale, julgando em matéria como essa não poder haver delonga, demandou ao conde de Aguiar que desse pronta execução à sentença "desses malfeitores".[243] O comércio de escravos, por sua vez, sendo campo de irregularidades, também mereceu cuidados da Intendência-Geral de Polícia. Ao lado do comércio legal, feito através de grandes firmas estabelecidas no Valongo, das casas leiloeiras e dos traficantes independentes, havia um tráfico ilegal, realizado por traficantes sem licença e com escravos roubados. Entre 1808 e 1822, com efeito, a Intendência preocupou-se com as quadrilhas de ladrões de escravos, geralmente associando-as aos ciganos, que embora não fossem os únicos a praticar os referidos furtos, eram malvistos pela população da cidade em geral. Contavam, para tanto, com a ajuda de intermediários e, por vezes, enganavam

---

[242] AN-RJ, RAO, livro 3, 1810, doc. 4.
[243] Ibid.

os escravos com promessas vãs (mulheres, liberdade etc.) e vendiam-nos descaradamente na cidade. Não só os ciganos, contudo, estiveram por trás dessas atividades ilícitas. Um caso rumoroso, por exemplo, foi protagonizado por um desembargador, que em sua fazenda empregava escravos alheios (Algranti, 1988:73-74).

Os escravos também figuraram como vítimas, situação em que, em casos extremos, a Coroa interferia. Um edital da Intendência-Geral de Polícia visou a "cessar as violências praticadas por alguns dos habitantes desta capitania [do Rio de Janeiro], obrigando os escravos que encontravam a acarretarem água para as suas casas e até sem lhes pagarem este serviço". O príncipe não achava "conveniente que os mesmos negros brad[ass]em por semelhante motivo" e, por isso, em janeiro de 1809, determinou que o intendente fizesse saber por outro edital que, "sendo violentados", os negros houvessem de "declarar perante V. Sª., [o intendente] e os mais ministros criminais desta Corte, os nomes das pessoas, que praticaram esta violência, e a rua e sítio em que moram, para serem punidos", determinando igualmente que fossem castigados pelos seus superiores os "militares que contrariarem as providências dadas sobre este objeto".[244] Nos casos de sevícias ou de assassinato de escravos, a Intendência realizava exame de corpo de delito, ouvia testemunhas e pessoas envolvidas, encaminhando os processos pelas vias legais, o que geralmente se arrastava por muito tempo. Nas situações de sevícia e coabitação, a Intendência tendeu a posicionar-se favoravelmente aos escravos, contra seus senhores, de um ou outro sexo (algumas mulheres, com efeito, cometeram crimes contra seus escravos). Senhores condenados por crimes contra escravos não raramente obtiveram perdão régio, por ocasião de festas religiosas (Algranti, 1988:115-119).

O intendente Paulo Fernandes Viana, fosse pela ótica da Coroa, fosse pelos interesses da sociedade, não via com bons olhos as alforrias, objeto de inúmeros pedidos encaminhados pelos escravos ao príncipe. No seu entendimento, a existência de uma grande população negra livre era um mal a ser evitado. Nos casos dos requerimentos de alforria que chegavam para seu exame, considerava-os aceitáveis apenas "no caso de sevícias, desumanos tratamentos e promessa ou preço aberto de liberdade" (Algranti, 1988:107-108). Resguardar os interesses dos senhores e evitar revoltas dos escravos eram os princípios básicos que orientavam a ação do intendente. Baseando-se nessa orientação,

---

[244] AN-RJ, RAO, livro 1, 1809, p. 204.

ele, ademais, defendia a vinda de migrantes brancos, tendo incentivado o estabelecimento de casais de ilhéus e de reinóis (Lemos, 2012:75). Por ter em mente os problemas decorrentes da escravidão e, ao mesmo tempo, por não cogitar um lugar distinto para escravos, ex-escravos e seus descendentes, a Coroa desenvolveu iniciativas para trazer migrantes brancos para o Brasil. Em 1810, d. Rodrigo, conde de Linhares, enviou ao conde de Aguiar uma memória, a ser apresentada ao príncipe regente, para dele receber parecer, em que "Andreas Cristiano Hancke sugere medidas para estimular a migração de alemães para o Brasil, tal qual o fez o imperador da Rússia". Tais medidas envolveriam a concessão de terras (além de passagens, instrumentos e animais) pelo governo. Ele indicou a ilha de Helgland, próxima a Hamburgo, então sob o domínio da Grã-Bretanha, como o local ideal para o recrutamento de "colonistas", isto é, colonos.[245] O mesmo conde de Linhares, o conde da Barca e Tomás Vilanova Portugal empenharam-se em estimular a migração de europeus para as lavouras, incluindo entre estes reinóis e estrangeiros, o que culminou na tentativa da colônia suíça em Nova Friburgo (Prado, 1968:129-130) e na vinda de casais de açorianos, contemplados com mesadas, moradias, carros de boi etc. (Schwarcz, 2011:230-231). Portanto, a vinda de migrantes europeus, a servirem como colonos, foi avaliada e incentivada por autoridades ministeriais à época do Brasil joanino.

Durante a década de 1810, a Intendência preocupava-se com a possibilidade de eclodir uma insurreição abolicionista, ameaça muito perigosa tendo em vista a experiência do Haiti e a guerra na Europa. Paulo Fernandes Viana perseguiu brancos e negros suspeitos de simpatias abolicionistas ou de estarem conectados com o Caribe, como se deu com o "preto" da "nação francesa" chamado Carlos Romão, encarcerado na Bahia em 1818. Tinha consciência, porém, de que a repressão poderia ter efeito contrário ao desejado, isto é, estimular as ideias condenáveis, à medida que prisões e interrogatórios as tornassem públicas (Schultz, 2006:134), raciocínio este compartilhado pelos órgãos censórios portugueses da época do reformismo ilustrado em relação aos livros proibidos: segundo a censura, a proibição de livros por meio de editais públicos levaria os leitores a procurá-los, ao invés de inibi-los de fazê-lo.

Com alguma correlação com esses temores, a Intendência-Geral de Polícia procurou arrochar o controle sobre a entrada de impressos contrabandeados,

---

[245] AN-RJ, RAO, livro 3, 1810, doc. 59.

particularmente franceses. O intendente Paulo Fernandes Viana, segundo o memorialista Luís Gonçalves dos Santos, tinha como principal papel controlar a influência francesa, convertendo-se num "vigilante sentinela da segurança pública, fazendo arredar de nossos lares os espiões e os partidaristas dos franceses" (Silva, 2008:31). Em 1811, ele acreditava — tal como se dava anteriormente com Pina Manique em Lisboa — que os franceses, mais precisamente Napoleão, recorriam a espias americanos, italianos, alemães e de outras nações (ibid.) Em 1821, rememorando suas ações como intendente, Paulo Fernandes Viana lembrava que, anos antes, a França aterrara todas as potências da Europa, o Brasil e a América espanhola com o envio de emissários cujo objetivo era perturbar a tranquilidade e fomentar a desordem, o que teria requerido da Intendência grandes esforços no sentido contrário. Com efeito, alertas contra a presença dos franceses em diferentes partes da América portuguesa foram dados (ibid.) O intendente mantinha-se vigilante e procurava reprimir os suspeitos de manter doutrinas refratárias à obediência ao príncipe (Schultz, 2006:133). Em 1817, franceses chegaram a Pernambuco para ajudar os revolucionários, trazidos por americanos, sendo logo presos — a Revolução Pernambucana, então, já havia sido debelada. Após 1817, havia desconfiança de que estrangeiros (franceses e americanos) estariam aportando no Norte, com propósitos duvidosos.[246] Temor similar cercava os espanhóis da América, também objeto de vigilância constante da Intendência-Geral de Polícia (Silva, 2008:33-34).

As "aposentadorias", as reformas e as intervenções urbanas na nova Corte

Ao intendente-geral de polícia coube administrar as chamadas "aposentadorias" — isto é, as moradias requeridas para abrigar órgãos administrativos e oficiais da Coroa vindos com a família real, entre eles os oficiais da Marinha, que tinham o privilégio de ocupar casas à força e que, depois, as cediam por preços altos, causando revolta nos habitantes (Silva, 2010:246) —, questão que gerou cerca de 120 processos entre 1808 e 1823 (Cavalcanti, 2004:97).

---

[246] DH, 1953, vol. CI, doc. 146; DH, 1953, vol. CII, doc. 37,44, 45, 47, 74; DH, 1953, vol. CIII, doc. 1, 2, 3; DH, 1953, vol. CIV, doc. 138; DH, 1953, vol. CV, doc. 7-12. Agradeço a Breno Gontijo Andrade por gentilmente ter me passado essas referências.

Exemplos de vítimas das "aposentadorias" são José Gonçalves dos Santos e Domingos de Abreu e Silva, que em 1812 representaram ao soberano contra "os incômodos" que sentiam "com o despejo mandado fazer [...] para se acomodar, nas casas em que moram, o capitão de mar e guerra André Jacob". Em resposta, o príncipe determinou que eles dessem ao oficial

> aposentadoria tão somente em um quarto das ditas casas, *qual o referido capitão de mar e guerra escolher e achar conveniente para sua acomodação*, e que, quando nenhum deles de per si lhe seja suficiente, se lhe tomarão por aposentadoria outras casas que ele apontar e que tenham as circunstâncias necessárias para a sua habitação.[247]

Como se constata, o príncipe procurou mediar o conflito de interesses, não sem deixar de dar ao oficial da Marinha o privilégio da escolha.

As usurpações, os conflitos e as confusões geradas pelas "aposentadorias" multiplicaram-se no Rio de Janeiro, havendo necessidade de intervenção da Coroa, de que é exemplo o sucedido, também em 1812, com o tenente-coronel Caetano Diogo Parreiras, que morava nas casas de número 13 da rua dos Inválidos, que pertenciam a Jerônimo da Costa. As casas lhe foram cedidas em aposentadoria por se imaginar que eram de aluguel. Como Jerônimo era seu proprietário e nela ele habitava, foi dada ordem de despejo ao tenente-coronel, "mandando-lhe tomar outra aposentadoria", que estivesse livre e desembaraçada.[248] Houve casos em que a piedade do soberano com os nativos foi maior, como se deu em 1809 com a "aposentadoria para habitação do núncio de Sua Santidade, às casas junto à Impressão Régia, de que" era proprietária d. Ana de Castro. Esta última expôs ao soberano o "grande incômodo" que lhe resultara da referida aposentadoria, tendo o príncipe decidido atender à sua representação, determinando a procura de "outra casa decente, onde se pudesse acomodar o mesmo núncio".[249] Em determinadas situações, as aposentadorias concedidas foram revertidas por terem como objeto casas ocupadas por pessoas privilegiadas, como se deu com as dadas "para habitação de João Antônio de Cunha Souza e Vasconcelos, as casas número 23 da rua de S. Pedro", em função do que o soberano ordenou, em 23 de julho de 1810, que se "mand[ass]e[m] aprontar outras casas para acomodação do referido João

---

[247] AN-RJ, RAO, livro 7, 1812, p. 70v, grifos meus.
[248] Ibid., p. 42v.
[249] AN-RJ, RAO, livro 1, 1809, p. 218.

Antônio da Cunha, que se acharem habitadas por pessoas que não gozem de privilégio".[250]

Muito mais do que anedótico, o problema das aposentadorias era crucial, pois refletia o aumento da demanda por habitações decorrente da transferência da Corte e, ainda, criava antagonismos e tensões na sociedade local. Nobres e estrangeiros procuraram habitações à sua altura, sendo Botafogo um dos lugares escolhidos, assim como São Cristóvão, ambos os bairros pontos de expansão da cidade, cuja extensão e circunferência tornaram-se mais dilatadas. Em 1811, o intendente-geral de polícia identificava terrenos vagos na cidade nova, que haviam sido dados por aforamento, mas que não tinham construções porque eram pantanosos. Se tais terrenos fossem urbanizados, poderiam abrigar novas edificações. Para tanto, era preciso aterrar os pântanos e, como não havia recursos disponíveis por parte da Coroa, o intendente sugeriu a adoção de isenções fiscais que estimulassem as construções. Com o tempo, tornou-se perceptível o contraste entre a cidade nova, que começou a tomar forma em torno do Campo de Santana, e a cidade velha, pois, se na primeira viam-se amplidão e belas construções, na última, deparava-se com ruas estreitas e travessas, nas quais as casas ficavam apertadas umas às outras, muitas delas sem elegância, que tiravam o brilho de praças como o largo de São Francisco e o largo do Capim, salvando-se apenas o Terreiro do Paço, o largo da Carioca e a praça do Rossio. O Campo de Santana, transformado em local das festas reais (a exceção se deu com a aclamação de d. João, realizada no Terreiro do Paço em 1818), mereceu especial atenção da Intendência-Geral de Polícia, que ali construiu uma praça do curro (Silva, 2010:248-254). Paulo Fernandes Viana, intendente-geral de polícia, e d. Tomás Vilanova Portugal, ministro, procuraram responder ao desafio de tornar nobre a sede da Corte. Para tanto, tomaram providências para a aquisição de imóveis para as novas instalações, a "racionalização da orla marítima, o melhoramento do abastecimento de água" e da "iluminação, para maior segurança", o controle "da propagação de doenças" e a ampliação do número de casas assobradadas, uma vez que as residências térreas eram consideradas úmidas, insalubres e pouco nobres (Silva, 2010:245; Martins, 2008:2-3).

A edificação de casas térreas em determinados bairros foi proibida. Em data incerta, Vilanova Portugal elaborou um plano para a construção de ca-

---

[250] AN-RJ, RAO, livro 3, 1810, p. 2.

sas novas que seguissem certo modelo, que não fosse único como o da Baixa Pombalina, em Lisboa, mas variável, sem, contudo, ser disparatado (Silva, 2010:248-250). D. Fernando Portugal e Castro, marquês de Aguiar, por ordem do príncipe regente, depois desse examinar consulta de Paulo Fernandes Viana, o intendente-geral de polícia, no início de outubro de 1810, determinou ao juiz de fora do Rio de Janeiro que tomasse providências referentes à "irregularidade e arbitrária edificação" com que se construíam as "ruas novas". Ele deveria fazer com que o Senado da Câmara remendasse o erro, de tal sorte que as ruas a serem abertas fossem "mais largas e conformes ao novo plano", para "nelas se edificarem edifícios regulares e de uma só e igual simetria". Dentro do "novo arruamento", ademais, deveriam ser projetadas algumas praças, "o que não só embeleza[ria] a cidade, mas contribui[ria] muito para a saúde da população". Com tudo isso, enfim, estabelecer-se-ia "uma regra certa e invariável, a fim de se evitar que cada um" edificasse "a seu arbítrio, aonde e como bem lhe" parecesse.[251] Essas determinações, procurando mudar as feições acanhadas do Rio de Janeiro e distanciando-se parcialmente do plano de Vilanova Portugal, guardam similitude com o que foi feito na Baixa Pombalina, em Lisboa, após o terremoto de 1755, conjugando uniformidade e ordem na organização do espaço urbano, em consonância com o ideário das Luzes, acrescentando-se uma preocupação com a higiene, que lá não pôde ser observada de todo (França, 1987:161-171).

A cidade do Rio de Janeiro, como dito, era suja. Nisso, ela não se distanciava imensamente de Lisboa — que vivia às voltas com sujeira, cachorros sarnentos, mendigos e ladrões, que a tornavam perigosa à noite, quando, ao contínuo ladrar dos cães, somava-se o lançamento das imundícies janela abaixo (Abrantes, 2008:30-31; Brandão, 1919:175, 197, 207) — nem de outras capitais europeias. Segundo viajantes estrangeiros, na cidade, a má educação dos habitantes juntava-se às epidemias e aos hábitos precários de higiene, entre eles o de jogar fezes pelas janelas. Os viajantes estrangeiros queixavam-se dos ratos, camundongos, baratas, mosquitos e bichos que entravam pelos pés, sem contar os latidos dos cães (Schwarcz, 2011:207-208, 221, 228). Uma das primeiras medidas tomadas pelo intendente-geral de polícia, ainda em abril de 1808, foi proibir que os moradores lançassem águas servidas nas ruas e pelas janelas, aplicando-se multas aos infratores,

---

[251] AN-RJ, RAO, livro 3, 1810, p. 55-55v.

baixando proibição similar, em junho do mesmo ano, quando se determinou que o lançamento de dejetos imundos se fizesse no mar. Os infratores também pagariam multas. A cidade, construída em parte em terrenos planos, defrontava-se com o problema das águas estagnadas, que sob intenso calor exalavam odores desagradáveis. Inundações aconteciam na época das chuvas, cujo impacto era ampliado pelo fato de as águas descerem dos morros rumo às planícies. Construíam-se valas para evitar esse problema, mas elas não só não o eliminavam como causavam males de saúde, por servirem de depósitos para as águas. Para contornar esse problema, sugeria-se que se desse declive às ruas que partiam do Campo de Santana para a baía, além de defender-se a regulamentação da construção nos morros (Silva, 2010:256-258). Das inundações, talvez a mais célebre tenha sido a ocorrida de 10 a 17 de fevereiro de 1811, período em que houve chuvas incessantes, provocando a elevação das águas dos rios e a inundação dos arrabaldes da cidade. As ruas da cidade velha transformaram-se em rios caudalosos, verificando-se inúmeros desabamentos de casas e casebres, o que atingiu sobretudo o morro do Castelo, marco fundador da cidade, onde houve inúmeras vítimas. D. João ficou isolado na Quinta da Boa Vista. Durante esses dias, as igrejas e capelas estiveram sempre abertas, com os padres entoando preces para cessar a tragédia. Depois da tormenta, d. João, temendo desabamento, mandou arrasar parte da muralha do antigo forte de S. Sebastião. Data dessa época o projeto de derrubada do morro do Castelo, que viria a se concretizar nos inícios do século XX. Chuvas fortes afetaram a cidade também na aclamação de d. João, em 1818 (Fazenda, 1920:28-29).

Tendo grande crescimento demográfico, a cidade contava, em 1808, com chafarizes no largo do Paço, nas regiões próximas aos quartéis e ao convento de Santo Antônio. Fora da região central, havia poços e, em Mataporcos, a bica dos marinheiros, que abastecia as embarcações. Para resolver o problema do abastecimento de água, em agosto de 1808, o intendente-geral de polícia sugeria que se cobrisse o aqueduto da Carioca e se encanassem as águas do rio Maracanã, levando-as para os bairros da cidade, providência que esteve perto de se concluir nos inícios de 1809. Houve cuidados, inclusive, para garantir a pureza das águas do mesmo rio, tendo sido proibido, em abril de 1809, que pastores dele se aproximassem com seus rebanhos. Sem que tais medidas resolvessem o problema do abastecimento de água, decidiu-se que só teriam acesso à fonte da Carioca os escravos com barris na cabeça, ficando interditado o uso de carroças e pipas, que deveriam dirigir-se a outros lugares para se abastecer. Na mesma ocasião, determinou-se que as embarcações inglesas e portuguesas não deveriam abastecer-se de água no largo do Paço, procurando fontes em outros lugares. Duas barcas do Arsenal da Marinha deveriam buscar água, a ser vendida a preços razoáveis, na praia de d. Manuel. Novos chafarizes foram construídos, ampliando-se o número de bicas do chafariz do Campo de Santana, que chegaram a 22, inauguradas aos 24 de junho de 1818. Para viabilizar esse novo chafariz, complexas obras hidráulicas levaram águas do Maracanã ao Rio Comprido (Silva, 2010:258-261).

Para organizar o trânsito, proibiu-se a circulação de carros de bois sem que seus condutores estivessem à frente, o mesmo se fazendo em relação aos negros que dirigissem suas carroças, aplicando-se multas aos infratores. Para evitar que os carros de bois soltassem chiados incômodos aos moradores, determinou-se que eles fossem convenientemente untados. Aterros e calçamentos melhoraram a circulação pelas vias; pontes foram construídas e mudanças no traçado das ruas foram propostas, prevendo-se até mesmo o alargamento de vias e a abertura da rua do Cano (atual 7 de Setembro, onde funcionara a Sociedade Literária do Rio de Janeiro, fechada em 1794) para o Terreiro do Paço. O médico José Maria Bomtempo aconselhava, em 1814, a derrubada dos morros do Castelo e de Santo Antônio (ibid., p. 262-263). A ocupação da orla marítima era bastante desordenada, ficando a faixa de areia muito estreita. Tal situação precisava ser corrigida, tendo em vista o aumento no número de barcos e de vendedores, motivo pelo qual foram demarcados, nas praias da Gamboa e do Saco do Alferes, terrenos nos quais poderiam ser construídos armazéns e trapiches. O intendente Fernandes Viana construiu o cais do Valongo, para permitir mais comodamente os embarques e desembarques (ibid., p. 263-265). Outra questão que tomou a atenção da Corte foi relativa ao sepultamento dos mortos. Por um lado, havia de se contornar o problema do sepultamento dos protestantes, que não poderiam ser enterrados nas igrejas católicas, motivo pelo qual, ainda em julho de 1808, o intendente de polícia preocupava-se em encontrar um terreno adequado. Por outro lado, a prática de enterrar os mortos no interior das igrejas era vista como prejudicial à saúde. Não houve sucesso em relação a esse último aspecto, em função da recusa da população local em mudar suas práticas (havia, inclusive, reclamações contra o Cemitério dos Pretos Novos, no Valongo, uma vez que ali se enterravam os negros à superfície da terra), mas tão somente em relação aos ingleses e outros estrangeiros protestantes, que assistiram à construção de cemitérios para o sepultamento de seus mortos (Schwarcz, 2011:208; Silva, 2010:265-266). Na verdade, havia grande quantidade de corpos de cativos jogados nas ruas da cidade e o cemitério do Valongo, já citado, por causa dos problemas que apresentava, chegou a ser vistoriado por ordem do intendente em 1822 (Algranti, 1988:101-102).

Os problemas do Rio de Janeiro, contudo, não se resumiam à urbanização, ao abastecimento de água e à habitação, envolvendo também questões de segurança, principalmente à noite, quando a cidade se convertia num antro de ladrões e assassinos (Silva, 1978:106). Tendo em vista a insegurança que afetava o Rio de Janeiro, a Intendência organizou rondas e barreiras em vários bairros da cidade, além de determinar o fechamento de vendas, botequins e casas de jogos depois das 22 horas. Os cuidados com a iluminação também se deram, tanto nas ruas quanto no Paço da Cidade, na Quinta da Boa Vista, na estrada de São Cristóvão, assim como na praça e casa das Laranjeiras (Silva, 2010:255). Os problemas de segurança, em parte, tinham origem na escravidão (abolida em Portugal em 1773), que gerava conflitos e manifestações de violência. Ao reformar-se o aqueduto da Carioca, por exemplo, as autoridades depararam-se com um sério problema: o ataque de quilombolas. O tenente-coronel Aureliano de Souza e Oliveira, encarregado da obra de reparo do aqueduto da Carioca, aos 6 de junho de 1812, defrontou-se com um ataque, feito à meia-noite, aos "ranchos daquele serviço por mais de oitenta negros quilombolas". Por essa razão, o conde de Aguiar ordenou ao intendente-geral de polícia que tomasse as providências para que fossem "logo apreendidos e castigados estes delinquentes, como for de justiça".[252] Além disso, escravos estavam na raiz de abusos e desordens cometidos por militares (roubos, brutalidade descabida e cumplicidade em crimes) que deveriam reprimi-los, como mostra Natália Gama Lemos (2012:69-72).

As festas da monarquia

O propósito de remodelar a cidade, em conformidade com os interesses da monarquia e da manutenção da ordem, manifestou-se também no campo das

---

[252] AN-RJ, RAO, livro 5, 1812, p. 8.

artes e das festas, para o que artistas franceses deram uma colaboração decisiva. Logo após a revolução, houve emigrados que deixaram a França rumo à Espanha e a Portugal, onde alguns deles eram abertamente protegidos,[253] enquanto outros, fossem eles padres, comerciantes, professores ou representantes diplomáticos, eram considerados agentes revolucionários perigosos ou, ao menos, elementos ameaçadores à ordem social.[254] Sobretudo após a pacificação, em 1814, houve um grande fluxo de franceses para o Brasil. Eles tinham um perfil socioprofissional variado, compreendendo costureiras, modistas, professoras, governantas e artistas, estes últimos vindos em missão, sob a chefia de Joaquim Lebreton, que fora secretário da classe de belas-artes da Academia da França. Entre esses artistas, figuraram o pintor Jean-Baptiste Debret, o arquiteto Grandjean de Montigny e o pintor Nicolas-Antoine Taunay (Schwarcz, 2011:231-235). Debret e os demais artistas franceses, filiados ao neoclassicismo, contratados em 1815 e chegados em 1816, produziram uma "arte estatal, patriótica e preocupada em vincular os feitos dos monarcas aos ganhos do passado clássico idealizado. Alocados diretamente a serviço do Estado, não tinham pruridos em mostrar engajamento e paixão política" (Schwarcz, 2002:312). Eles foram responsáveis por várias obras urbanísticas e monumentos, seguindo preceitos neoclássicos, ao mesmo tempo que criavam um espaço de festa na Corte e, mais do que isso, construíam uma "série de miragens, um amontoado de fachadas que tentavam driblar a distância existente entre representação e realidade" (ibid., p. 313).

Debret envolveu-se na construção de cenários — uma verdadeira arquitetura efêmera, composta por arcos triunfais, obeliscos, iluminações etc. — para a aclamação de d. João VI, em 6 de fevereiro de 1818, que tinha como objetivos centrais demonstrar, de um lado, "o peso político da parte brasileira no interior do império" e, de outro, "a ascendência do próprio Rio de Janeiro sobre as demais" partes (Neves, 2011:88). No Terreiro do Paço, foi construída uma suntuosa varanda, desenhada pelo arquiteto João da Silva Moniz e dirigida pelo barão do Rio Seco, ocupando toda a frente do Convento do Carmo até a capela real; foram levantados, no centro da

---

[253] Ver: Abrantes (2008:78); Brandão (1919:30); IANTT-IGP, livro 3, 1791, p. 192; IANTT-IGP, livro 3, 1792, p. 276v-277, 284v.
[254] IANTT-IGP, livro 3, 1791, p. 207-208v; IANTT-IGP, livro 4, 1794, p. 110-111, 112-112v, 141-141v, 144v-147, 157-158, 162v-165, 172-173, 214-215v; IANTT-IGP, livro 6, 1799, p. 31v-32.

praça, um obelisco de falso granito e, ao longo do cais, um arco do triunfo, ambos desenhados por Grandjean de Montigny e Jean-Baptiste Debret. O Senado da Câmara edificou, no mesmo sítio, um templo de Minerva. Para a comemoração da aclamação, o Campo de Santana foi iluminado com 65 mil luzes e ornamentado, vendo-se ali torres, estátuas, uma cascata artificial, um palacete chinês, duas alas de pirâmide e um teatro (Silva, 2010:254; Schwarcz, 2002:324). Para reter a multidão, fez-se uma distribuição de refrescos e doces, enquanto a alguns privilegiados, numa sala ricamente ornada, ofereceu-se um *dessert* "em suntuosas baixelas de ouro e de prata". Ocorrendo cerca de um ano após a Revolução Pernambucana de 1817, a cerimônia, realizada num espaço em que intervenções efêmeras redesenhavam a cidade, "precisaria ser a mais pomposa de todas, como se sua plena realização afastasse para sempre o vento impetuoso da rebeldia e assegurasse o prestígio da monarquia, tudo de uma vez só". E a festa, como a descreveu o padre Perereca, contou com o regozijo do público, que reconhecia o seu novo rei "entre lenços brancos, lágrimas, aplausos, vivas, salvas de canhão, fogos de artifício e bandas" (Schwarcz, 2002:324-326).

Figura 11. *Aclamação de dom João VI*, de Jean-Baptiste Debret. A cerimônia da Aclamação e o próprio quadro de Debret exprimem o esforço no sentido de engrandecer a imagem da monarquia portuguesa então sediada nos trópicos

Fonte: Debret (1993).

As festividades da aclamação de d. João VI não se deram apenas no Rio de Janeiro, ocorrendo também em diversas outras partes do Brasil. José Carlos Barreiro, a partir de relatos dos viajantes Spix e Martius e das anotações do memorialista Joaquim Felício dos Santos, reconstituiu os festejos organizados no Arraial do Tejuco, atual Diamantina, em Minas Gerais, em 1818. Tais festejos visaram à afirmação do prestígio do rei e, ao mesmo tempo, das elites regionais brasileiras, mesclando tradições europeias de corte e culturas locais, envolvendo até mesmo a participação de negros, com suas congadas (Barreiro, 2012:375-376). No Tejuco, viram-se "estátuas e retratos do próprio rei, a representação de várias divindades, a impressão de folhetos e pinturas de panos de cena, ajudando a compor as narrativas das tragicomédias apresentadas"; roteiristas, pintores e coreógrafos colaboraram nos festejos, misturando palavras, imagens e ações (ibid., p. 379). Segundo a descrição feita por Spix e Martius, nas janelas do palacete de Ferreira da Câmara, foram "distribuídos quadros com dísticos explicativos, em latim, de divindades que representavam o *despotismo*, a *aristocracia*, a *democracia*, a *anarquia*, a *justiça*, a *clemência*, o *reino unido*, o *casamento* e o *amor conjugal*" (Barreiro, 2012:377, grifos no original). Com tais quadros, veiculavam-se formas de governo com as quais Portugal se identificava e outras, contrariamente, que eram abominadas. Nessa última categoria, enquadravam-se o *despotismo* (representado por um austero muçulmano, que portava em uma de suas mãos um cetro de ferro e tinha a seus pés aquele a quem submetia com brutalidade),[255] a *democracia* (simbolizada por uma jovem donzela, ladeada por um monstro, que trazia a seus pés cobras e víboras e, acima, a *razão* em fuga) e a *anarquia* (representada pela fúria, que tinha sobre a cabeça a paz a fugir, a seu lado, as searas em chamas e, abaixo, as belas letras em ruína). A *justiça*, por sua vez, aparecia como uma balança e trazia uma espada que se cravava no monstro da insurreição, "castigando assim a perigosa liberdade de falar e seduzir, que tanto mal fazia aos governos estabelecidos" (Barreiro, 2012:377-378). Portanto, os festejos do Tejuco, mais do que reiterar a ordem régia e social, comportaram representações que consagravam princípios caros à monarquia portuguesa — a justiça e a condenação ao despotismo —, reatualizando-os, de tal sorte a esconjurar os perigos emergentes na passagem do século XVIII para o século XIX: a

---

[255] Isto era certamente uma tópica. Tomás Antônio Gonzaga, por exemplo, igualmente em Minas Gerais, também tomou Mafoma como modelo de tirania, em suas *Cartas chilenas* (Gonzaga, 1996:896).

autonomia intelectual e política dos súditos, que se transformavam em cidadãos, no sentido moderno do termo, e a insurgência correlata contra o Antigo Regime, brandindo os fantasmas da democracia e da anarquia.

Outro grande festejo deu-se anteriormente à aclamação, quando da chegada da princesa Leopoldina ao Rio de Janeiro, casada com o príncipe d. Pedro, em Viena, por procuração, aos 13 de maio de 1817. Por causa da Revolução Pernambucana, a vinda da princesa foi adiada, realizando-se, assim, em 5 de novembro de 1817. Antes da chegada da princesa e de seu casamento presencial no dia 6 de novembro, foram celebradas missas, com repiques de sinos, salvas de artilharia e ações de graças. Para seu desembarque, foram organizados os preparativos e deram-se determinações para que as casas tivessem suas janelas ornadas e as ruas por onde ela passaria fossem limpas. Maquiou-se a cidade para recebê-la, tendo Grandjean de Montigny erguido um arco do triunfo em frente à igreja de Santa Cruz dos Militares: "um conjunto de mastros, sustentando guirlandas de flores e medalhões com atributos da princesa, entrelaçados de folhagens" (Schwarcz, 2002:328). Como seria feito na aclamação, os festejos apelavam para a criação de "prédios falsos", isto é, "para estruturas que se desfaziam", efêmeras, segundo parâmetros de um "'urbanismo patriótico' herdado do modelo francês" (ibid., p. 329).

Esses festejos e o modo de conduzi-los, ou melhor, de encená-los, guardam semelhanças com as intervenções de Diogo Inácio Pina Manique, intendente-geral de polícia em Lisboa no tempo do reinado de d. Maria I e no início da regência de d. João, não podendo ser vistos apenas como simples reproduções do que se passava na França. Numa oportunidade, ele estimulou d. Maria I a perdoar os direitos sobre o pescado salgado que lhe deveriam pagar os pescadores portugueses, que, em agradecimento, a esperaram quando ela voltava com a família real, por via marítima, das Caldas da Rainha, formando no Tejo, próximo à praça do Comércio:

> duas alas com as suas embarcações, cujo número passava de seiscentas, todas embandeiradas, com instrumentos de vento, zabumbas, timbais [sic] e gaitas de foles, acompanhados das suas mulheres e filhos, dando vivas e lançando fogo do ar, [...] chegando todo o corpo diplomático, que acudiu ao cais, a chorar de ternura, por ver a lealdade daqueles vassalos agradecidos e firmes no amor aos seus soberanos.[256]

---

[256] IANTT-IGP, livro 5, 1798, p. 188v-189.

Já iniciada a Revolução Francesa e com o príncipe regente doente, Manique foi muito mais diretivo, atuando quase como um autêntico produtor e diretor teatral, além de eficaz cooptador de público. Ele organizou uma manifestação da qual participaram oficiais dos órgãos superiores da monarquia, civis e eclesiásticos, membros do corpo diplomático, além "de todos os pobres, de um e outro sexo, dos quais se ajuntaram [...] mais de quatro mil", que foram contemplados com um banquete "em mesas armadas em um bosque artificial com quinhentos talheres, que por oito vezes se renovaram". Aos pobres, ainda, fez-se a distribuição de esmolas. Para a afluência de público popular, concorreu a concessão de estímulos materiais prévios, dados a pobres e presos, de tal sorte que uns e outros acorreram "ao Paço cheios de alegria, de ternura e de amor" e, então, deram vivas à monarquia e, assim, fizeram que os estrangeiros vissem "que os povos portugueses estavam atacados e firmes na lealdade ao seu príncipe, naquele mesmo tempo em que principiava a abortar a infelicidade da França",[257] isto é, a Revolução Francesa. Como bem percebeu Kirsten Schultz, as autoridades portuguesas, na passagem do século XVIII para o século XIX, investiram num discurso político em que se apropriavam da história, de tal sorte a exaltar e a reforçar a lealdade dos vassalos em relação ao soberano, enquanto as forças que se lhe opunham, partidárias do constitucionalismo, celebravam o governo contratual e exaltavam o surgimento do "público", ao qual opunham os "interesses estreitos e privados associados ao absolutismo" (Schultz, 2006:140). Pina Manique, em Lisboa, ao final do século XVIII, ressalte-se, embora não estivesse a se apropriar da história passada, estava a responder às convulsões históricas do seu próprio tempo, contrapondo-lhes a fidelidade, encenada, dos vassalos lusitanos ao seu príncipe.

Na altura dos festejos da aclamação de d. João VI, em 1818, porém, os "recursos teatrais da realeza já não faziam tanto efeito como outrora" (Schwarcz, 2002:321), ainda que a festa não deixasse dúvida sobre o propósito que a orientava, isto é, exaltar o soberano e engrandecer a monarquia. Jean-Baptiste Debret, por sua vez, no quadro *Aclamação de dom João VI*, mostra ter-se guiado por motivo similar, não se furtando a fazer as adaptações necessárias para que a realidade se aproximasse dos imperativos da representação e da defesa da monarquia. Com efeito, ele afirmou: "A fim de não perder, *na medida do possível*, o meu caráter de pintor da história, vali-me do antigo cerimonial dos

---

[257] IANTT-IGP, livro 5, 1798, p. 190.

reis de Portugal para representar d. João VI em uniforme real" (Debret apud Alencastro, 2001:143, grifos meus). Quando da preparação da publicação da *Viagem pitoresca*, de Debret, o destino da monarquia brasileira parecia incerto, em meio às turbulências do período regencial, situação em que "a inscrição das cerimônias imperiais e dos monumentos fundadores da instituição imperial", na obra em questão,

> assume um caráter pedagógico, de propaganda política em favor do único governo monarquista da América, de apoio ao representante ameaçado do "sistema europeu" num continente de países dotados de governos republicanos encarnando o "sistema americano" [Alencastro, 2001:143].

Debret acreditava que "os rituais de fundação do império funcionariam como instrumento para o aprendizado de um *modus vivendi* no processo de 'regeneração' da sociedade dos trópicos" e, por conseguinte, suas pinturas apontam para uma "espécie de pedagogia civilizatória" (Silva, 2011:34-35).

Não se deve, de modo algum, usar essa conotação política pró-monárquica para desmerecer o impacto dos artistas franceses, uma vez que eles foram responsáveis pela constituição de um imenso repertório iconográfico, em grande parte indissociável das representações que temos sobre o período colonial e o império emergente. Não se detendo exclusivamente nas representações construídas pelos artistas franceses em questão, mas, sim, sobre o amplo universo iconográfico que os europeus construíram sobre a América Portuguesa, em suas viagens ou a partir delas, Ana Maria de Moraes Belluzo explica que essas representações contêm "versões e não fatos", oferecendo-nos, portanto, "uma história dos pontos de vista, de distâncias entre observações, de triangulações do olhar", registrando "uma possível memória do passado colonial" (Belluzo, 1999:13). Trata-se, sobretudo, de imagens que fazem parte da construção da identidade europeia, indicando os modos como as culturas olham as outras, "como imaginam semelhanças e diferenças, como conformam o mesmo e o outro" (ibid.). Todavia são introjetadas "como imagens do Brasil, contribuindo para formar nossa dimensão inconsciente" (ibid.) — são, fazendo empréstimo de uma categoria utilizada por Elias Thomé Saliba, "ícones canônicos", "imagens-padrão ligadas a conceito-chaves de nossa vida social e intelectual", e, por conseguinte, tornam-se "pontos de referência inconscientes, sendo, portanto, decisivas em seus efeitos subliminares de identificação coletiva" (Saliba, 1999:437).

As inovações culturais e educacionais

D. João investiu em iniciativas culturais e educacionais, que, em boa parte, se inseriam num projeto maior de *civilizar* o Rio de Janeiro, permitindo a instalação na cidade de uma Corte nos moldes europeus, além de se glorificar e buscar adeptos para a monarquia. Entre fevereiro e novembro de 1808, criara, na Bahia, a Escola Médico-Cirúrgica, idealizada e instalada pelo dr. José Corrêa Picanço, professor jubilado da Universidade de Coimbra (Souza, 2008:161-163); no Rio, criou a Real Academia dos Guarda-Marinhas (transferida de Lisboa) e a Escola Anatômica, Cirúrgica e Médica. Entre 1810 e 1812, promoveu a instalação, no Rio de Janeiro, da Academia de Artilharia e Fortificações, da Real Academia Militar (que não era restrita aos militares e onde se tinha uma formação em matemática, em "observações" físicas, químicas, mineralógicas e de história natural, e em ciência militar, com destaque para tática e fortificação) e de um laboratório químico; na Bahia, instalou um curso de agricultura.[258] O Plano de Estudos de Cirurgia, da Escola Anatômica, Cirúrgica e Médica, tal como a reforma pombalina do curso de Medicina da Universidade de Coimbra, de 1772, tinha clara inspiração nas ideias do médico português, cristão-novo, Antônio Ribeiro Sanches. Este último propugnava uma medicina filosófica, cujo fundamento maior era considerar que Deus plantara nos homens o anseio da conservação da vida e de seu prolongamento pela posteridade, uma lei natural que não poderia ser desobedecida nem pela religião revelada nem pela religião natural (Araújo, 2000b:4-7). Para formar futuros médicos em afinidade com suas concepções, Ribeiro Sanches propunha, de um lado, o estudo da filosofia (aqui envolvendo lógica, dialética, filosofia racional, filosofia moral, física geral e experimental, história, geografia e cronologia), da matemática (aritmética, álgebra, geometria e trigonometria), da botânica, da química, da anatomia, da farmácia e da cirurgia prática. De outro lado, considerava que a frequência dos estudantes aos hospitais, em companhia dos seus mestres, era indispensável desde o início do curso (Sanches, 1959:44-46). O hospital se convertia, assim, num campo de aprendizagens práticas, de observação de doenças. Sanches, ademais, preconizava outros recursos com os quais os estudantes aprendessem pela observação e experimentação: o teatro anatômico, o jardim botânico, a botica ou farmácia

---

[258] Ver: Vinhosa (2000:351); Silva (1978:157-163); Cavalcanti (2004:99).

(Sanches, 1959:39; Araújo, 2000b:9). Ao final dessa formação, propunha o estudo da história da medicina e dos *Aforismos* e *Instituições* de Boerhaave, que fora mestre de Sanches (Sanches, 1959:67-68; Araújo, 2000b:9).

Em congruência com essas ideias de Sanches, o conde de Aguiar, aos 18 de março de 1813, expôs a Manoel Luiz Álvares de Carvalho, diretor dos estudos médicos e cirúrgicos no Rio de Janeiro, as linhas gerais que orientavam o príncipe regente na criação do Curso de Cirurgia na nova sede da Corte e, ao mesmo tempo, o plano de estudo elaborado por José Joaquim Carneiro de Campos, oficial maior da Secretaria de Estado dos Negócios do Brasil, de que ele, Aguiar, era o titular.[259] A concepção do príncipe, primeiramente, unia medicina e cirurgia, que até as reformas pombalinas achavam-se separadas, ambas as quais deveriam estar vinculadas à filosofia (isto é, na compreensão de então, à filosofia estrito senso e, sobretudo, às ciências naturais). Assim, afirmava que, no entendimento do soberano, "o Curso de Cirurgia, [...] faz parte do de medicina, que se propõe estabelecer neste Estado do Brasil com os estudos completos de filosofia, para colher os preciosos frutos de tão úteis e necessárias disciplinas, em vantagem comum dos seus fiéis vassalos". Além disso, apresentava aquele liame entre a formação médico-cirúrgica e os hospitais, tal como propugnado por Ribeiro Sanches, identificando as instituições hospitalares que poderiam servir ao novo curso, de modo provisório e definitivo: "acabada a casa, que no Hospital da Santa Casa da Misericórdia tem [o príncipe] mandado preparar para as aulas do referido curso, se passem logo para ela as cadeiras, que atualmente se acham no Hospital Militar e nelas façam os lentes as suas lições".[260]

Para as lições do Curso de Cirurgia, anexava-se o supracitado plano de estudos, que previa um curso com duração de cinco anos, exames públicos para todas as cadeiras e, a partir do segundo ano, todos os meses, sabatinas e dissertações de língua portuguesa. Para serem matriculados no primeiro ano, os alunos deveriam "saber ler e escrever corretamente", sendo desejável também que entendessem as línguas francesa e inglesa, podendo-se esperar "pelo exame da primeira até a primeira matrícula do segundo ano, e pelo da inglesa, até o do terceiro". No primeiro ano, far-se-ia o estudo de "anatomia em geral até o fim de setembro e, deste tempo até seis de dezembro, [...] [de] química

---

[259] Sobre críticas a esse plano, conhecido como regulamento do "Bom será", veja: Souza (2008:179).

[260] AN-RJ, RAO, livro 5, 1812-1813, p. 161V-162.

farmacêutica e o conhecimento de gêneros necessários à matéria médica e cirúrgica, sem aplicações", o que se repetiria no segundo ano. Além disso, desde o primeiro ano os alunos assistiriam diariamente, no início da manhã, ao "curativo" e, em seguida, até as 10 horas da manhã, e depois à tarde, se fosse necessário, teriam lições de anatomia. Essas lições seriam repetidas no segundo ano, "com a explicação das entranhas e das mais partes necessárias à vida humana, isto é, a fisiologia". Havia, contudo, um pré-requisito para o estudante matricular-se no segundo ano e, implicitamente, no primeiro: saber latim ou geometria, "sinal que o seu espírito está acostumado a estudos", sem o que não se poderia "presumir que tenha os conhecimentos necessários para o exame das matérias do primeiro ano". No terceiro ano, das quatro às seis da tarde, haveria lições de higiene, etiologia e patologia terapêutica. Do terceiro ao quinto ano, haveria feriados apenas nas aulas, mas não nas enfermarias, exceto se não houvesse "operação de importância a que" todos devessem assistir; portanto, a vivência em hospital sofreria poucas interrupções nesses anos do curso. No quarto ano, os alunos estudariam instituições cirúrgicas, havendo operações das sete horas até as oito e meia da manhã e, além disso, às quatro da tarde, lições e prática da arte obstétrica. Já no quinto ano, pela manhã, das nove até as 11, haveria prática de medicina e, à tarde, depois das cinco, as lições de instituições cirúrgicas e, ainda, de obstetrícia. Concluído o quinto ano, depois de aprovação em exame, o aluno receberia "carta de aprovado em cirurgia". Em congruência com os princípios e valores estamentais e, mais ainda, ecoando a hierarquização entre cirurgia e medicina, que beneficiava a última, estabeleciam-se os seguintes privilégios para os formados em cirurgia:

> 1º. Preferirão em todos os partidos aos que não têm condecoração; 2º. Poderão, por virtude das suas cartas, curar todas as enfermidades aonde não houver médicos; 3º. Serão desde logo membros do Colégio Cirúrgico e opositores às cadeiras destas escolas e das que se hão de se estabelecer nas cidades da Bahia e Maranhão, e em Portugal; 4º. Poderão, todos aqueles que se enriquecerem de princípios e prática a ponto de fazerem os exames que aos médicos se determinam, chegar a ter a formatura e o grau de doutor em medicina.[261]

---

[261] Ibid., p. 162-163. No curso de cirurgia estabelecido na Bahia, observavam-se princípios similares aos defendidos no referido plano de estudos, como a conjugação da teoria e prática (a ser desenvolvida no Hospital Real da referida cidade), a exigência de que o praticante tivesse conhecimento prévio da língua francesa e a realização de dissecações anatômicas de cadáveres (Souza, 2008:162-164).

Entre as inovações trazidas com a transferência da Corte para o Rio de Janeiro, está o Jardim Botânico, aberto ao público em 1819. Inspirando-se no Jardim Botânico do Palácio da Ajuda, de Lisboa — de que foi diretor Brotero, botânico de grande renome, considerado o "Lineu português", professor da Universidade de Coimbra de 1791 até 1811, onde também dirigiu o Jardim Botânico (Carvalho, 1872:288-290; Abrantes, 2008:81) —, o Horto Botânico do Rio de Janeiro aclimatava especiarias e plantas de origem "exótica", como o cravo-da-índia, a pimenta-do-reino, a cana-caiana, a fruta-pão, a fruta-do-conde, mangueiras etc. Das Antilhas, veio a palmeira-real (Schwarcz, 2011:219). Devem ser destacadas, ainda, a criação da Real Biblioteca (aberta ao público em outubro de 1810), do Teatro Real de São João, em imitação ao Teatro de São Carlos, de Lisboa (cuja construção, decidida em 1810 e devendo-se dar sem dispêndio das rendas públicas ou fixação de alguma nova contribuição, mas, sim, por cotas de ações, incentivos fiscais e doações, foi realizada por Fernando José de Almeida e inaugurada em 1813), e, com a vinda dos artistas franceses em 1815, da Academia de Belas-Artes, aberta aos 12 de agosto de 1816.[262]

A introdução da imprensa, com a Impressão Régia — instituída aos 13 de maio de 1808 e de onde sairia, a partir de 10 de setembro do mesmo ano, a *Gazeta do Rio de Janeiro* — também é um feito memorável. Os prelos da Impressão Régia tinham sido encomendados à Inglaterra por d. Antônio de Araújo de Azevedo, quando ainda em Lisboa e então secretário dos Negócios Estrangeiros e da Guerra. Com a chegada da Corte ao Rio de Janeiro, Araújo foi destituído do cargo, sendo substituído por d. Rodrigo de Souza Coutinho (Schwarcz, 2002:245-246; Souza, 2007:37). O objetivo primordial da Impressão Régia "era atender à necessidade de divulgar as medidas do governo instalado no Rio de Janeiro, como atos legislativos e papéis diplomáticos, originários de toda e qualquer repartição do serviço real". Porém, "seu decreto de criação previa, também, a impressão de todas e quaisquer obras, na ausência de outra tipografia". Desse modo, multiplicou-se, paulatinamente, o oferecimento de livros, acessíveis anteriormente no Brasil apenas a partir da importação (Neves e Villalta, 2008:10). Como salienta Márcia Abreu, com o estabelecimento da Impressão Régia, além de se tornar possível imprimir livros no Brasil, houve um incremento no comércio livreiro entre os dois lados

---

[262] Ver: Cavalcanti (2004:178); Vinhosa (2000:351); Silva (1978:73-74); Martins (2008:2); Neves e Neves (2003:72); Schwarcz (2002:256).

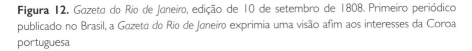

Figura 12. *Gazeta do Rio de Janeiro*, edição de 10 de setembro de 1808. Primeiro periódico publicado no Brasil, a *Gazeta do Rio de Janeiro* exprimia uma visão afim aos interesses da Coroa portuguesa

Fonte: A América portuguesa nas colecções da Biblioteca Nacional de Portugal e da Biblioteca da Ajuda (2008).

do Atlântico lusitano, uma vez que se deu o envio de obras publicadas no Rio de Janeiro para serem comercializadas em Lisboa (Abreu, 2008:107-108). Houve uma dinamização também do comércio livreiro na colônia, sobretudo no Rio de Janeiro, onde o número de lojas dedicadas essencialmente à venda de livros aumentou sensivelmente. Saltou-se de dois livreiros, em 1813, para 11, em 1821-22, havendo igual cifra de estabelecimentos que vendiam livros entre outras mercadorias (Neves e Villalta, 2008:13).[263]

A Impressão Régia deteve o monopólio da impressão no Rio de Janeiro até 1821, quando outras tipografias foram instaladas na cidade. Além de livros dos mais variados assuntos (de agricultura, comércio, medicina, ciências naturais, matemática, história, economia, política, filosofia, teatro, romance, oratória sacra, poesia, literatura infantil etc.), sob o estímulo inicial do funcionamento de novos estabelecimentos de ensino no Rio, ela publicou folhetos, cartas de jogar (cujo monopólio de impressão conquistou em 1811), calendários eclesiásticos, almanaques e prospectos. A referida casa impressora, cuidava da publicação de documentos e livros da administração régia e também de materiais de particulares, que, tudo indica, pagavam pela impressão (Souza, 2007:44-45). No início da década de 1810, contudo, a Impressão Régia concentrou-se na publicação de panfletos antinapoleônicos e que afirmassem as posições e as alianças do governo português (Schultz, 2006:137). Em 1815, passou a denominar-se Régia Oficina Tipográfica e, em 1818, Tipografia Real, tendo publicado cerca de 1.429 documentos oficiais e 720 títulos até 1822 (Camargo, 1993:xv; Schwarcz, 2011:213). Desses títulos, nove, com certeza, eram livros de prosa de ficção (isto é, romances), cifra sobre a qual os estudiosos vêm debatendo há certo tempo.[264]

Entre os romances publicados, figurou *Paulo e Virgínia: história fundada em factos traduzida em vulgar* (1811), de Bernardin de Saint-Pierre, editado originalmente em francês em 1787-88,[265] cuja trama tem correlações com situações do Antigo Regime português e, particularmente, com impasses e contradições da sociedade colonial, sendo, por isso mesmo, merecedor de uma breve análi-

---

[263] Ao que parece, o número de livreiros — isto é, vendedores de livros e impressos — que se dedicavam com exclusividade ou não ao esse comércio era maior, chegando a 13 entre 1754 e 1805, segundo Nireu Cavalcanti (2004:147).
[264] Cf. Silva (1978:205-214); Prado (1999:119-149); Souza (2007:71-72).
[265] Há uma discussão sobre o gênero do livro, se ele seria um romance ou um escrito pastoral (Racault, 1999:16-19).

se. Opondo o mundo europeu do Antigo Regime francês ao universo colonial, materializado na ilha de França — depois de 1810, com a conquista inglesa, rebatizada como ilha Maurícia (Racault, 1999:39) —, o romance narra a história de duas mulheres, Madame La Tour, nobre oriunda da Normandia, e Margarida, da Bretanha, mães, respectivamente, de Virgínia e Paulo, que abandonam a metrópole rumo ao ultramar. A primeira casara à revelia da família, que rejeitara o sr. de La Tour por ele não ser nobre, indo com o marido para ilha, onde enviuvara. A segunda, Margarida, filha de camponeses, fora ludibriada por um fidalgo, que lhe roubara a honra, engravidando-a. Madame La Tour e Margarida, oriundas de estratos sociais tão distintos, tornam-se grandes amigas, repartem suas propriedades, reservam seus filhos para o casamento um com o outro, vivendo todos em grande amizade. Os meninos, ademais, afeiçoam-se. Para a beleza desse cenário, concorrem o trabalho, a relação harmoniosa das senhoras, seus filhos e seus escravos, e, ainda, uma educação assentada no contato com a natureza. Toda essa situação é perturbada quando Virgínia, por exigência de uma tia, avaliação de sua mãe e de seu confessor, bem como por recomendação do governador da ilha, parte para a França, onde enfrenta mil padecimentos e de onde volta, morrendo num naufrágio. Assim, ela não logra reencontrar seu grande amor, Paulo, que pela tristeza gerada pela morte da amada, também morre. Em meio a essas histórias, *Paulo e Virgínia* discute questões diversas, criticando o ordenamento e os valores sociais aristocráticos (a desigualdade de direitos, a concentração de riqueza, as barreiras à ascensão social, a opressão da mulher, o preconceito contra o trabalho manual, a precária situação dos letrados e a ânsia pela distinção) e as práticas educativas do Antigo Regime, louvando a natureza, a vida no campo e, ainda, o trabalho manual. Não se posiciona de forma peremptória contra a escravidão, resumindo-se a condenar os maus-tratos e a propugnar uma relação senhor-escravo sem hostilidades. "Sem romper com o cristianismo, faz críticas explícitas à subordinação cega à autoridade sacerdotal; fia-se no Evangelho e numa imagem de Deus que quase se confunde com a natureza" (Neves e Villalta, 2008:37-53). Pelas críticas que faz à sociedade do Antigo Regime e pela perspectiva que traz sobre as práticas educativas e a religião, o romance tem afinidades com ideias de Jean-Jacques Rousseau, vivamente condenado pela censura portuguesa.

Essa perspectiva crítica do romance — que o filia à utopia nova, aquela das "pequenas sociedades", cujos modelos podem ser encontrados na comunidade reagrupada, presente no jardim do *Cândido* (1759), de Voltaire e no quadro do domínio de Clarens, da *Nova Heloísa*, de Jean-Jacques Rousseau (Racault, 1999:36) — e sua ambiguidade em relação à escravidão guardam algumas claras afinidades com os alvos e as contradições dos que se colocaram contra o Antigo Regime no mundo luso-brasileiro. Como analisado nos dois primeiros capítulos deste livro, os que se opuseram ao Antigo Regime, no Brasil e em Portugal na passagem do século XVIII para o XIX, caracterizaram-se, entre outras coisas, pela crítica à desigualdade de direitos, aos valores aristocráticos, ao poderio excessivo do clero e da Igreja católica, por terem dificuldades em rejeitar a escravidão como instituição e, em sua maioria, por estarem longe de louvar o trabalho manual. A edição de *Paulo e Virgínia* pela Impressão Régia do Rio de Janeiro, portanto, pode ser vista como emblemática do movimento de corrosão do Antigo Regime luso-brasileiro, em suas contradições, em meio às quais a escravidão e o repúdio ao trabalho sobreviveram.

O primeiro periódico brasileiro, a *Gazeta do Rio de Janeiro*, cuja edição inaugural saiu aos 10 de setembro de 1808, também foi publicado pela Impressão Régia (Becho, 2009:70). Antes dele, saiu a primeira edição do *Correio Braziliense*, publicado em Londres por Hipólito José da Costa, natural da Colônia do Sacramento, atual Uruguai, por alguns considerado o "primeiro periódico brasileiro" (Lustosa, 2003:14). Entre 1813 e 1814, além disso, a Impressão Régia publicou também a revista *O Patriota*, voltada mais para temáticas culturais, discutindo literatura e ciência. Nos anos 1821-1822, saíram vários outros jornais — *O Bem da Ordem* (1821), *O Conciliador do Reino Unido* (1821), *Diario do Rio de Janeiro* (1821-22), *O Espelho* (1821-22), *Jornal de Annuncios* (1821), *Sabatina Familiar de Amigos do Bem-Commum* (1821-22), *Compilador Constitucional* (1822), *O Regulador Brasilico-Luso* (1822) e *Reverbero Constitucional Fluminense* (1822) —, exprimindo a efervescência aberta com a Revolução do Porto de 1820 (Camargo, 1993:XIV).

Redigida pelo frade Tibúrcio José da Rocha, oficial da Secretaria dos Negócios Estrangeiros e da Guerra, a *Gazeta do Rio de Janeiro* inicialmente era semanal e, a partir do seu segundo número, saía duas vezes por semana. Seguindo como padrão a *Gazeta de Lisboa* e as demais gazetas das cortes do Antigo Regime, continha textos traduzidos de jornais estrangeiros, reprodução de atos oficiais e elogios à família real, demonstrando clara parcialidade, o que não escapava da percepção dos contemporâneos (Becho, 2009:65; Schwarcz, 2011:213-214). Enquanto nas primeiras edições havia uma coluna única de textos, depois de 1811, o jornal passou a ter duas, acompanhando o perfil dos jornais europeus que lhe serviam de modelo. Em termos de volume, o número médio de edições, entre 1808 e 1821, foi de 104-105 exemplares anuais, sendo exceções os anos de 1808, que teve apenas 32, e 1821, em que houve 130. Além disso, houve edições extraordinárias, que traziam notícias julgadas importantes pelos editores (Becho, 2009:71). A *Gazeta do Rio de Janeiro*, inserindo-se e atuando em meio ao já referido processo de "interiorização da metrópole", que colocava as províncias do Norte numa situação de subordinação e espoliação, a partir da Revolução Pernambucana de 1817, sob o pretexto de demonstrar que o rei se preocupava com aquelas regiões, passou a veicular mais notícias sobre elas (ibid., p. 62).

A *Gazeta do Rio de Janeiro* e também o *Correio Braziliense* — editado em Londres, inicialmente não proibido no Brasil, por sua posição contrária a Napoleão, e que exaltava o modelo político inglês (Silva, 2008:38-39)[266] —, ademais, tornaram-se "os principais jornais que circulavam na nova capital do império e em suas demais regiões". Ambos contribuiriam muito para conformar-se um "espaço da crítica no interior daquela sociedade", pois "se constituiriam em objeto para discussões e debates, especialmente sobre as questões externas e as decisões internas do governo de d. João VI" (Becho, 2009:61-62). A esses periódicos, somaram-se *O Patriota*, periódico científico editado no Rio de Janeiro pela Impressão Régia entre 1813 e 1814,[267] e outros em língua portuguesa publicados em Londres: *O Portuguez* (publicado em duas fases, de 1814 a 1822 e de 1823 a 1826) e o *Campião ou Amigo do Rey e do Povo*, ambos proibidos (Schultz, 2006:135).[268] É bom lembrar, contudo, que antes dos periódicos referidos, havia no Brasil a leitura de jornais europeus, de que são exemplos a *Gazeta de Lisboa*, referida pelos inconfidentes de

---

[266] Sem entrar na controvérsia sobre o suborno recebido por seu editor, através de d. Domingos de Souza Coutinho (ministro luso na Inglaterra), materializado na compra de 500 assinaturas do jornal pela Coroa, cumpre dizer que o *Correio Braziliense* teve uma primeira proibição de circulação parcial baixada pelo governador do Rio Grande do Sul em 6 de dezembro de 1810, aprovada pelo governo em 16 de fevereiro de 1811. Em 17 de setembro de 1811, essa proibição foi generalizada para todo o Reino. Em junho de 1811, a Coroa resolveu enfrentar o *Correio Braziliense* de outra forma: subsidiando o lançamento, em Londres, de outro periódico em língua portuguesa, o *Investigador Português em Inglaterra*, que sobreviveria até fevereiro de 1819 (Rizzini, 1988:360-362). Na mesma capital, o governo português investiu na publicação de panfletos favoráveis à Coroa e contrários a Napoleão Bonaparte (Schultz, 2006:138).
[267] Sobre este periódico, veja Kury (2007).
[268] Segundo a autora, *O Portuguez* foi abolido entre 1814 e 1826.

Minas Gerais, o *Correio de Londres*, o *Mercúrio* (francês) e o *Correio da Europa*, manuseados pelos acusados da Inconfidência do Rio de Janeiro (1794), entre eles Mariano José Pereira da Fonseca, futuro marquês de Maricá (Villalta, 2000:65, 82). Depois da vinda da Corte, como se depreende da correspondência do português Luiz Joaquim dos Santos Marrocos, bibliotecário da Real Biblioteca, ao lado da leitura de gazetas europeias, verificou-se a circulação de jornais sul-americanos de Montevidéu e Buenos Aires (Becho, 2009:68), como se deu com Manoel Aniceto Padilha, que, em julho de 1810, solicitava a entrega de livros de sua propriedade que se encontravam presos na alfândega do Rio de Janeiro, entre eles: "El 12º volume del *Mercurio Peruano*", "*Gazetas de España*" e "*Gazetas de Buenos Ayres* del tiempo que los ingleses se hallaban en Tha R lasa [*sic*]".[269]

A atividade censória, inicialmente, coube à Junta Diretora da Impressão Régia. Porém, ainda em 1808, ela passou para o Desembargo do Paço (Neves e Bessone, 1989:113-114). Cumpre lembrar que, no mundo português, com a Carta de Lei de 17 de dezembro de 1794, fora abolida a Real Mesa da Comissão Geral para o Exame e a Censura de Livros e reintroduzido o sistema censório constituído por três órgãos: o Desembargo do Paço, a Inquisição e os tribunais eclesiásticos. O Alvará de 30 de julho de 1795, que estabelecera regras para o funcionamento do sistema tríplice, além de novos critérios para censurar os livros, concedia autorização para imprimirem-se papéis (listas de contratos, de fazendas, de navios; os editais e semelhantes papéis dos tribunais e Juntas do Reino e domínios), sem censura prévia, devendo os mesmos papéis oficiais, para tanto, trazer as assinaturas dos respectivos ministros. Tais papéis trariam estampado, já quando publicados, o seguinte registro: "Com a licença de Sua Majestade" (Villalta, 2011:164-165). Publicações que se davam dessa maneira, isto é, "Por ordem de Sua Majestade" — e que contrastavam com as que tinham sido submetidas à censura do Desembargo do Paço, que recebiam as indicações "'Com licença de S.A.R.', 'Com licença', 'Com licença da Mesa do Desembargo do Paço'" —, foram frequentes após a transferência da Corte para o Brasil.

Segundo Simone Cristina Mendonça de Souza, na Impressão Régia do Rio de Janeiro, "pedidos de impressão enviados pelo governo eram publicados

---

[269] AN-RJ, RAO, livro 7, 1814, [s.p.]. Agradeço à Márcia Abreu pela gentil cessão dessa transcrição documental.

com a seguinte indicação no rodapé da página de rosto: 'Por ordem de Sua Alteza Real', 'Por ordem de Sua Majestade' ou 'Por ordem superior'" (Souza, 2007:41). Em alguns casos, subentende-se que os originais não haviam sido submetidos ao crivo prévio do Desembargo do Paço; noutros, há dúvidas; e, por fim, há aqueles em que, pelo contrário, registra-se que uma licença tinha sido concedida para a impressão. Nessa última situação parece ter-se enquadrado "o argumento [...] do novo baile, intitulado *Adélia, ou a selvagem*", ao qual o príncipe foi "servido conceder licença, para que na Impressão Régia" se pudesse imprimir "à custa do Real Teatro de São João".[270] Na segunda categoria, provavelmente esteve a tradução "do drama intitulado *A virtude em prova*, que se ha[veria] de se apresentar no Real Teatro de São João", em relação ao qual d. João ordenou "que, na Impressão Régia e à custa de Fernando José d'Almeida, se" imprimisse.[271] Na primeira categoria, certamente se enquadraram textos de particulares que atendiam aos interesses políticos da Coroa, como sucedeu com o de autoria de Manoel da Silva Porto e José Pedro Fernandes. Segundo d. Tomás Vila Nova Portugal, ministro de d. João, informou ao diretor-presidente da Junta Diretora da Impressão Régia aos 12 de julho de 1817, José Pedro e Manoel da Silva Porto queriam imprimir, "à sua custa, nessa régia oficina, os *Elogios*,[272] que compuseram congratulando-se ao mesmo senhor pela restauração de Pernambuco", isto é, pela derrota da Revolução Pernambucana de 1817. O então rei d. João tinha interesse na referida impressão e, por isso, passava ordem para que a Junta da Régia Tipografia assim executasse.[273] O desenvolvimento das atividades de impressão exigiu medidas miúdas, como a registrada por d. Rodrigo de Souza Coutinho, em carta de próprio punho ao conde de Aguiar, datada 14 de setembro de 1810: "sendo necessários seis cadilhos, nº 30, para se fundirem umas panelas de ferro para a fundição das letras da Impressão Régia", o ministro solicitava ao seu colega de

---

[270] AN-RJ, RAO, livro 6, 1813, p. 131v.
[271] AN-RJ, RAO, livro 6, 1814, p. 190. A partir da consulta à *Bibliografia da Impressão Régia do Rio de Janeiro*, organizada por Ana Maria de Almeida Camargo e Rubens Borba de Moraes (1993), conclui-se que nem *Adélia, ou a selvagem* nem *A virtude em prova* foram publicados.
[272] Trata-se de: "Elogios em applauso da faustissima victotia [*sic*] das armas portuguezas contra os rebeldes em Pernambuco, e do preciozo nome do muito alto, e poderozo senhor d. João VI. Rei do Reino Unido de Portugal, Brazil, e Algarves, compostos, e offerecidos ao mesmo Senhor. Por seu fiel, e obediente vassallo José Pedro Fernandes. Rio de Janeiro. Na Impressão Régia: 1817. *Por Ordem de S. M.*" (Camargo e Moraes, 1993:186, v. 2, grifos meus).
[273] AN-RJ, RAO, livro 10, 1817, fl. 33.

ministério que ordenasse ao provedor da moeda que entregasse aquelas peças a José Bernardes de Castro, diretor da Impressão Régia.[274]

O desenvolvimento de atividades de impressão no Brasil não fez cessar a vinda de livros publicados em Portugal e, ademais, abriu a possibilidade para a entrada de publicações diretamente de outros países, sem a intermediação portuguesa. Na verdade, a entrada de livros sofreu um incremento enorme com o estabelecimento da Corte no Brasil. Ao que parece, a circulação livreira, desde sempre marcada pelo contrabando e pela presença de livros proibidos, em algumas circunstâncias "apimentou-se" um pouco mais, acompanhando-se até mesmo de objetos de outra natureza. Se em Lisboa, o intendente Pina Manique, em 1794, identificava a circulação de livros cheios de estampas indecentes, em que figuravam clérigos em ações torpes com mulheres[275] e, ainda, em 1788, destruía bonequinhos de cera que retratavam clérigos em situações luxuriosas, que o filho de Pantaleão José Laroche tentara introduzir no Reino,[276] no Rio de Janeiro, nos inícios de 1809, o conde de Aguiar ordenava a José Antonio Ribeiro Freire que mandasse "queimar os saquinhos de peles finas e as estampas e livrinhos indecentes que existem nessa alfândega",[277] isto é, respectivamente, protopreservativos, imagens e livros obscenos. Como em Lisboa, no Rio, autoridades diplomáticas estrangeiras intervinham quando livros de sua propriedade ou de seus protegidos eram retidos na alfândega. Em 17 de novembro de 1811, por exemplo, o conde de Aguiar escrevia ao conde das Galveias sobre os livros do dr. Lean, chegado do Cabo da Boa Esperança. Galveias, acionado por lorde Strangford, solicitara ao conde de Aguiar a liberação dos livros, que se achavam retidos na alfândega do Rio de Janeiro. Em resposta, o conde de Aguiar dizia que expedira ordem ao juiz da alfândega para liberá-los e, ao mesmo tempo, esclarecia que os livros só saíam da alfândega após receberem despacho nesse sentido passado pelo Desembargo do Paço ou aviso dado pela Secretaria de Estado (ministério) por ele dirigida.[278]

Outra iniciativa importante da administração joanina foi a criação da Real Biblioteca, aberta ao público em 1814, tornada, em 1822, Biblioteca Imperial e, em 1876, Biblioteca Nacional. Seu acervo, tratado como ícone do poder

---

[274] AN-RJ, RAO, livro 3, 1810, doc. 72.
[275] IANTT-IGP, livro 4, 1794, p. 164-165.
[276] IANTT-IGP, livro 3, 1778, p. 229-230v.
[277] AN-RJ, RAO, livro 1, 1809, p. 236.
[278] AN-RJ, RAO, livro 5, 1811, p. 91-91v.

monárquico, era enciclopédico, contendo obras proibidas de pensadores ilustrados, documentos raros, incunábulos, gravuras, mapas, moedas, partituras e "toda sorte de material para a formação dos príncipes". A instituição, nos idos da Independência, converteu-se, "rapidamente, numa espécie de espelho e demonstração": a biblioteca mostrava que "o Brasil, recém-independente, possuía a melhor biblioteca do Novo Mundo e quiçá um exemplo para o Velho Continente [...] Quase como adereço, prova de erudição"; por sua manutenção no Rio de Janeiro, foi paga à Coroa portuguesa uma indenização no valor de 800.000.000 réis (Schwarcz, 2002:412, 2011:220). A Biblioteca Real tinha origem na Biblioteca dos Reis Portugueses, destruída pelo sismo ocorrido em Lisboa em 1755 e reconstruída depois como parte do esforço da Coroa no sentido de imprimir novos rumos a Portugal. Ela foi trazida do Palácio da Ajuda, em Lisboa, ao Rio de Janeiro, após a chegada da Corte, apenas em 1810-1811, em levas sucessivas, uma vez que, na confusão do embarque da família real em fins de 1807, os caixotes de livros, documentos, gravuras e outras preciosidades que compunham seu acervo ficaram esquecidos no porto, debaixo de sol e chuva (Schwarcz, 2002:262). Em princípios de 1810, antes que uma nova invasão francesa chegasse a Portugal, a biblioteca começou a ser transferida secretamente para o Rio, numa primeira leva, que trazia também manuscritos estratégicos da Coroa (que voltariam para Portugal em 1821) e "uma coleção de 6 mil códices que se achavam em um arquivo reservado na Livraria do Paço das Necessidades, em Lisboa", ao que se seguiu uma segunda remessa, que deixou Lisboa em março de 1811, e uma terceira, ocorrida em setembro do mesmo ano, em que se traziam os últimos 87 caixotes de livros (ibid., p. 266-268, 283). Ela se instalou em salas do andar superior do Hospital da Ordem Terceira do Carmo, perto do Paço Real, aos fundos da igreja da mesma ordem situada na rua Direita, atual 1º de Março. Já em fins de 1812, o espaço tornou-se pequeno e, no ano seguinte, começaram obras para que a Real Biblioteca passasse também a ocupar o andar térreo, vindo a tomar todo o prédio. A instituição ficou sob os cuidados de frei Gregório José Viegas e frei Joaquim Dâmaso, nomeados seus "prefeitos" e incumbidos, respectivamente, de administrá-la e de arranjar e organizar seu acervo.

Em outubro de 1811, ainda em meio à arrumação, a Real Biblioteca já era acessível aos estudiosos, mas, tudo indica, era então pequeno o trabalho de atendimento a leitores, até mesmo da família real: entre janeiro de 1811 e abril de 1813, cerca de 20 livros foram retirados para uso dos infantes (ibid., p.

275). Nas retiradas de livros para os príncipes d. Pedro, d. Miguel e d. Francisca, identificam-se títulos que versam sobre história profana, história sagrada e belas letras. Deve-se destacar a presença de livros em francês, de obras para uso de crianças, textos bíblicos (entre eles, uma tradução de Antônio Pereira de Figueiredo), de um livro de matemática (do grande matemático português José Anastácio da Cunha, perseguido pela Inquisição em 1778), livros de belas letras (com destaque para Metastásio), de hagiografia (*Flos Sanctorum*) e de história profana: de história antiga, com Tito Lívio, e de Portugal, de autores como Lafitau e o conde da Ericeira, com sua *História do Portugal restaurado* (1679), obra que parecia ser canônica entre as elites letradas e administrativas luso-brasileiras. Pode-se conjecturar que tais retiradas se dessem por influência ou ordem dos tutores dos príncipes, o que se confirma num dos casos. Percebe-se que a educação dos príncipes envolvia o aprendizado e uso da língua francesa, o mesmo se dando com a língua castelhana, embora em menor grau (citam-se gazetas espanholas ou hispano-americanas, que não são mencionadas como retiradas pelos príncipes, mas registradas como "lembranças", tal como se dá com outras obras, que saíram explicitamente da Impressão Régia para a biblioteca). A história, sagrada e profana, tinha um lugar especial, certamente na linha da "história mestra da vida". Pode-se supor que alguns textos tinham uso em aulas de retórica, destinando-se à formação dos infantes no que se refere ao domínio das regras de composição escrita. Outro aspecto é a presença de textos que continham notícias de acontecimentos contemporâneos, marcadamente das gazetas, e também sobre a cavalaria, em ambos os casos uma necessidade, considerando-se que os infantes eram membros da nobreza e futuros governantes. Um dos livros retirados, a pedido do visconde de Vila Nova da Rainha, sem que seja possível saber se era para sua leitura, *De la verité, ou Méditations sur les moyens de parvenir à la vérite dans toutes les connaissances humaines*, de J. P. Brissot de Warville, estava na classe dos proibidos em Portugal desde 1783.[279] D. João, o príncipe regente, também pediu livros emprestados da Real Biblioteca. Em 23 de outubro de 1812, solicitou a Dâmaso, por intermédio do conde de Aguiar, que lhe fosse enviado o *Altas* de Robert, que lá se encontrava.[280]

---

[279] BN-RJ. Lembrança dos livros que têm saído desta livraria, 1811-1813, [s.p.].
[280] AN-RJ, RAO, livro 5, 1812, p. 79.

O acervo da Real Biblioteca veio enriquecer-se com a incorporação de impressos e manuscritos originários de outras bibliotecas, pertencentes a particulares, recebidos em doação — como seu deu, em 1811, com os livros do frei José Mariano da Conceição Veloso, que se envolvera em atividades editoriais em Lisboa, em parceria com d. Rodrigo de Souza Coutinho, entre elas a Oficina do Arco do Cego, que funcionou entre 1799 e 1801; talvez, em 1815, com a biblioteca do poeta e professor régio Manuel Inácio da Silva Alvarenga, morto em 1814;[281] e, ainda, em 1824, com a biblioteca de Francisco de Mello Franco, médico mineiro denunciado por heresia e libertinagem à Inquisição de Coimbra em 1779 e cujos livros foram catalogados em Lisboa em 1815[282] —, além de livros doados por "benfeitores" como o marquês de Marialva, Tomás Antônio de Vilanova Portugal e Francisco Borja Garção Stockler. A partir de 1812, além disso, à Real Biblioteca passou a ser encaminhado um exemplar de todas as obras saídas de tipografias de Portugal e do Brasil (Schwarcz, 2002:282-283). O acervo pertencente ao frei José Mariano da Conceição Veloso, conforme se constata em documento encaminhado a um de seus prefeitos, Joaquim Dâmaso, datado de 1813, compreendia "cinco caixões: um com obras impressas e quatro com 1.272 chapas" oriundas da Casa do Arco do Cego, já referida.[283] Além da inclusão de obras de bibliotecas e livros doados por particulares, tudo indica, a Real Biblioteca enriqueceu-se também com livros de instituições régias. Em janeiro de 1814, o marquês de Aguiar ordenou a Joaquim Dâmaso, em

---

[281] A dúvida sobre a incorporação dos livros de Silva Alvarenga vem de um documento expedido pelo marquês de Aguiar para Luiz Joaquim Duque Estrada Furtado de Mendonça, em 1º de abril de 1815, em que se lhe é comunicado "não ser da real intenção comprá-los para os incorporar na sua real biblioteca", motivo pelo qual se lhe dava a ordem para que não mais recolhesse os mesmos livros, que tinham sido vendidos a diversas pessoas, situação que tornava o negócio muito confuso (AN-RJ, RAO, livro 7, 1815, p. 177-177v). Agradeço à Márcia Abreu pela cessão da transcrição deste documento.

[282] No catálogo, os livros foram agrupados nas seguintes categorias: "medicina", "filosofia natural", "belas letras" e "livros clássicos". A maior parte dos livros, como se poderia imaginar, era constituída por obras de medicina. Vários livros eram clássicos da literatura libertina, filosófica e de ficção, todos eles proibidos pela censura portuguesa ao final do período colonial, tais como: *Système de la nature*, do barão de Holbach; *Histoire philosophique et politique*, de Raynal; *Erotika biblion*, de Mirabeau; e *Les bijoux indiscrets* e *La Réligieuse*, ambos romances de Diderot (BN-RJ. Catálogo dos livros do senhor doutor Francisco de Mello Franco, Lisboa, 1815; Recibo de pagamento pela compra feita pela Biblioteca Nacional aos filhos de dr. Francisco de Mello, da livraria deste, 1824).

[283] AN-RJ, RAO, livro 6, 1813, p. 8-8v.

nome de d. João, que recebesse do coronel Joaquim Inácio Moreira Dias "para serem colocados na sua Real Biblioteca os livros e os manuscritos que se acha[va]m na Casa dos Instrumentos de Física", com exceção de dois livros.[284] No mesmo ano de 1814, o mesmo marquês de Aguiar deu ordem para Dâmaso incorporar dois caixões de obras impressas em Portugal entre 1803 e 1812, que estavam na Mesa do Desembargo do Paço "a título de propinas", isto é, que ali tinham ido parar pela obrigação de se lhe enviar um exemplar de todas as obras publicadas no Reino.[285]

A provisão de cargos de professor régio, desde 1794 sob a incumbência de bispos e governadores das capitanias (Fernandes, 1994:85; Avellar, 1983:334--335), passou a ganhar novos procedimentos. Aos 27 de janeiro de 1809, d. João remeteu ao Desembargo do Paço um decreto, do dia 17 do mesmo mês, em que o autorizava a confirmar os provimentos dos professores régios, que, em conformidade com a Carta Régia de 19 de agosto e o aviso de 3 de setembro de 1799, tinham sido expedidos pelos bispos e governadores das capitanias do Brasil. Ao mesmo tempo, dava ao referido tribunal a faculdade "de prover as cadeiras que vagarem nesta Corte e capitania" do Rio de Janeiro. Também aos 27 de janeiro de 1809, o príncipe deferiu a requerimentos apresentados por professores régios, que pediam confirmação dos provimentos feitos por bispos, governadores e capitães generais.[286] Portanto, depreende-se que, na cidade e capitania do Rio de Janeiro, as nomeações dos professores régios passaram para o controle direto do Desembargo do Paço e que, nas outras capitanias, governadores e bispos continuariam a fazê-las, sem que se excluísse uma interferência final do soberano. Em fins de 1822, contudo, já com a Independência do Brasil declarada, mas ainda não reconhecida por Portugal, os procedimentos parecem ter mudado. Assim, por exemplo, José Bonifácio de Andrada e Silva, em nome do imperador, aos 22 de novembro de 1822, escreveu ao bispo de Mariana para que este desse seu parecer sobre o pedido do padre Emereciano Máximo de Azeredo Coutinho para ficar com a cadeira de gramática latina em Vila Rica.[287]

---

[284] AN-RJ, RAO, livro 6, 1814, p. 154.
[285] Ibid., p. 171v.
[286] AN-RJ, RAO, livro 1, 1809, p. 200-200v.
[287] AN-RJ, RAO, livro 19, 1821-1822, p. 1.

Figura 13. *Prédio da Câmara e cadeia*, em Mariana. Única cidade de Minas Gerais, Mariana, sede de Bispado, fora capital da Capitania de São Paulo e Minas d'Ouro

Foto do autor.

A transferência da Corte para o Rio de Janeiro, em suma, provocou profundas transformações no Brasil, não apenas nos campos econômico e político, mas também no social e no cultural. A cooptação das elites locais, sem romper de todo com a hierarquia entre a alta nobreza, nobres de menor grandeza e nobilitados, somou-se a modificações demográficas e urbanas no Rio de Janeiro, tendo em vista sua transformação em Corte. Expandido, com ruas mais aformoseadas, abrigando órgãos da administração régia superior outrora só existentes em Lisboa, o Rio também se transformou num cenário em que a glória da monarquia e a submissão dos vassalos eram teatralizadas. Com vida educacional e cultural intensificada pela criação de escolas, laboratórios, museus etc., a cidade teve sua vida intelectual enriquecida também com a instalação da Impressão Régia e a publicação do periódico *Gazeta do Rio de Janeiro*. A esfera pública muito incipiente de fins do século XVIII tornou-se mais vivaz com a ampliação dos impressos em circulação — inclusive com os periódicos em língua portuguesa publicados em Londres, fora do Império português (Schultz, 2006:135) — e com a constituição de novos espaços de sociabilidade e debate, ainda que pairassem os grilhões do absolutismo. Desse modo, com a transferência da Corte, o Antigo Regime português no Brasil, de um lado, soçobrou e, de outro, reiterou seus mecanismos. O monopólio se rompeu, mas a dependência mudou de sentido: o Rio substituiu Lisboa. A preeminência aristocrática, o poderio do clero e da Igreja, o "capitalismo comercial" (isto é, uma economia em que as atividades comerciais desempenham papel importante no processo de acumulação), a importância das atividades econômicas voltadas para o exterior não se viram abalados. Segundo Hipólito José da Costa, o editor do *Correio Braziliense*, um "povo que se conduz como um rebanho [...] é sempre incapaz de cousas grandes", entretanto, quando "os homens raciocinam por si, quando têm a faculdade e a oportunidade de julgar os negócios públicos, adquirem a energia de espírito que os faz aspirar à fama e a fazerem, para a obter, os serviços prestados" (Hipólito José da Costa apud Schultz, 2006:136) — e talvez, justamente pelos limites à difusão da autonomia intelectual e política e, mais ainda, pela sobrevivência da ânsia de distinção na sociedade brasileira da época, expressa no supracitado desejo de alcançar a "fama", as transformações estimuladas pela transferência da Corte tenham-se mostrado menores diante das permanências.

Capítulo 6

Os estertores do Antigo Regime: revoluções, partida do rei e Independência

Na verdade custa a conceber como se poderá conservar uma Monarquia no Brasil, faltando-lhe o poderoso apoio daquele Exército, e dos seus súditos europeus; e quando a esta diminuição de força se unem as circunstâncias de estar o Brasil na impossibilidade de formar imediatamente outro Exército, que possa suprir aquele; o achar-se a Monarquia neste caso privada da aliança, e auxílio das Potências Europeias, que não podem ter influência nos habitantes de um Reino tão distante, rodeado de povos revolucionários, contendo em si uma povação heterogênea de todas as Nações, de todas as cores, sendo a branca a mais escassa, e finalmente achando-se o País minado de sociedades secretas, que de inteligência com os de Portugal, e dos outros países, trabalham incessantemente na dissolução da Monarquia.

(D. José Luís de Souza, embaixador em Londres, em carta ao ministro Tomás Antônio Vilanova Portugal, 07 de janeiro de 1821, apud Barata, 2006:194).

Se acaso os meus patrícios se esquecendo do que devem à mãe pátria, onde têm seus pais, seus parentes e seus libertadores, quebrassem o juramento que deram... eu seria o primeiro a requerer contra eles como perjuros e embarcar, sendo preciso, para ir obrigá-los a entrar nos seus primeiros deveres.

(Francisco Vilela Barbosa, deputado às Cortes pela província do Rio de Janeiro, 7 de dezembro de 1821 apud Tavares, 1973:82).

Aos 16 de dezembro de 1815, d. João elevou o Brasil à condição de Reino Unido a Portugal e Algarves — medida para a qual concorreu Talleyrand, ministro do exterior francês já citado — respondendo em parte às exigências do Congresso de Viena — que determinou que nenhum soberano europeu pudesse permanecer em colônias — e, talvez, levando em consideração as aspirações dos habitantes locais. Com isso, o Brasil alçou-se simbolicamente a uma posição de igualdade em relação a Portugal.[288]

O fato de o Brasil ter abandonado o estatuto econômico de colônia em 1808 e, de modo político e simbólico, em 1815, com sua elevação a Reino Unido, contudo, não significou que a monarquia bragantina encontraria sossego dos dois lados do Atlântico. Em Portugal, havia ressentimento pela inversão da relação com o Brasil e, igualmente, pela ausência do príncipe e pela sujeição ao controle militar inglês. Ainda nos primeiros tempos do domínio das tropas de Junot, nos inícios de 1808, quando diversos membros do clero, da nobreza e das categorias mais elevadas do "povo" alinhavam-se aos dominadores e procuravam aproximar-se de Napoleão Bonaparte, rogando-lhe a indicação de um rei, uma Junta dos Três Estados reuniu-se em maio de 1808. Junot, duque de Abrantes, almejava tornar-se El-Rei e esperava que a reunião da referida Junta nutrisse suas ambições. Ao juiz do povo, como informado em capítulo anterior, o tanoeiro José de Abreu Campos, foi dado um papel para que lesse diante dos demais. Esse papel, pelo qual se rogava a Bonaparte a nomeação de um rei para Portugal, continha a defesa de uma série de princípios que seriam compartilhados, parcial ou integralmente, pela tentativa (abortada) de insurreição liderada por Gomes Freire em solo português e pela Revolução de Pernambuco, ambas de 1817, e, também, pela Revolução do Porto, de 1820. Exceto a defesa da monarquia constitucional, recusada pela Revolução Pernambucana, os demais princípios eram comuns aos três movimentos: a adoção de uma Constituição; a igualdade jurídica; a liberdade de imprensa; a liberdade religiosa, acompanhada da instituição do catolicismo como religião oficial; a divisão dos poderes em Executivo, Legislativo e Judiciário; e a concessão de direito de representação às colônias (Brandão, 1919:257-259). Entretanto, os rumos tomados pela Revolução do Porto, de 1820, ou mais precisamente as direções dadas aos trabalhos das Cortes constituintes de Lisboa a partir de setembro de 1821, alimentaram desencontros entre os deputados de Portugal e boa parte da representação das províncias do Brasil, com o que as palavras de Francisco Vilela Barbosa (Monteiro, 1981:390), que servem como uma das epígrafes a este capítulo, caíram no vazio, pois os seus "patrícios" se esqueceram dos débitos com a "pátria mãe" e se tornaram "perjuros". Diante

---

[288] Ver: Lima (1996:335); Cunha (1985:149); Neves (2011:80).

dessa situação, além disso, os desafios vaticinados por d. José Luiz de Souza, embaixador português em Londres, tornar-se-iam realidade.

O fardo da Corte, as identidades coletivas e a Revolução Pernambucana

No Brasil, após a euforia inicial com a vinda da Corte, como já se mostrou neste livro, verificaram-se oposições, sobretudo do Norte, porque as capitanias perceberam que eram objeto de lembrança apenas por ocasião do lançamento de novos impostos (Neves, 2011:82), cuja fixação não resolveu as crises na arrecadação e os constantes déficits do período joanino, pois, se as rendas saltaram de 2.258.172.499 réis, em 1808, para 9.715.628.699 réis, em 1820, as despesas foram orçadas em 2.297.904.099 réis, em 1808, e 9.771.110.875, em 1820 (Vinhosa, 2000:355).[289] Essas oposições, por sua vez, não significavam que, às vésperas de 1822, o Brasil estivesse já formado, fosse como Estado, fosse como nação, no sentido moderno do termo, isto é, como "uma comunidade politicamente imaginada — e que é imaginada, ao mesmo tempo, como intrinsecamente limitada e soberana".[290] Ainda que a conquista da

---

[289] Entre 1808 e 1810, estabeleceram-se vários impostos internos, que permaneceram em vigor durante todo o período imperial: décima urbana (1808-1809); imposto do selo do papel (existente desde 1801, mas melhor regulamentado em 1809-1810); sisa, imposto de transmissão de propriedade, no valor de 10% (1810); 5% sobre o comércio de escravos ladinos; a décima das heranças e legados, com variação de 10% a 20% (1809); e o imposto do banco (1813-1814), destinado a financiar o Banco do Brasil, de 12.000 réis anuais, aplicados sobre lojas de comércio e de artesanato (Costa, 2003:171-174), compreendendo também taxas sobre vendas de barcas, jangadas e veículos de quatro rodas. A vila de Recife, que não tinha iluminação pública, era obrigada a pagar uma taxa para a iluminação da Corte. Esses novos impostos, no geral, atingiam as mais diversas camadas da população, enquanto alguns deles oneravam os mais pobres. Estima-se que parcela considerável da renda local era transferida para a Corte (ao que parece, cerca de 35%, no caso de Pernambuco). Na percepção de muitos, em Pernambuco e capitanias vizinhas, a instalação da Corte representava uma carga (Bernardes, 2003:230). Tanto foi assim que, aos 9 de março de 1817, o governo provisório instalado pela Revolução Pernambucana, decidiu "abolir *certos impostos modernos*, de manifesta injustiça e opressão para o povo, sem vantagem nenhuma da nação" (Mendonça, 1817:CXII, grifos meus).
[290] *Comunidade*, porque mesmo sendo marcada por desigualdades, a nação imagina-se como uma "agremiação horizontal e profunda". *Imaginada*, na medida em que os membros de uma nação (mesmo a menor) não conhecem ou ouvem falar dos outros membros: a ideia de comunhão existe apenas na mente de cada um. *Limitada*, porque mesmo as maiores nações têm fronteiras finitas, ainda que elásticas: nenhuma nação imagina confundir-se com a humanidade. Por fim, *soberana*, na medida em que o conceito nasceu com o Iluminismo e a Revolução, que

Independência do Brasil ou das partes que o constituíam fosse algo quase inexorável, deve-se lembrar que uma identidade "brasileira", base para a edificação da comunidade nacional, estava ainda em formação e, ao mesmo tempo, defrontava-se com identidades locais e com a identidade portuguesa, às vezes de modo tenso, para o que concorreram transformações assinaladas por Maria Odila Leite Dias, decorrentes da "interiorização da metrópole", a que já me referi anteriormente. Nessa época, os colonos reconheciam-se como paulistas, baianos, pernambucanos e, ao mesmo tempo, entendiam que "ser paulista, pernambucano ou baiano significava ser português, ainda que se tratasse de uma forma diferenciada de sê-lo", isto é, ser português da América.[291]

D. João mostrava-se atento à construção de uma identidade *brasileira* em oposição à *portuguesa*. A Inconfidência Mineira de 1788-89, embora não tenha se inserido num processo cumulativo de ruptura dos laços entre Brasil e Portugal, nem manifestado consciência nacional brasileira, envolveu a percepção de que ser *mazombo* — ou seja, ser descendente de europeu natural da colônia — implicava certos percalços, o que serviu de justificava às pretensões de poder dos próprios conjurados. Ao mesmo tempo, conduziu à compreensão de que *mazombos* e reinóis compartilhavam de uma rede de interesses, sociabilidades, além de mostrar que tais sujeitos bebiam das mesmas fontes intelectuais. Logo, as identidades sublinhadas não eram conflitantes a ponto de definirem uma ruptura clara com a identidade portuguesa mais geral (Jancsó e Pimenta, 2000:136-137).[292] O soberano não pareceu alheio a essas transformações identitárias, agindo com prudência diante de suas manifestações, procurando calá-las e, ao mesmo tempo, cooptar seus protagonistas em potencial. Assim, por sua ordem, em 1811, o conde de Aguiar, secretário de Estado dos Negócios do Brasil, determinou a Paulo Fernandes Viana, intendente-geral de polícia do Rio de Janeiro, que repreendesse "mui asperamente no real nome" a José Joaquim Martins Zimblão, o qual usara de "expressão falsa e atrevida" em uma súplica que lhe encaminhara, afirmando "que não e[ra] a falta de capacidade e inteligência que o inib[ia] de ter sido já despa-

---

destruíram a legitimidade do reino dinástico hierárquico e de ordem divina: as nações anseiam por ser livres (Anderson, 2005:25).

[291] Jancsó e Pimenta (2000:136-137).

[292] Sobre as identidades coletivas entre os inconfidentes de Minas Gerais, veja: Stumpf (2001:145-1980); Villalta e Becho (2007). Recortando as fontes de modos diferentes e nelas analisando categorias e marcas identitárias só em partes comuns, esses estudos trazem teses afins, apenas num ou noutro ponto conflitantes.

chado, mas uma certa *antipatia a tudo que se diz brasileiro*". Contrapondo-se à visão do "brasileiro" Zimblão, o conde de Aguiar afirmava que o suplicante esquecia-se "inteiramente das graças que os naturais do Brasil têm recebido em todos os tempos do trono e das infinitas mercês que Sua Alteza Real tem por eles distribuído".[293] A contestação, contudo, não necessariamente nascia de uma oposição entre "brasileiros" e "portugueses", nem assumia um caráter tomado abertamente como revolucionário, de que é exemplo Vitorino José de Almeida Truão, conforme juízo do referido conde de Aguiar. Ele estava preso na ilha das Cobras, por ser

> um falador imprudente e descometido, proferindo proposições absurdas e destituídas de todo o devido respeito e acatamento, inculcando-se até por francês, quando na realidade o não é, bem que se não mostre que fizesse isso por espírito revolucionário, suposta a sua falta de talentos e pobreza.[294]

De qualquer forma, o conde de Aguiar ordenou a Paulo Fernandes Viana, intendente-geral de polícia, aos 6 de fevereiro de 1811, que o degradasse para Angola, na primeira oportunidade que tivesse.[295]

Em 1817, já morta a rainha d. Maria I e estando d. João prestes a ser aclamado, o soberano veio a deparar-se não mais com um mero discurso de contestação e/ou que sublinhasse antagonismos entre "portugueses" e "brasileiros", mas com a Revolução Pernambucana, "a mais ousada e radical tentativa de enfrentamento até então vivida pela monarquia portuguesa em toda sua história", que eclodiu aos 6 de março de 1817 (Bernardes, 2001:163). Em resposta, d. João reprimiu-a severamente. Em maio do mesmo ano, em Lisboa, seria desbaratada uma conspiração, cujo principal mentor era o general Gomes Freire de Andrade, um movimento de cunho liberal e maçônico, cujo propósito era afastar os ingleses e os outros estrangeiros que controlavam Portugal, promovendo a "salvação" e a "Independência" do país, com a instalação de um governo monárquico constitucional (Neves, 2011:86).

A Revolução Pernambucana de 1817 anunciava percepções essenciais num processo de Independência de colônias, situação da América portuguesa, particularmente do Nordeste: o antagonismo entre *colonizados* e *colonizador*, per-

---

[293] AN-RJ, RAO, livro 3, 1810-1811, p. 175, grifos meus.
[294] Ibid., p. 131.
[295] Ibid.

sonificados respectivamente nas figuras do *brasileiro* (ou do *pernambucano*) e do *português* e a oposição entre colônia e metrópole. Em ordem do dia datada de 4 de março de 1817, dirigida às tropas e procurando impedir a eclosão de uma revolução, Caetano Pinto Montenegro, governador de Pernambuco, lembrava que "todos somos portugueses, todos vassalos do mesmo soberano, todos concidadãos do mesmo Reino Unido, e [...] nesta feliz união igualando e ligando com os mesmos laços sociais, os de um e outro continente" (Tavares, 1917:LXXXVI-LXXXVII). Já iniciada a revolução, o *Correio Braziliense*, publicado em Londres, considerando que ela se restringia a Pernambuco, Paraíba e Rio Grande do Norte, assim se pronunciava sobre suas motivações: "a causa próxima foi um rumor, que se levantou, sem o menor fundamento, de que havia entre os habitantes daquela cidade certa rivalidade e ódio dos portugueses europeus com os portugueses brasilianos" (Becho, 2009:142). A eclosão do movimento, de qualquer forma, está indissociavelmente ligada à constituição de uma incipiente esfera pública em Pernambuco, materializada nos laços políticos e de sociabilidade protagonizados pelos irmãos Cavalcanti de Albuquerque, também conhecidos como Suassuana, cuja casa foi um local de encontros e discussões, com a concorrência de gentes de diferentes ocupações (clérigos, militares, professores, médicos e advogados) e de várias localidades, do cabo de Santo Agostinho até o Rio Grande do Norte. Outros espaços constitutivos dessa esfera pública foram o seminário de Olinda, a biblioteca da Congregação do Oratório e a biblioteca do Hospital do Paraíso, criada pelo padre João Ribeiro e que funcionava como uma espécie de gabinete de leitura. Além disso, havia instituições maçônicas ou paramaçônicas:[296] em 1798, fundou-se o Areópago de Itambé (por Arruda Câmara);[297] em 1802, a Academia de Suassuna; depois, as academias do Paraíso, de Antônio Carlos de Andrada e Silva, a Escola Secreta, de Vicente Ferreira dos Guimarães Peixoto. Surgiram também as lojas Patriotismo, Pernambuco do Oriente e Pernambuco do Ocidente.[298] De fato, maçons — tais como Domingos José Martins, Antônio Gonçalves da Cruz (Cabugá, em cuja casa havia retratos de revolucionários franceses e ingleses nas paredes), Domingos Teotônio Jorge e Antônio Carlos Ribeiro de Andrada, que seria depois membro do Grande

---

[296] Sobre o assunto, ver Andrade (2012:117-122, 155-159, 264-265).
[297] Breno G. Andrade, seguindo José Gonçalves de Mello, põe em dúvida a existência do Areópago (Andrade, 2012:132).
[298] Ver: Barreto (1985:200); Machado (1917:XXIII-XXV); Tavares (1917:LXXXV).

Oriente brasileiro, no Rio de Janeiro (Costa, 1980: 86; Andrade, 2012:136-137) — atuaram no movimento de 1817.

Segundo Evaldo Cabral de Mello, na segunda década do século XIX, a maçonaria em Pernambuco, composta só por brasileiros, estava sob a influência inglesa, marcando-se por uma posição republicana, ao contrário do que se passava no Rio de Janeiro e em Lisboa, com as lojas Grande Oriente do Brasil (que seria criada em 1822, como se verá a seguir, a partir da Loja Comércio e Artes) e Grande Oriente de Lisboa, sob influência francesa, que eram adeptas da monarquia constitucional. Essa diferenciação teria dividido os envolvidos na revolução de 1817, pois, à época, os maçons de Pernambuco mantiveram os partidários da monarquia constitucional à margem da conspiração (Mello, 2002a:10-11). Breno Gontijo Andrade, por sua vez, em sua dissertação de mestrado sobre a cultura oral e escrita na revolução de 1817, considera exagerado o papel atribuído à maçonaria para a eclosão do movimento. O autor reúne elementos que confirmam que a constituição de uma incipiente esfera pública política em Pernambuco "acabou por unir vários homens em um projeto em comum: a busca de uma alternativa à monarquia absolutista dos Bragança" (Andrade, 2012:111-162, 137-138). Assim, formou-se "uma força que, através da opinião pública, expunha demandas de parte da sociedade e criticava o poder do Estado. Muitos foram os espaços de reunião para debates e questionamentos. Neles, a cultura escrita misturava-se à cultura oral, homens iam interpretando e reinterpretando, buscando alternativas para dilemas pessoais, mas também para problemas políticos e sociais de seu tempo" (ibid., p. 264). A Lei Orgânica, encaminhada pelo governo provisório de Pernambuco às câmaras, para vigorar enquanto não se aprovasse uma Constituição, apropriou-se das constituições francesas de 1791, 1793 e 1795, além da Constituição dos Estados Unidos da América, formulada em 1787 e ratificada em 1788. Ao mesmo tempo, reuniu aspectos originais, de que são exemplos o controle exercido pelo Executivo sobre os demais poderes; a tolerância religiosa, que se restringia apenas às religiões cristãs; e a facilidade concedida aos portugueses para se naturalizarem, em comparação com os outros estrangeiros (ibid., p. 222, 266). Exceto pela opção pela república, esses princípios, como já afirmei, guardam similaridades com os defendidos em um papel lido em reunião da Junta dos Três Estados, ocorrida em Lisboa em fins de maio de 1808.

A heterogeneidade do governo provisório pernambucano revelou-se na divisão de seus membros e apoiadores em relação ao futuro do trabalho escravo e à participação dos cativos na luta contra os realistas (contrarrevolucionários). Domingos José Martins, representante do comércio, abolicionista, era defensor do uso de cativos na guerra. Já Francisco de Paula, aristocrata rural, era contrário a essas medidas, temendo a repetição do sucedido no Haiti. Essa cisão da camada proprietária em relação à questão escrava enfraqueceu a república e fortaleceu os realistas. O governo provisório procurou minimizar a cisão com uma proclamação em defesa de uma abolição *lenta, regular e legal*. No entanto, isso não conseguiu, ao que parece, conter nem os temores dos aristocratas nem as "insolências" dos homens de cor. Nas ruas, relatou um português em carta à sua comadre, não se viam brancos, e os *patriotas* negros e mestiços abordavam com insolência os europeus, pedindo-lhes fumo. A "canalha e a ralé de todas as cores" pilhavam as propriedades dos senhores de engenho (Mota, 1972:59, 85, 98-100; Lima, 1996:501). Os escravos, além disso, aproveitaram-se da situação para dilatar a chamada "brecha camponesa", a situação dos escravos que eram autorizados por seus senhores a cultivar lotes de terra no interior da *plantation*, ficando com a produção respectiva para o seu consumo direto e/ou comercialização. Para "fechar" essa brecha que fora demasiadamente expandida, o governo provisório do Paraíba, em 9 de abril de 1817, atendendo às queixas dos lavradores de algodão prejudicados pelos furtos que lhes faziam seus cativos, definiu que:

> nenhum escravo reconhecido como tal possa vender algodão ou outro qualquer gênero de lavoura, ainda que o tenha de sua cultura, sem licença por escrito de seu senhor, e todo aquele em que, sem esta circunstância o comprar ao escravo alheio, seja tratado como se furtasse na lavoura de seu dono, devendo ser preso e remetido à cadeia desta cidade, donde não sairá sem indenizar o prejuízo que causou.[299]

Embora estivesse num diapasão mais alto que os inconfidentes de Minas, o governo revolucionário de Pernambuco não rompeu totalmente os laços entre "portugueses", "brasileiros" e "pernambucanos", assim se pronunciando numa de suas proclamações: "A pátria é a nossa mãe comum, vós sois seus filhos, sois descendentes dos valorosos lusos, sois portugueses, sois americanos, sois brasileiros, sois pernambucanos".[300] A percepção dessa combinação entre a

---

[299] DH, 1953, vol. CI, p. 96-97.
[300] Ibid., p. 14-16.

constituição de uma identidade específica, que transcendia a dada pela *pátria* — isto é, o local de nascimento ou vivência (no caso, Pernambuco) —, e uma identidade portuguesa maior, naquela conjuntura internacional de ebulição intelectual e política, indica os desafios enfrentados pela monarquia bragantina, que sobreviveria, no Brasil, à ruptura dos laços com Portugal. Em Pernambuco, a essa questão identitária, que delineava uma dissimulada dupla rejeição, ao elemento reinol e à Coroa, então sediada no Rio de Janeiro, somava-se a repulsa à administração monárquica que presidia o empreendimento *colonial* da "metrópole interiorizada", definida pelos grupos e interesses sediados no centro-sul do Brasil. Embaralhando as oposições entre *pernambucanos, brasileiros, portugueses* e, ao mesmo tempo, opondo-se aos esforços desenvolvidos por d. João para romper com a descentralização político-administrativa que imperara em todo o período colonial, passo essencial para a preservação do *Império luso-brasileiro* então sediado na América, os pernambucanos agiram como forças centrífugas, regionalizantes, que hostilizavam a hegemonia do Centro-Sul sobre o restante das possessões americanas de El-Rei. Contudo, os pernambucanos revolucionários deixavam a porta aberta para a incorporação, à República por eles instituída, do conjunto dos *brasileiros* e de parcela dos *portugueses*, afirmando suas afinidades com uns e outros, mas devotando inegável hostilidade em relação aos últimos, ocultada por motivos estratégicos. Os pernambucanos exigiam apenas de ambos, *portugueses* e *brasileiros*, a adesão à causa republicana, antitirânica, anticolonial, defensora da propriedade e da escravidão (Villalta, 2003:58-91). Como explicitava Antônio Gonçalves da Cruz, o Cabugá, em carta ao presidente dos Estados Unidos, datada de Washington, de 16 de junho de 1817, o governo de d. João frustrara a esperança de adoção de um "sistema de governo e uma administração liberal"; pelo contrário, esmerava-se em conter a "vontade geral por meio da força e da extorsão, persuadindo-se que o melhor meio de imperar e de subjugar povos era reduzindo-os ao ínfimo da pobreza e ignorância" (Neves, 2011:86). Ou seja, desde que se comprometessem a lutar contra o despotismo e se curvassem à "vontade geral", todos seriam bem-vindos.

Em consonância com essa perspectiva, os revolucionários de Pernambuco, ao mesmo tempo tomavam a "pátria" como a encarnação da vontade geral e tornavam o governo por eles instituído como seu quase sinônimo. Além disso, faziam apropriações da história pregressa totalmente congruentes com essa perspectiva. Nessas apropriações, a história funcionava como um espelho de duas faces idênticas: numa face, a pátria-governo provisório, o presente; noutra, o passado mais distante, do século XVII, de glórias, lutas e bravuras da *pátria*, momento em que se fez valer sua soberania diante do invasor holandês, não obstante isso se dar "a serviço de um tirano". Nesse espelho de duas faces, a monarquia aparecia como a sombra da tirania, inscrita já naquele passado; apresentava-se, portanto, como "antigo cativeiro", que embaçava a imagem da *pátria*. Reintegrando numa mesma unidade povo e governo, com a necessária eliminação do trono-Estado que a conspurcava, o governo provisório usou o passado para legitimar-se e, por sua vez, dizia fazer jus àquele mesmo passado, recuperando a "herança", por ele legada, de luta, glória e bravura, maculada pela monarquia. Isso tudo se vê no documento que o governo provisório dirigiu aos patriotas pernambucanos aos 15 de março de 1817, conclamando-os a escutar "as vozes da *pátria*, que fala ao vosso coração", e a engajar-se na luta para consumar a "grande obra da nossa Independência". Salienta-se, no documento referido, que os "grilhões do nosso antigo cativeiro estão quebrados, nós somos já livres e metidos de posse de nossos legítimos direitos sociais"; ao chamá-los a participar da luta, rememorou-se a guerra vitoriosa contra os holandeses, no século XVII:

> Filhos da pátria, herdeiros naturais da bravura e da glória dos Vieiras e dos Vidais, dos Dias e Camarões, vinde sem perda de tempo alistar-vos debaixo das bandeiras da nossa liberdade. Pais e mães de famílias, lançai mão da ocasião que se vos oferece de aproveitar os brios de vossos filhos, mandai-os para o campo da honra, e vós os vereis brevemente coroados pelas mãos da pátria dos mesmos louros que ganharam os heróis de Tabocas de Guararapes.[301]

Dirigiu-se também aos patriotas uma advertência, no sentido de que não desonrassem aquele passado de feitos dos "avós", malgrado essas glórias tenham sido "em serviço de um tirano":

> Mocidade de Pernambuco, não degenereis do caráter de vossos avós[;] se eles ficaram tão famosos, e honrados na memória dos séculos pelos feitos que obraram em serviço de um tirano, quanto mais o sereis vós, seguindo o seu exemplo na defesa de uma causa em que só se trata de nos dar a todos um novo ser, a alta

---

[301] DH, 1953, vol. CI, p. 27-28.

dignidade de um povo livre. Correi portanto a escrever os vossos nomes no quadro dos defensores da pátria, tomando cada um aquela arma que melhor se acomodar à sua inclinação.[302]

A contrarrevolução, significativamente, apropriava-se dos mesmos fatos do século XVII e citava nomes dos heróis consagrados de outrora, invertendo, porém, os sinais. Na primeira "Proclamação aos Habitantes de Pernambuco", feita aos 21 de março de 1817, o conde dos Arcos, governador da Bahia, afirmava "constar que o Teatro onde brilhava a fidelidade de Fernandes Vieira Camizão [sic], Henrique Dias, e outros, cujos nomes têm escrito na mesma linha dos heróis, está mudado em covil de monstros, infiéis e revoltosos"; considerava que, ao contrário disso, "a divisa dos baianos é — fidelidade — ao mais querido dos reis — e que cada soldado da Bahia será um Cipião" ao lado dos pernambucanos, "assim que tiver ordem para vingar a afronta perpetrada contra o soberano".[303] A revolução, sendo uma traição, na perspectiva do conde dos Arcos, negaria as ações heroicas do passado, conspurcava-o com a infidelidade, sendo seu reverso o soldado baiano, fiel à monarquia. A fidelidade era a liga passado-presente, era a imagem que se encontra no espelho de duas faces, enquanto a sombra encontra-se na traição revolucionária.[304] Essa oposição entre "lealdade" e "governo contratual", que marcou o embate entre as forças do Antigo Regime português e os revolucionários pernambucanos de 1817, portanto, está em congruência com o confronto mais geral percebido por Kirsten Schultz (2006:140) entre a Coroa e os constitucionalistas, na virada do século XVIII para o século XIX, congruência esta assinalada anteriormente.

A Revolução do Porto, de 1820

A Revolução Liberal do Porto, que eclodiu aos 24 de agosto de 1820, teve como ponto de partida uma sublevação militar e representou uma ruptura efetiva com as estruturas do Antigo Regime, levando à formação de uma Junta Provisional do Governo Supremo do Reino. Foi alimentada por agitações que tomavam conta da população portuguesa desde inícios de 1820

---

[302] DH, 1953, vol. CI, p. 28.
[303] Ibid., p. 40.
[304] Sobre esse assunto, ver Villalta (2003:58-91).

e preparada por uma sociedade secreta chamada Sinédrio, provavelmente uma instituição para-maçônica; segundo d. Pedro I, em carta dirigida a d. João VI aos 15 de julho de 1824, o movimento teria ocorrido em vingança à morte de Gomes Freire, enforcado em 1817 por sua insurreição constitucionalista (Barata, 2006:189-191,233). Em *Manifesto aos Portugueses*, datado de 24 de agosto de 1820, provavelmente de autoria do seu líder Manuel Fernandes Tomás, pedia-se uma Constituição, com a qual se alcançariam "na mais concertada harmonia os direitos do soberano e dos vassalos, fazendo da nação e do seu chefe uma só família em que todos trabalhavam para a felicidade geral" (apud Barata, 2006:190). O movimento, de fato, teve como propósito uma "regeneração" política, exigindo a convocação de Cortes, agora com caráter deliberativo, para se elaborar uma Constituição, tratar da volta de d. João VI para Portugal e do restabelecimento do lugar que se julgava merecido para a ex-metrópole no interior do Império português (Neves, 2011:88-89). Segundo Márcia Berbel, com a irrupção da revolta, a regência de Lisboa tentou convocar as Cortes tradicionais, formadas por representantes dos três Estados, clero, nobreza e povo. Os revoltosos liberais, porém, recusaram-se a aceitar tal saída, em função do que a regência estimulou a formação de Juntas regionais ainda em setembro de 1820. Liberais do Porto e outras regiões, aliando-se a setores tradicionais da nobreza portuguesa, formaram, então, a já citada Junta Provisória do Governo Supremo do Reino. Essas forças logo entraram em divergência em relação a questões fundamentais: o papel a ser atribuído às Cortes, os propósitos da soberania nacional, as relações da nação com o rei e a importância dos domínios coloniais. Aos 30 de outubro de 1820, o governo fixou as regras para a convocação das Cortes, que se referiam apenas ao Reino de Portugal. Pressões, contudo, levaram à fixação dos critérios estabelecidos pela Constituição de Cádiz, da Espanha, em 1812, publicados aos 23 de novembro de 1820, o que representou uma vitória dos liberais, descartando qualquer menção àquela divisão, consagrada pelas Cortes tradicionais, entre clero, nobreza e povo, incluindo os habitantes do ultramar no processo eleitoral e instituindo a província como a "última instância para a escolha dos deputados", com o que, em relação ao Brasil, elevaram-se as capitanias à categoria de províncias (Berbel, 2006:184-185). No Brasil, porém, apenas aos 7 de março de 1821, quando as Cortes já estavam em funcionamento em Lisboa, d. João publicou instruções para a eleição dos deputados brasileiros, definindo um processo eleitoral bastante complexo, que comportava vários níveis eleitorais para que se chegasse à escolha dos deputados de cada província (Silva, 1986:412-413).

Para aliciar o Brasil, os revolucionários prometiam desterrar o despotismo, considerado a fonte de todas as opressões. Em meados de outubro de 1820, chegaram ao Rio de Janeiro informações sobre a revolução que dividiram o governo entre, de um lado, os que, capitaneados por Tomás Vilanova Portugal, posicionaram-se a favor da permanência do rei no Rio de Janeiro, sendo defensores de um absolutismo mais intransigente e visando preservar o Brasil do contágio lisboeta com a separação dos dois Reinos (o que se evidencia em *Le roi et la famille royalle doivent-ils, dans les circonstances présentes, retourner au Portugal, ou bien rester au Brésil*, panfleto publicado em 1821), e, de outro, os que, como o conde de Palmela, julgavam ser mais apropriado o retorno de d. João, com a promulgação de uma Constituição nos moldes da França, de 1814, sob Luís XVIII. Houve, ainda, quem julgasse que o mais apropriado seria dominar as Cortes. O movimento logo conquistou a adesão das províncias do Brasil, onde as notícias sobre sua eclosão se propagaram rapidamente, resultando na transferência do comando em boa parte para a aristocracia rural, com a constituição de Juntas Governativas em cada província, começando pelo Pará e pela Bahia (Silva, 1986:402-403; Neves, 2011:88-89). As elites provinciais do Reino Unido passaram a identificar claramente dois centros de poder: o "Rio de Janeiro, sede do governo absolutista", e Portugal, onde se encontravam "as Cortes que, no primeiro momento, apresentavam-se como liberais constitucionais em oposição ao rei absolutista" (Carvalho, 1998:333-334). As províncias, uma a uma, escolheram ficar do lado das Cortes, e não da Coroa. Para a imprensa panfletária portuguesa, o Rio de Janeiro era a sede da reação e do absolutismo monárquico, podendo-se imaginar que o mesmo se dava no Brasil.

O objetivo inicial e central das Cortes, segundo Lúcia Bastos Pereira das Neves, era a preservação e a recuperação de Portugal, entendendo-se que este teria sido abandonado pela Coroa em 1807. Não as moveria o interesse de recolonizar o Brasil, como se dizia cá nos idos de 1821 e 1822 e como foi sustentado pela historiografia tradicional brasileira. Com o curso dos trabalhos, a perspectiva das Cortes, entretanto, se alterou, com o que elas passaram a defender a hegemonia portuguesa no interior do império, utilizando-se para tanto de um discurso integracionista. Esse discurso, por um lado, pregava que o Reino Unido era uma entidade única e, por outro, que nele a soberania residia nas Cortes constituintes (Neves, 2003:266). Márcia Berbel converge com essa interpretação, pois sustenta também que as Cortes não teriam um propósito recolonizador e se fundamentavam numa compreensão segundo a qual os deputados eleitos representavam a soberania da nação (Berbel, 2006:183). Contudo, Berbel percebe que a integração e a unidade idealizadas pelas Cortes implicavam um desafio ímpar, uma vez que em seus trabalhos, nos anos de 1821 e 1822, assistiu-se à apresentação de projetos diferentes, que indicavam uma diversidade de interesses e de perspectivas políticas (ibid.).

Como se verá a seguir, em meio a essa diversidade e ao interesse hegemônico nas Cortes em garantir a supremacia de Portugal no interior do império, apresentaram-se propostas ou ideias que implicavam um retorno disfarçado dos privilégios comerciais portugueses. Além disso, aprovaram-se decretos que, por um lado, ameaçavam a autonomia dos governos provinciais e, por outro, extinguiram as instituições que garantiam a existência de um centro político-administrativo no Rio de Janeiro.[305] Acompanhemos, então, nas próximas páginas, o percurso da difusão da Revolução do Porto no Brasil, desde inícios de 1821 até meados de 1822. Assim, analisemos, de um lado, os debates travados no interior das Cortes lisboetas, entre a deputação de Portugal e as diferentes representações das províncias brasileiras ali presentes. Examinemos, de outro lado, os impasses entre as Cortes e o príncipe regente d. Pedro, sustentados e fomentados por lideranças enraizadas no Rio de Janeiro, em São Paulo e Minas Gerais, cujas ações vieram progressivamente a cimentar uma aliança entre as províncias do Brasil, quando não o domínio de algumas delas pela força das armas, em torno de uma Independência centrada na monarquia constitucional e na preservação de elementos das estruturas socioeconômicas e políticas. No início do segundo semestre de 1822, os desencontros entre Portugal e Brasil, malgrado as divisões internas aos dois lados do Atlântico, chegaram num ponto extremo, de tal sorte que, como bem percebeu Oliveira Lima, o "dilema pusera-se nos termos seguintes: separação definitiva ou subordinação efetiva" (Lima, 1997:329).

---

[305] Juristas, burocratas (inclusive, eclesiásticos), escritores, artistas e educadores, desde 1815 formadores dos quadros das elites políticas e intelectuais do Reino Unido, estavam entre os mais ameaçados (Neves, 2003:272-273), aos que se somavam os empregados da Casa Real e gentes simples, como os ourives, cuja clientela seria reduzida (Monteiro, 1981:403).

As Juntas Provisórias e as Cortes

As Cortes seriam compostas por 181 deputados, dos quais apenas 72 seriam do Brasil, embora a população brasileira fosse maior que a portuguesa. Essa desproporção deveu-se ao fato de ter-se usado, para fixar o número de representantes, um "censo" anterior a 1808, data a partir da qual houve um aumento da população do Brasil (Monteiro, 1981:384; Neves, 2003:259). A primeira reunião dos 100 deputados eleitos em Portugal deu-se em 26 de janeiro de 1821. Os debates iniciaram-se sem a presença dos deputados brasileiros, mas, depois de superadas várias divergências, esperava-se a adesão do Brasil à constituinte. Entre janeiro e abril de 1821, os deputados enfrentaram oposições no interior do Reino e viveram incertezas quanto às posições que seriam adotadas por d. João e pelos demais governantes europeus, chegando mesmo a vislumbrar a possibilidade de Portugal separar-se das demais partes da monarquia lusitana. Aos 10 de março de 1821, deu-se a aprovação das bases da Constituição portuguesa, definindo-se a soberania da nação, a divisão dos poderes e outros princípios. Nos primeiros seis meses de trabalho, as Cortes não manifestaram qualquer interesse pelo Brasil, centrando-se na organização política e social da monarquia (Neves, 2003:265; Berbel, 2006:185-186).

As elites políticas e intelectuais brasileiras, que atuaram no processo de Independência, compreendiam pessoas de diferentes segmentos sociais que participavam das decisões políticas, ocupando cargos importantes, não se resumindo aos membros das classes economicamente dominantes. Exerciam cargos no aparelho de Estado: deputados, ministros e secretários, magistrados, militares, professores, clérigos etc. Numa divisão muito esquemática, havia, de um lado, o grupo dos coimbrões e, de outro, o da "elite brasiliense". Os coimbrões, graduados na Universidade de Coimbra, majoritariamente em leis e cânones, tinham passagens por cargos públicos. Entre eles, figuravam José da Silva Lisboa, José Bonifácio de Andrada e Silva, Manuel Ferreira da Câmara e Hipólito José da Costa. Eles eram partidários de um Império luso-brasileiro, defendendo um liberalismo moderado, segundo o qual o rei era o representante da nação e a soberania não residiria no povo. Para se ter uma ideia da participação dos coimbrões no processo de emancipação do Brasil, basta que se considere que, entre os deputados eleitos às Cortes, 46% tinham frequentado cursos da Universidade de Coimbra, onde tinham "adquirido um núcleo homogêneo de conhecimentos, habilidades, valores e padrões de pensamento, em grande parte comum à elite propriamente portuguesa" (Carvalho, 2013:19; Neves, 2003:33). Os membros da elite brasiliense, por sua vez, nascidos no Brasil, no geral não tinham estudos universitários (em alguns casos, graduaram-se na França, como se deu com Francisco Moniz Tavares, que cursara cânones em Paris), estudando nas aulas régias e nos seminários da colônia (como Januário da Cunha Barbosa, Diogo Antônio Feijó e José Martiniano de Alencar), ou não concluindo seus cursos em Coimbra (como Joaquim Gonçalves Ledo e Cipriano Barata). Eram receptivos a ideias mais radicais, identificando, em 1821, a *pátria* como o lugar onde haviam nascido e ao qual deviam ser leais. Enquanto os coimbrões defendiam a união com Portugal sem retrocesso ao pré-1815, os brasilienses eram ideólogos do separatismo (ibid., p. 48-51).

Na Bahia, aos 10 de fevereiro de 1821, a tropa se levantou em armas, com apoio de civis, ao que tudo indica em articulação, intermediada por Cipriano Barata, com os revolucionários de 1817 que ali se encontravam presos, levando à morte do tenente Hermógenes Pantoja, que se envolvera na conspiração de 1798, assassinado pelos amotinados. Os revolucionários de 1817, soltos após o levante, não participaram das decisões que culminaram na formação de uma Junta Provisória, provavelmente pelo compromisso de subordinação a Portugal, o mesmo talvez se dando com o marechal Felisberto Caldeira Brantes Pontes (Tavares, 2001:222-225). A Junta estabelecida na Bahia, formada por seis portugueses e três brasileiros (entre eles, Lino Coutinho, que, depois, foi eleito deputado às Cortes), solicitou a vinda de tropa de Portugal, de onde chegaram mais de mil soldados. Ela se desligou do governo do Rio de Janeiro em junho de 1821 e vinculou-se ao das Cortes de Lisboa (Monteiro, 1981:385; Neves, 2003:267). No Pará, ocorreu um movimento similar ao que houve na Bahia, ainda no dia 1º de janeiro de 1821. As Cortes, em resposta, em fins de março de 1821, definiram que o Pará deixasse de ser denominado capitania do Brasil e passasse a ser chamado província de Portugal.[306] Assim como o Pará, também o Maranhão aderiu às Cortes e afastou-se da regência de d. Pedro, elegendo seu governo provisório em abril de 1821 (Neves, 2003:268).

---

[306] Cf.: Lima (1996:665); Monteiro (1981:383-384); Berbel (2006:186).

Ao longo de 1821, outras províncias brasileiras formaram governos provisórios ou Juntas Governativas, eleitas, que foram reconhecidas pelas Cortes de Lisboa e que gozaram de certa autonomia, sem se articularem obrigatoriamente a um comando do Rio de Janeiro (Souza, I., 1999:116). Na verdade, como bem percebeu Tobias Monteiro, o "movimento em prol do sistema representativo e a aclamação das Juntas ativaram do Pará ao Rio Grande a ambição de autonomia política; supôs cada província que dentro dos seus limites se decidiriam todos os seus negócios e aplicaria toda a sua renda" (Monteiro, 1981:389). Em Pernambuco, entre março e outubro de 1821, deu-se o confronto entre as forças do antigo governador Luís do Rego Barreto e as da Junta de Goiana, ao final do que, aos 26 de outubro de 1821, após acordos entre as partes, promoveu-se a eleição de uma Junta, sob a presidência de Gervásio Pires Ferreira e houve a partida do Batalhão de Algarves para Portugal, acompanhando o ex-capitão general. A Junta oscilou entre o reconhecimento da supremacia das Cortes e do regente.[307] Em São Paulo, ao final de junho de 1821, formou-se uma Junta, nos moldes sugeridos pelas Cortes. O capitão general foi mantido à testa do governo e José Bonifácio foi indicado vice-presidente. O novo governo da província enviou uma deputação ao Rio de Janeiro para reconhecer a autoridade do príncipe regente e realizou eleições para deputados, elaborando um programa político que deveria ser apresentado às Cortes (Berbel, 2006:192), que continha as seguintes propostas: a sede da monarquia seria no Reino do Brasil, ou na sequência dos reinados alternadamente em Portugal e no Brasil, ou ainda, num mesmo reinado, uma parte do tempo num reino e outra, no outro; haveria um conselho de Estado, com igual número de membros para o Reino de Portugal e os Estados Ultramarinos; e existiria um governo central no Brasil, ao qual estariam submetidos todos os governos provinciais (Silva, 1986:420). Martim Francisco, irmão de José Bonifácio, foi eleito secretário do Interior e Fazenda, cargo da Junta em que se deparou com a penúria financeira, não enviando nenhuma contribuição para a Corte. Seus problemas, contudo, não pararam por aí, pois sua ação inflexível na punição de soldados revoltosos e sua severidade na aplicação das leis fizeram com que conquistasse inimigos, particularmente da facção mais pró-lusitana da província, situação que cul-

---

[307] Ver: Monteiro (1981:397-398); Neves (2003:268); Berbel (2003:360-366).

minou com uma revolta (uma bernarda)[308] liderada por Francisco Inácio de Souza Queirós, representante do comércio na Junta Governativa (Rodrigues, 1975:36). Em Minas Gerais, o processo de constituição de uma Junta foi mais lento e complexo. A tropa insurgiu-se, em 17 de julho de 1821, objetivando instalar um governo provisório. Manoel de Portugal e Castro, o capitão general, sufocou a rebelião. Todavia, o próprio príncipe regente reconheceu a necessidade de instalar-se um governo provisório e, com isso, deu-se a eleição do mesmo em 21 de setembro de 1821. Mesmo com a eleição, um clima de animosidade se instalou entre a antiga e a nova administração de Minas (Rodrigues, 1975:36). A Junta mineira, ademais, solicitada por d. Pedro, em fins de janeiro de 1822, a enviar tropas para ajudar a guarnecer o Rio de Janeiro, mostrou-se inicialmente indiferente, indicando que então lhe era um tema estranho a união brasílica em torno do regente. Veio a atender ao pedido, porém, no início de fevereiro, devido a pressões de militares e padres de Vila Rica, e, depois, recebeu manifestação de repúdio da Câmara de Barbacena por causa de seu titubeio (Nascimento, 2010:76-79).

A respeito de Minas Gerais, convém, aqui, repetir as palavras proferidas por José Clemente Pereira, em janeiro de 1822, reproduzidas no segundo capítulo deste livro. Segundo Pereira, o governo da província de Minas atribuíra-se poder deliberativo, dando-se o direito de desobedecer decretos das Cortes constituintes dos quais discordasse, além de tomar decisões sobre questões militares, cunhagem de moeda e dízimos (Pereira, 1822:24-25). Ou seja, o governo da Junta de Minas pautava-se por expressiva e inaudita autonomia em relação a qualquer outra instância de poder. Tal posição da Junta de Minas, como se verá mais adiante, motivaria uma viagem do regente entre fins de março e o final de abril de 1822, com o objetivo de angariar o apoio da província por meio das câmaras das vilas. Segundo Lúcia B. Pereira das Neves, durante o ano de 1821, os governos das províncias, no geral, procuraram resguardar sua autonomia. Em alguns casos, como os do Pará, Maranhão, Piauí e o da Bahia, ligaram-se diretamente às Cortes de Lisboa; noutros, como os de Goiás, Mato Grosso e Rio Grande do Sul, a tendência foi o isolamento, sem que seja possível ver nisso nenhuma posição separatista. Estreitas ligações comerciais com Portugal e/ou a defesa de princípios liberais levaram à adesão às Cortes (Neves, 2003:271-272).

---

[308] "Bernarda" era a denominação dada pelas tropas portuguesas aos pronunciamentos resultantes de conspirações militares (Monteiro (1981:394).

Figura 14. *Aceitação provisória da Constituição de Lisboa*, de Jean-Baptiste Debret. Com a Revolução do Porto de 1820, a luta pela adoção de uma Constituição alastrou-se no mundo luso-brasileiro

Fonte: Debret (1993).

No Rio de Janeiro, aos 26 de fevereiro de 1821, a tropa, reunida no Rossio (praça Tiradentes), insurgiu-se e exigiu que d. João VI jurasse a Constituição que iria ser elaborada em Lisboa. D. Pedro interveio, intermediando as negociações entre os amotinados e o pai, que assentiu, no mesmo dia, no juramento exigido. Aos 7 de março de 1821, depois de muita hesitação do monarca, anunciou-se a volta de d. João VI para Lisboa e, ao mesmo tempo, convocou-se a eleição dos 45 deputados brasileiros para as Cortes constituintes de Lisboa, a ser feita de forma indireta, mas aberta a todos os cidadãos maiores de 25 anos. Aos 21 de abril de 1821, uma multidão reunida no Rio de Janeiro exigiu que d. João jurasse a Constituição espanhola de Cádiz. O soberano deu sua aquiescência, mas a manifestação foi brutalmente reprimida por d. Pedro, resultando em mais de 30 mortes. No dia seguinte, d. João o nomeou príncipe regente e, enfim, aos 25 de abril, partiu para Lisboa.[309] Aos 5 de junho de 1821, uma "bernarda" obrigou d. Pedro a jurar as bases da Constituição que viria de Lisboa (Neves, 2003:285). Com a partida do pai, d. Pedro, na condição de regente, passou a deter amplos poderes, administrando a Justiça e a Fa-

---

[309] Ver: Norton (1979:128-131); Cunha (1985:154-156); Schwarcz (2002:353-354); Neves (2011:92); Neves (2003:258); Monteiro (1981:341).

Os estertores do Antigo Regime

zenda, provendo cargos nesses domínios, bem como empregos civis, militares e eclesiásticos, à exceção dos bispos. Podia ainda conceder graças honoríficas e comutar ou perdoar a pena de morte aos réus. Era-lhe autorizado fazer a guerra contra qualquer inimigo que ameaçasse o Brasil, quando não lhe fosse possível ouvir o rei. No exercício desses poderes, ele seria assessorado por um conselho (ibid., p. 255). Em teoria, havia a permanência de uma autoridade central no Rio de Janeiro, articulando todas as províncias. Isso, no entanto, não se deu, com o que a situação do regente se agravou ao longo de 1821. Primeiramente, porque os cofres públicos estavam desfalcados, uma vez que d. João levara recursos ao partir e não entraram as receitas previstas com seu regresso a Lisboa. Além disso, as províncias recusavam o governo do Rio de Janeiro: as do Norte, refutando integralmente a subordinação, fosse política, fosse econômica; e as do Sul, furtando-se a dar suporte financeiro a d. Pedro (Neves, 2011:92-93). Como se verá adiante, em função de ordens aprovadas pelas Cortes em setembro de 1821, a situação de fragilidade de d. Pedro se agravou ainda mais, sendo ele acossado pela determinação de retorno para Portugal e de estabelecimento de uma Junta na Província do Rio de Janeiro.

Em abril de 1821, chegada a Lisboa a notícia de que d. João jurara a Constituição, as Cortes enviaram as bases do referido documento para todas as capitanias do Brasil, afirmando que, com a aceitação das mesmas bases, cada capitania seria transformada em província. Com a chegada de d. João em julho de 1821, as Cortes receberam notícias atualizadas sobre o clima de rebelião no Rio de Janeiro, diante do que os deputados liberais dividiram-se em duas linhas de atuação: de um lado, os moderados, que propunham o envio de tropas para controlar as rebeliões e o governo do Rio de Janeiro e, de outro, os integracionistas, que apostavam que a total integração política seria o melhor meio de estabelecer o controle por via constitucional (Berbel, 2006:187-188).

Nas províncias do Brasil, por sua vez, as eleições para deputados constituintes se deram em datas diferenciadas, do mesmo modo que ocorreu com a adesão à revolução de 1820. Os primeiros deputados do Brasil a tomarem assento foram os eleitos por Pernambuco, em 29 de agosto de 1821, sendo seguidos pelos do Rio de Janeiro, a 10 de setembro. Mais tarde, chegaram os provenientes do Maranhão, Santa Catarina, Alagoas e Bahia, entre inícios de novembro e meados de dezembro de 1821. Já os deputados de São Paulo, Paraíba, Pará, Espírito Santo, Goiás e Ceará chegaram a Lisboa somente em 1822, enquanto os de Minas Gerais, Rio Grande do Norte e Rio Grande do Sul não tomaram posse, em apoio ao príncipe d. Pedro, assim como o da Cisplatina.[310] Os deputados baianos chegaram às Cortes quando se discutiam questões referentes ao funcionamento do Judiciário e ao envio de tropas ao Rio de Janeiro. O fato de o início dos trabalhos das Cortes dar-se sem representantes do Brasil (até aquela altura, tinham tomado assento apenas 46 deputados) foi algo considerado ilegítimo por Cipriano Barata. Foi-lhe prometido que os brasileiros, depois, poderiam propor artigos do interesse do Brasil (Tavares, 2001:225). Além disso, deputados portugueses rebatiam o questionamento argumentando que não havia representação por província, mas apenas deputados da nação (Silva, 1986:419). Barata, décadas antes, tinha se envolvido na conspiração baiana de 1798, e, tal como Francisco Agostinho Gomes, foi eleito deputado pela Bahia.

Uma proposta integracionista foi apresentada às Cortes por Fernando Tomás, líder da Revolução do Porto, sendo discutida entre os meses de agosto e setembro e aprovada em outubro de 1821. Fundava-se no princípio de que a nação seria "una e indivisível", pelo que haveria uma centralização em Lisboa dos poderes Legislativo, Executivo e Judiciário. Antes da chegada da primeira deputação brasileira, a pernambucana, em agosto de 1821, foi apresentada às Cortes proposta de decreto pela qual: as capitanias seriam transformadas em províncias; Juntas provinciais assumiriam o controle dos governos provinciais no lugar dos governadores nomeados por d. João; as Juntas já formadas eram reconhecidas; os presidentes das Juntas subordinar-se-iam às Cortes e ao rei, não tendo autoridade militar; um governo de armas, submetido a Lisboa seria formado em cada uma delas; dar-se-ia a extinção dos órgãos criados no Rio de Janeiro; e seria determinada a volta do príncipe regente para Portugal, com o que o Brasil perderia seu estatuto de unidade política com relativa autonomia (Neves, 2003:287; Berbel, 2006:188-189).

Em setembro de 1821, essas propostas viraram decretos. Com efeito, aos 29 de setembro de 1821, pelo Decreto 124, as Cortes definiram a nomeação de governadores militares para cada uma das províncias, determinando que eles seriam naturais de Portugal e ficariam sob sua autoridade, escapando de responder às Juntas Governativas (Carvalho, 1912:363; Lima, 1997:324-325). Pelo mesmo decreto, ao mesmo tempo, extinguiram os tribunais superiores da admi-

---

[310] Para saber mais, ver: Silva (1986:417); Carvalho (1912:144, 148, 152-153, 189, 203, 256); Neves (2003:259, 285).

nistração criados no Rio de Janeiro em 1808, restabelecendo a subordinação das capitanias, agora províncias, diretamente a Lisboa (Monteiro, 1981:386-387). Na mesma data, pelo Decreto 125, ordenaram, por unanimidade, a volta de d. Pedro para Portugal, proscrevendo-lhe a realização de viagem por países do continente europeu com o fim de refinar sua educação (Carvalho, 1912:128-129). Tal medida foi aprovada com o apoio de deputados da Bahia e de outras províncias do Norte, movidos por "bairrismo" e, ainda, com a aquiescência de parte da deputação fluminense, que não estava completa (ibid., p. 161). Na ocasião, além de justificar-se a medida por motivos econômicos e pelo fato de no Brasil não existir mais Corte, o deputado Fagundes Varela, do Rio de Janeiro, fez um gracejo, parafraseando o que dissera Hipólito José da Costa, em 1808, quando aqueles tribunais tinham sido instalados por d. João: "Estas repartições, criadas pelo almanaque [de Lisboa], é justo que acabem pelo almanaque. A extinção destes tribunais é muito precisa; é necessário acabar com estas sanguessugas que tanto têm arruinado a pátria" (Fagundes Varela apud Carvalho, 1912:162). Divulgado esse gracejo no Rio de Janeiro, houve grande indignação, o que levou Varela a calar-se nas Cortes, "contentando-se com seguir nas votações os próceres da bancada americana" (Carvalho, 1912:166). No Rio de Janeiro, além da retirada de d. Pedro da Regência, deveria formar-se também uma Junta Provisória.[311]

Os novos decretos das Cortes, de setembro e outubro de 1821, só chegaram ao Rio de Janeiro em 9 de dezembro, suscitando forte oposição (Monteiro, 1981:396-401). Lideranças do Rio de Janeiro, como assinala Tobias Monteiro, souberam aproveitar-se da situação para atrair a simpatia das províncias vizinhas e, depois, no decurso do tempo, das demais, agindo decisivamente para a "glória do império e dos seus estadistas conservadores" (Monteiro, 1981:402). Em outras partes do Brasil, também se deram reações às medidas das Cortes. Em Pernambuco, a Junta provincial recusou-se a receber o governador de armas indicado por Lisboa. Na Bahia, indicação similar aumentou a oposição entre as facções das elites locais. Em várias partes, "as divergências entre os integrantes das elites locais fizeram explodir insatisfações entre os segmentos livres e pobres da população e também entre os escravos, conferindo a essas disputas um caráter de verdadeira guerra civil" (Berbel, 2006:190). Em dezembro de 1821, com a chegada a São Paulo dos decretos sobre a formação das Juntas

---

[311] BN-RJ, Processo, 1822-1823:39-40 e 54-55.

e o retorno de d. Pedro, os paulistas passaram a opor-se abertamente às deliberações das Cortes e refizeram o programa anteriormente elaborado para ser apresentado em Lisboa pelos seus deputados, ainda não embarcados e onde chegariam em fevereiro de 1822 (Berbel, 2006:192-193). Mesmo no Rio de Janeiro, as supracitadas medidas das Cortes, porém, não foram recebidas de forma unânime, motivando divergências. Apoiaram-nas, num primeiro momento, José Clemente Pereira, Joaquim Gonçalves Ledo e Januário da Cunha Barbosa, mais exaltados, que nutriam desconfianças em relação ao propósito constitucionalista de d. Pedro, cujas tendências autoritárias eram temidas. José Mariano de Azevedo Coutinho, procurador da Província do Rio de Janeiro, e José Joaquim da Rocha, ambos ligados a José Bonifácio, opunham-se. Em função das citadas reações contrárias a essas medidas, vindas tanto da Câmara no Rio de Janeiro (dos "leais habitantes do Rio de Janeiro") quanto de Minas Gerais e São Paulo, os exaltados se resignaram. José Clemente Pereira, cujo discurso na câmara do Rio foi analisado no início deste livro, e que antes de fazê-lo alimentava os desejos de ser presidente da Junta Provisória e de que d. Pedro se refugiasse na Fazenda de Santa Cruz, com muito custo mudou de ideia. Para tanto, foi preciso ser-lhe dito que sua presença como Presidente da Câmara do Rio era desnecessária para que ali se votasse a proposta de permanência do Príncipe no Brasil.[312]

Nas Cortes, a questão da abrangência dos poderes locais era então objeto de disputas entre os deputados do Brasil (Berbel, 2006:190). Em dezembro de 1821, pernambucanos, fluminenses e baianos, por modos diferentes, reivindicavam a concentração de poderes em suas respectivas províncias, contrapondo-se à alternativa integracionista abraçada pelas Cortes (ibid., p. 191). Os baianos advogaram uma proposta de "confederação nacional", pela qual "as províncias teriam um Executivo eleito, as leis deveriam ser feitas a partir da representação provincial e a sua aplicação seria de inteira responsabilidade das autoridades provinciais" (ibid.). A chegada dos paulistas, em 11 de fevereiro de 1822, munidos de um programa elaborado por José Bonifácio de Andrada e Silva, introduziu novas tensões e trouxe novos rumos (ibid., p. 192). Antônio Carlos de Andrada e Silva, deputado por São Paulo, defendeu nas Cortes o programa formulado por sua província. Embora se mantivesse a favor da união entre Brasil e Portugal, opunha-se aos princípios do integracionismo,

---

[312] BN-RJ, Processo, 1822-1823:6, 17, 39-40, 56, 77, 81 e 98-99; Barata, 2006:208-209; Silva, 1986:410.

defendendo a autonomia provincial e, ao mesmo tempo, a existência de um poder central no Brasil. No seu entendimento, Brasil e Portugal eram "corpos heterogêneos", uma vez que o primeiro compunha-se de escravos, gentes de toda cor e homens livres, enquanto no último havia homens livres. Nessa situação, havia necessidade de uma legislação específica para cada corpo. Assim, em cada província os poderes Executivo, Legislativo e Judiciário deveriam ser representados, ao mesmo tempo que se deveria reconhecer a autoridade do príncipe regente estabelecido no Rio de Janeiro (ibid., p. 193-194). O projeto da Junta de São Paulo não rompia com a ideia de império e, ao mesmo tempo, delineava a autonomia desejada, o que incluía: a permanência do príncipe no Brasil, obedecendo à monarquia lusitana; a adoção de uma nova política de terras e sesmarias; um "sistema educacional; a criação de uma cidade de caráter civilizatório no interior do Brasil; uma reordenação do trato dos indígenas e uma legislação que gradualmente extinguisse o tráfico negreiro" (Souza, I., 1999:136-140). Várias negociações foram feitas em torno dessa proposta pelos deputados brasileiros, sem que esses chegassem a um consenso, até que as Cortes aprovaram, em 22 de maio de 1822, contra o voto da maior parte do Brasil, o envio de tropas à Bahia (Berbel, 2006:195). O deputado português Borges Carneiro defendeu o envio de tropas para manter a paz e as reformas no Brasil e, ao mesmo tempo, para que aqui se visse a energia portuguesa, fazendo referência "ao cão de fila ou leão que Portugal soltaria para obrigar" que se desse no Brasil a obediência devida às Cortes e às autoridades que as representavam. A esse discurso, o deputado Lino Coutinho respondeu, dizendo que no Brasil seria possível atirar onças e tigres contra esses cães. Francisco Vilela Barbosa, deputado pelo Rio de Janeiro (ele substituiu a d. Francisco de Lemos, por motivo de renúncia, em outubro de 1821), citado no capítulo 2 deste livro como libertino, disse que cá se sabia refrear os cães e que "o sangue português que corria nas veias dos brasileiros os impedia de receberem leis debaixo da pressão do arcabuz". Antônio Carlos Ribeiro de Andrada, por sua vez, opôs aos cães à abundância existente no Brasil de "pau, ferro e bala, não podendo assustar aos brasileiros os referidos cães de fila" (Lima, 1997:318; Carvalho, 1912:133). A partir de junho de 1822, o mesmo Antônio Carlos passou a defender a realização de uma assembleia constituinte no Brasil, que legislasse sobre assuntos específicos do Reino, a autonomia provincial e os limites dos poderes do príncipe. Embora continuasse na defesa da união da nação portuguesa, sua proposta de instalar uma assembleia constituinte no

Brasil e delegar poderes para o príncipe regente soou inaceitável para os deputados de Portugal, sendo derrotada nas Cortes, contra o apoio da maioria dos deputados do Brasil (Berbel, 2006:195).

As Cortes, além disso, suprimiram os impostos criados no Rio de Janeiro desde 1808 e alteraram o sistema de arrecadação de tributos, doravante sob o controle de Portugal (Souza, I., 1999:137). Aos 27 de abril de 1822, aprovaram normas comerciais que dividiam brasileiros e portugueses, sobretudo as que implicavam uma prerrogativa absoluta sobre o Brasil, ferindo as liberdades conquistadas em 1808, contra o que votaram deputados brasileiros de todas as partes (ibid., p. 140). Uma comissão das Cortes, ciente de que restituir o monopólio comercial, medida do agrado aos negociantes lusitanos, encontraria oposição dos brasileiros, apresentou uma proposta de efeito similar, mas dissimulado, visando a agradar aos negociantes lusitanos, de que "pagassem os gêneros americanos exportados em navios nacionais um por cento e, levados por barcos estrangeiros, seis por cento, salvo o algodão, obrigado a dez por cento" (Carvalho, 1912:252). Isso se coadunava com outra disposição, igualmente ardilosa, pela qual se "facultava aos alienígenas carregarem os seus navios, nos portos de Portugal mediante dois por cento, [com] aquelas mercadorias que, procuradas no país de produção, sofreriam à saída o imposto de seis a dez por cento". Com isso, afugentavam-se os europeus do comércio direto com o Brasil (ibid., p. 252-253). Essas proposições eram congruentes com as manifestações das Cortes aos países estrangeiros, combatidas à época no Rio de Janeiro, conforme palavras de José Bonifácio citadas anteriormente neste livro, segundo as quais havia intenção de ressuscitar o monopólio comercial. As referidas proposições, bem como a rejeição que despertavam nos brasileiros, iluminam o que d. Pedro escreveu em carta a d. João, aos 23 de janeiro de 1822, ao mesmo tempo que confirmam a situação de falência a que chegara o Reino Unido. Segundo o príncipe regente: "Com força armada é impossível unir o Brasil a Portugal; *com o comércio e mútua reciprocidade*, a união é certa: porque o interesse pelo comércio e o brio pela reciprocidade são as duas molas reais sobre que deve trabalhar a monarquia luso-brasílica" (d. Pedro, 1822:10, grifos meus). Mas o problema é que os dois lados do Atlântico não se acertavam no que concernia à "reciprocidade", e, conforme bem percebeu Evaldo Cabral de Mello, "o êxito de qualquer fórmula constitucional que mantivesse a união dos dois reinos dependia fundamentalmente da questão do comércio". Mas para Portugal não bastava a substituição do monopólio comercial "por um sistema de preferências comerciais entre Portugal e Brasil", enquanto para este último e para a Inglaterra isso era inaceitável (Mello, 2002b:333).

As Cortes, as províncias e a "metrópole interiorizada": enfrentamentos

A centralização política que as Cortes propunham chamar de volta a Lisboa, "fruto necessário do próprio radicalismo dos vitoriosos", soou, no Rio de Janeiro, como despotismo, até mesmo para os liberais. Parecia-lhes um retrocesso: restauração do estatuto colonial (Holanda, 1985:135-140). Por outro lado, as dimensões continentais do Brasil "impediam uma imediata unidade de propósitos das diversas lideranças locais", havendo da parte das províncias do Norte o ressentimento, fosse pela situação de neocolônias, fosse pela repressão de que foi vítima a República Pernambucana de 1817. A unidade do Brasil contra Portugal, assim, teve de ser construída ao longo de um processo que comportou instabilidade, ressentimentos e rancores e, não se pode esquecer, o uso das armas, contra Portugal e contra o que soava como secessão. Nessa construção, de um lado, pesaram os propósitos das Cortes lisboetas adjetivados como "colonialistas" (isto é, que, na verdade, procuravam garantir a preponderância de Portugal no Reino Unido e estabelecer, para os portugueses, privilégios comerciais que ultrapassavam a dimensão de simples regras preferenciais) e, de outro, os temores de ameaças à ordem social, "que, depois de 1790, ficaram estreitamente associadas ao republicanismo, e tenderam a produzir uma maior coalizão dentro da elite, especialmente entre a dos proprietários de terra" (Maxwell, 2000:189); "republicano" soava, no Brasil à época, verdadeiramente como um anátema, sendo um rótulo usado pelas lideranças de orientação mais conservadora para estigmatizar os mais exaltados, como Ledo, Barbosa e Clemente Pereira, como reconheciam os próprios partidários desses, para os quais ao "povo nada aborrece tanto como o governo republicano".[313]

No processo de emancipação, coube destaque à maçonaria do Rio de Janeiro, como assinalou há mais tempo Maria Beatriz Nizza da Silva (1986:425) e reconhece também Alexandre Mansur Barata. Maçonaria, dilatação da esfera pública e Independência são, na verdade, indissociáveis, ainda que a proposta

---

[313] BN-RJ: Processo, 1822-1822:6.

de separação do Brasil de Portugal tenha encontrado resistências iniciais mesmo entre os maçons (Barata, 2006: 174-177): "Lojas maçônicas, jornais dirigidos por maçons, como era o *Revérbero Constitucional Fluminense*, câmaras dominadas por membros da maçonaria, eis as formas pelas quais se difundiu no Rio de Janeiro e, depois, em outras províncias, a começar por Minas e São Paulo, o ideal da Independência" (Silva, 1986:425).

Aos 30 de março de 1818, depois da Revolução Pernambucana e da tentativa de insurreição de Gomes Freire de Andrada ocorridas em 1817, a Coroa proibiu o funcionamento de toda e qualquer sociedade secreta. Aos 24 de junho de 1821, depois do movimento constitucional, deu-se a reinstalação da Loja maçônica *Comércio e Artes* (Barata, 2006: 176). Aos 17 de junho de 1822, deu-se a criação e instalação da Loja do *Grande Oriente Brasílico* ou *Grande Oriente do Brasil*, de orientação maçônica independente, pelo venerável daquela primeira loja reinstalada no ano anterior, tendo esta se dividido em três, conforme ordenava a constituição maçônica: *Comércio e Artes na Idade do Ouro*, *União e Tranquilidade* e *Esperança de Niteroi*. A *Grande Oriente do Brasil* reunia-se em dias incertos, sempre após as 18 horas, adiante das casas do barão de S. Simão, no Rio de Janeiro. Ela exerceu papel importante na passagem de 1821 para 1822, quando da luta pela permanência de d. Pedro no Brasil, o chamado Fico: 29,16% dos membros fundadores do *Grande Oriente* assinaram o Manifesto neste sentido aos 29 de dezembro de 1821. Seu grão-mestre era José Bonifácio de Andrada e Silva. Todavia, ela, na prática, ficou sob a direção de Joaquim Gonçalves Ledo, seu grande-vigilante. Dessa Loja também participaram o padre Januário da Cunha Barbosa, como grande-orador, e Luís Pereira da Nóbrega de Sousa Coutinho, que foi ministro da Guerra até 28 de outubro de 1822.[314] Essa data, na verdade, é um marco nas dissensões que vieram a separar, de um lado, José Bonifácio e, de outro, Gonçalves Ledo, entre fins de 1821 e 1823. Ambos, embora participassem da mesma Loja maçônica, vieram a divergir em vários pontos, postulando princípios e articulando estratégias para se combaterem. Bonifácio e seu grupo eram defensores de uma ideia de soberania compartilhada entre a assembleia e o monarca, exercendo um papel importante no momento da luta pelo Fico, enquanto o segundo e seus seguidores, além de terem hesitado inicialmente em relação à propriedade da permanência de d. Pedro no Brasil, eram partidários da soberania popular, tendo-se colocado a

---

[314] BN-RJ: Processo, 1822-1823:59; Silva, 1986:424; Barata, 2006:175, 212, 218-19.

favor da convocação de uma assembleia constituinte brasileira. Em defesa dos princípios assinalados e como estratégias para tanto, esses grupos se valeram de diferentes instrumentos. Bonifácio esteve por trás da criação do *Clube da Resistência*, presidido por José Joaquim da Rocha e que teve papel importante quando da ficada (o frei Francisco de Sampaio, do Grande Oriente, foi o redator do Manifesto de 29 de dezembro, ao qual foi inicialmente refratário o grupo de Ledo), e, ainda, da *Nobre Ordem dos Cavaleiros de Santa Cruz*, ou *Apostolado*, sociedade secreta fundada aos 2 de junho de 1822, em oposição ao grupo de Ledo. Este e seus aliados, por seu turno, fizeram do *Revérbero Constitucional Fluminense*, periódico impresso na oficina tipográfica de Silva Porto e editado por Gonçalves Ledo e Cunha Barbosa, entre 15 de setembro de 1821 e outubro de 1822, uma tribuna para veicular os princípios que advogavam (BN-RJ: Processo, 1822-1823:7; Barata, 2006: 176-177, 180-187, 205-211). Inicialmente, claramente constitucionalista, partidário das Cortes constituintes de Lisboa e oposto à Independência do Brasil, esse grupo veio a lutar por uma assembleia constituinte brasileira e engajar-se na luta pela emancipação, saindo-se vitorioso aos 3 de junho de 1822 com a convocação da constituinte do Brasil (Barata, 2006:214).

Fica claro que esse grupo tinha no horizonte, ao menos para o futuro, o federalismo e/ou talvez a república, pois, em setembro de 1821, em presença de Antônio Carlos Ribeiro de Andrada, deputado eleito por São Paulo, Ledo e Januário da Cunha Barbosa, em casa deste, disseram que "por ora não convinha outro governo que não fosse o monárquico constitucional e que, *só depois de aclarado ao povo, poderia admitir-se o governo federativo à imitação da América Setentrional*, atenta à mínima distância entre umas e outras províncias" (BN-RJ: Processo, 1822-1823:38 e 87, grifos meus). D. Pedro, por seu turno, sendo alvo da cooptação tanto da Loja do Grande Oriente quanto do Arcontado, sendo grão-mestre da primeira e arconte do segundo, fez jogo duplo entre essas forças que se opunham, optando pelo grupo partidário de uma ideia de soberania partilhada entre assembleia e rei e, ainda, que dava mais garantias de apoio a uma monarquia constitucional em que se reservasse a ele próprio fatia considerável de poder (Silva, 1986:427-128).

Para a vitória desse projeto mais conservador, colaborou o fantasma da ameaça à ordem social — exorcizado pelos mineiros em 1789, dado o elitismo do movimento, fator de recuo das elites baianas, em relação à sedição de 1798 e experiência vivenciada em Pernambuco, em 1817, que afloraria novamente nos idos de 1822 (Villalta, 2003:59-63). Já quando da volta de d. João VI para Lisboa, houve certa apreensão por parte das elites do Centro-Sul, favorecidas pelos mecanismos da "interiorização da metrópole", em relação à sobrevivência do poder real e do novo Estado português que tinha por sede o Rio de Janeiro. De resto, a minoria branca e proprietária, em todo o Brasil, temia pela segurança social, tendo em vista a "maioria dos desempregados, pobres e mestiços", que pareciam ser-lhe motivo de maior inquietação até mesmo que a população escrava. Os portugueses e os brancos nativos, ademais, viam na diversidade étnica, de que eram muito conscientes, outro fator de insegurança. Por essas razões, "a Corte e a administração portuguesa, a monarquia, o poder real, o mito da autoridade central pareceria sempre uma âncora de salvação e segurança" (Dias, 1972:175), para parte dessa elite. Os discursos do "povo do Rio de Janeiro", de José Clemente Pereira, de José Bonifácio de Andrada e Silva, bem como dos pernambucanos estabelecidos no Rio de Janeiro, citados no segundo capítulo deste livro, são bastante eloquentes a respeito desses temores e dessa âncora, malgrado os antagonismos que separavam aqueles dois primeiros líderes. Os letrados ilustrados brasileiros, que constituíam uma parcela dessa elite bem-formada, destaque-se, só aceitaram a Independência do Brasil, depois que se acentuaram as diferenças de interesse entre brasileiros e portugueses, a partir do momento em que a união entre os dois lados do Atlântico se tornou muito incômoda (Dias, 1968:150).

Como já se afirmou anteriormente, a chegada, em fins de 1821, das deliberações das Cortes datadas de setembro e outubro do mesmo ano provocou manifestações de veemente oposição no Brasil, particularmente no Centro-Sul. Começaram a ser realizadas manifestações no Rio de Janeiro pela permanência do príncipe regente, animadas por publicações impressas, embora houvesse desconfianças da parte de certas lideranças a respeito dos propósitos constitucionais do príncipe. D. Pedro, a princípio, estava disposto a cumprir as ordens das Cortes, mesmo com a humilhação de ver seu poder reduzido a nada quando fosse eleita a Junta da província do Rio de Janeiro (Monteiro, 1981:402-403), proposta que, como já se disse neste capítulo, contou com apoio inicial de Ledo, Clemente e Barbosa. Ao final de 1821, um desafio foi colocado ao príncipe regente por membros da chamada elite brasiliense. Ele pode ser dimensionado nos versos que seguem, publicados em um pasquim:

Para ser glória farto
Inda que não fosse herdeiro
Seja já Pedro Primeiro
Se algum dia há de ser Quarto
Não é preciso algum parto
Da Bernarda [isto é, quartelada] atroador;
Seja nosso Imperador,
Com governo liberal
De Cortes, franco e legal;
Mas nunca Nosso Senhor [apud Neves, 2003:274].

Ou seja, entre a incerta ascensão ao trono de Portugal como d. Pedro IV, herdeiro que era, e tornar-se o primeiro imperador do Brasil, constitucional e liberal, aconselhava-se ao regente a segunda opção. Esse desafio não era comungado então por toda a elite brasiliense e, naquela altura, contava com a oposição dos coimbrões, defensores da união com Portugal, porém com a preservação da autonomia para o Brasil (Neves, 2003:275-276). No primeiro semestre de 1822, entretanto, esse quadro foi pouco a pouco se alterando, com o surgimento e a consolidação de uma proposta separatista, nutrida por uma animosidade crescente entre os atores políticos do Brasil e de Portugal (ibid., p. 283). D. Pedro, ele mesmo, entre dezembro de 1821 e inícios de janeiro de 1822, deu mostras de vacilações em cartas enviadas a d. João VI, admitindo a possibilidade de resistir às Cortes e mencionando a expectativa da chegada de representações de São Paulo e Minas Gerais em defesa de sua permanência. A chegada dessas representações, ademais, como já se salientou neste capítulo, fez com que as lideranças mais desconfiadas em relação ao príncipe a ele se aliassem. No Rio de Janeiro, os promotores da reação contra as Cortes cuidaram para dar o passo decisivo na defesa da permanência do príncipe após receber a cooperação de Minas Gerais e de São Paulo. Em 24 de dezembro de 1821, José Bonifácio entregava uma representação ao príncipe e, ao mesmo tempo, enviava cópia da mesma à Vila Rica, conclamando o governo de Minas a juntar-se com São Paulo "na santa causa da nossa honra e liberdade". Tornou-se público, ademais, que representação de semelhante teor seria entregue pelos fluminenses. Por fim, o Senado da Câmara do Rio de Janeiro, com sinalização de apoio de Minas Gerais (tudo indica, não da Junta) e de São Paulo, no dia 9 de janeiro de 1822, rogou a d. Pedro que permanecesse no Brasil (Monteiro, 1981:405-407; Neves, 2003:294-295). Foi esse, enfim, o contexto das manifestações, já citadas neste livro, vindas do "povo do Rio de Janeiro", de José Clemente Pereira (presidente do Senado da Câmara do Rio de Janeiro), inicialmente resistente à ideia, repita-se, mais uma vez, de José Bonifácio e dos pernambucanos estabelecidos na capital fluminense.

Na Bahia, a Junta Governativa desconhecia a regência de d. Pedro e agia cada vez mais submissa a Lisboa e aos oficiais que comandavam a Legião Constitucional, que ali tinham chegado fazia pouco tempo. Aos 3 de novembro de 1821, deu-se uma manifestação de civis e militares pela deposição do governo da província, provavelmente em articulação com brasileiros do Rio de Janeiro, que desejavam separar o Brasil de Portugal (Tavares, 2001:230-231). Conflitos entre soldados brasileiros do regimento de artilharia e portugueses da Legião Constitucional Lusitana levaram à morte de várias pessoas, sem que se desse a deposição da Junta. No final de janeiro de 1822, uma nova eleição modificou a composição da Junta, mas um novo conflito se instalou entre o brigadeiro Inácio Luís Madeira de Melo, nomeado governador de armas, em substituição ao brasileiro Manuel Pedro de Freitas Guimarães, e oficiais brasileiros, que se recusavam a subordinar-se ao primeiro sem a aprovação da Câmara da Bahia (ibid., p. 231-232). Depois de tentativas fracassadas de conciliação, a tropa portuguesa saiu em ofensiva aos 19 de fevereiro de 1822 e, ao tentar invadir um recolhimento de religiosas, matou a sóror Joana Angélica. Em abril de 1822, algumas localidades da província encontravam-se a favor das Cortes, enquanto outras apoiavam d. Pedro. Entre maio e junho de 1822, porém, o quadro mudou, havendo o estabelecimento de uma união entre proprietários de engenhos e de plantações de cana, oficiais militares e letrados a favor da regência de d. Pedro (ibid., p. 232-233).

Em São Paulo, o bispo, o cabido da sua Sé e o clero do seu bispado, em 1º de janeiro de 1822, manifestaram seu claro repúdio às determinações referentes à extinção de um centro político-administrativo no Brasil, à volta do príncipe para Portugal e à sua viagem por países europeus. Inversamente, instigaram o príncipe a permanecer no Brasil e por ele viajar, registrando em representação que lhe foi encaminhada que:

> Pensam muito mal as Cortes, se julgam querer reduzir o Reino do Brasil a uma Província cativa de Lisboa, para elas dominarem com um poder despótico e servil. Pretendem iludir a V. A. com o pretexto de ir viajar pelos Reinos de Castela,

França e Inglaterra; este intento não é senão a fim de terem a V. A. R. como cativo se se apartar do Brasil para Lisboa. V. A. R. é um Príncipe religioso e de alta contemplação, não tem necessidade de viajar nos Reinos estrangeiros; no seu Reino e domínios, tem muito que observar, viajando neles.[315]

José Bonifácio, em sua manifestação já referida, assinada por outros signatários, falando em nome do "governo, Câmara, clero e povo de S. Paulo", por sua vez, endereçou ao regente críticas ainda mais veementes às Cortes, relembrando os acontecimentos que vinham da Revolução do Porto até fins de 1821. Inicialmente, afirmou que, em São Paulo, foram recebidas "com entusiasmo as primeiras tentativas e os nobres esforços de seus irmãos da Europa, a bem da regeneração política do vasto Império lusitano" (Silva, Lobo, Rondon e Azevedo, 1822:47). Em seguida, registrou o desapontamento posterior, derivado da ameaça de volta do monopólio comercial, como aqui já foi referido. Em terceiro lugar, alegou que, mesmo assim, "governo, Câmara, clero e povo de S. Paulo" endossaram "as bases da Constituição da monarquia portuguesa e as aprovaram e juraram como princípios incontestáveis de direito público universal" (ibid., p. 47). Porém, tal projeto, não debatido, mas convertido em lei, mostrou-se injusto e revelou que se queria voltar o Brasil ao estatuto de colônia; quando "apareceram na *Gazeta* extraordinária do Rio de Janeiro, de 11 de dezembro passado [de 1821], os dois decretos de 29 de setembro [de nºs 124 e 125], então rasgou-se de todo o véu e apareceu a terrível realidade. O governo, Câmara, clero e povo de S. Paulo" estremeceram de horror e arderam de raiva (ibid.). No Decreto nº 125, que determinava a volta de d. Pedro para Lisboa, José Bonifácio via o objetivo de arrancar do Brasil o "único pai comum que nos restava", para "viajar incógnito, como assoalham, pela Espanha, França e Inglaterra", sublinhando a "desonra e ignomínia" com que o príncipe era tratado (ibid., p. 50).

José Bonifácio, embora reconhecesse que o Decreto nº 124 recebera o título de "provisório", ao prosseguir com sua análise, questionou suas bases doutrinárias. Assim, lembrou que, em 18 de abril de 1821, as Cortes, fundadas no princípio de que "cidadãos livres" possuiriam o direito inalienável de criar seus governos, tinham legitimado "os governos provisórios criados nas diversas províncias do Brasil e declararam beneméritos da Pátria os que premeditaram, desenvolveram e executaram a regeneração política da nação" (ibid., p. 48). Então,

---

[315] Representação..., 1822, p. 45.

a partir disso, apontou a incoerência das Cortes: por um lado, questionando se o decreto de 29 de setembro não anularia a "doutrina estabelecida no decreto de 18 de abril" e, por outro, afirmando que ele "talvez" fosse necessário "para alguma das províncias do Brasil que estivesse em desordem e anarquia", que "só a esta poderia ser aplicado e aceito" (ibid.). Num ataque mais veemente, declarou que, em São Paulo, se examinaram as bases do referido decreto, concluindo-se que ele era totalmente inconstitucional e, depois, denunciou a "utilidade" do mesmo, o fim que o movia: em última instância, fragmentar o Brasil e fazer renascer o despotismo, deixando os cidadãos das províncias sob o jugo dos governadores de armas, arremedos de capitães generais,[316] de membros das nefastas Juntas de Fazenda jurisdicionadas apenas a Lisboa e da injustiça, posto que a Justiça ficaria mais distante (Silva, Lobo, Rondon e Azevedo, 1822:48-49).

Convém reiterar que fazer a justiça era a principal área de atuação do Estado monárquico (Subtil, 1997:141-145), o qual, não a fazendo, degeneraria em tirania, como estabelecia a teoria política corporativa neoescolástica, muito em voga no mundo ibero-americano até meados do século XVIII, e pronunciara o padre Antônio Vieira em seus sermões (Xavier e Hespanha, 1997:113-139; Villalta, 1999:71-74); além disso, a dificuldade de acessá-la por conta da distância foi algo repetidamente registrado nos pedidos apresentados para a elevação de certas localidades à condição de vilas e, por conseguinte, abrigando câmaras, como se deu em Minas Gerais no século XVIII (Oliveira, 2005). No Decreto nº 124, segundo Bonifácio, os paulistas viram, desse modo, a "sentença da anarquia e escravidão do Brasil", o propósito de promover a:

> desmembração do Reino do Brasil em porções desatadas e rivais, sem nexo e sem centro comum de força e unidade; viram um governador das armas sujeito e responsável ao só governo de Lisboa, com todas as atribuições despóticas dos antigos capitães generais e somente privado deste nome; viram governos provinciais, a quem aparentemente se dava toda a jurisdição na parte civil, econômica, administrativa e policial, mas destituídos verdadeiramente dos instrumentos que os podiam habilitar para o efetivo desempenho de suas obrigações; viram Juntas de Fazenda regidas ainda agora pelas absurdas leis antigas das suas criações, cujos defeitos já estavam manifestos pela experiência de longos anos, e seus membros, coletiva e individualmente,

---

[316] Como assinala Iara Lis Carvalho Souza, com a criação do cargo de governador de armas em cada província, com subordinação apenas às Cortes que o nomeavam, pela primeira vez no Brasil, separava-se a autoridade militar do poder civil local (Souza, I., 1999:117).

responsáveis somente às Cortes e governo de Lisboa; viram magistrados, independentes e anárquicos pela falta de um Tribunal Supremo de Justiça, que conheça e julgue seus crimes e prevaricações, e os povos, depois de acostumados por treze anos a recursos mais prontos, reduzidos hoje pela extinção premeditada de todos os tribunais do Rio de Janeiro, a irem, como *vis colonos*, sofrer as delongas e trapaças dos de Lisboa [...] Viram finalmente o acréscimo de despesas inúteis e o caminho do velho despotismo cariando por toda a circunferência a nova árvore constitucional até o seu âmago [Silva, Lobo, Rondon e Azevedo, 1822:49-50, grifos meus].[317]

José Bonifácio, além disso, mostrando sua dificuldade de romper de todo com a identidade portuguesa, afirmava que, caso d. Pedro estivesse a sustentar as posições das Cortes de Lisboa, o que ele duvidava, seria ele responsável pelo fato de os "portugueses do Brasil" ensoparem "nossos campos e montanhas" com "rios de sangue", especialmente os paulistas, mas também a "rica província de Minas Gerais, o Rio Grande do Sul, Goiás e Mato Grosso" (Silva, Lobo, Rondon e Azevedo, 1822:53). Aos 9 de janeiro de 1822, o coronel Manuel Carneiro da Silva Fontoura apresentou uma representação em nome da província do Rio Grande do Sul, também manifestando posição contrária aos Decretos n°s 124 e 125, cuja validade não teria sido acatada, sustentando, inversamente, posição favorável à permanência do príncipe no Rio de Janeiro (Fontoura, 1822:28-30). Pernambucanos residentes no Rio de Janeiro igualmente manifestaram-se, na mesma data, a favor da permanência de d. Pedro.[318] A cronologia subsequente dos fatos é bastante emblemática a respeito, de um lado, da política das Cortes e, do outro, das iniciativas do príncipe, em congruência com os conselhos paternos e em atendimento aos apelos recebidos de parte de setores das elites brasileiras, isto é, de sua busca no sentido de garantir para sua família o domínio sobre o Brasil, uma vez que a Independência se afigurava como inexorável, algo percebido do outro lado do Atlântico pela *Gazeta de Portugal*, como assinala Lúcia Bastos Pereira das Neves, em agosto (Neves, 2011:96).

Ao que tudo indica ciente do desafio que se punha aos seus olhos, d. Pedro, primeiramente, aos 9 de janeiro de 1822, desobedeceu às determinações das Cortes e decidiu ficar no Rio de Janeiro, o que sugere um passo adiante na liderança de um projeto de Independência. Ao decidir pela permanência no Brasil,

---

[317] Num folheto atribuído ao padre Luiz Gonçalves dos Santos, que foi editado duas vezes (uma em setembro de 1821 e outra, em 1822), sublinhou-se também o temor de que se quisesse fazer o Brasil voltar à condição de colônia (Neves, 2003:280-281).

[318] Cf. Memória..., 1822, p. 33.

d. Pedro seguiu o conselho paterno, como fez questão de registrar, em carta datada de 19 de junho de 1822, lembrando-lhe que dele ouvira, numa conversa, antes de sua partida para Lisboa, "no seu quarto: 'Pedro, se o Brasil se separar, antes seja para ti, que me hás de respeitar, do que para algum desses aventureiros'" (Norton, 1979:149). D. João VI, portanto, mostrou-se um estrategista político, sendo "o mentor da Independência que manteve unido o território da América portuguesa, quase um milagre, através da Corte que se estabeleceu no Rio e do filho d. Pedro" (Vainfas, 2001:234). Se em 9 de janeiro de 1822, atendendo aos pedidos que lhe foram encaminhados e conhecendo as articulações que lhes eram subjacentes, o príncipe decidiu permanecer no Brasil, dois dias depois enfrentou manifestações hostis das tropas da Divisão Auxiliadora portuguesa. Os soldados que a compunham quebraram as vidraças pelas ruas, fazendo o mesmo com as luminárias, que com isso se apagaram, valendo-se para tanto de "paus" e "dizendo: 'Esta cabrada leva-se a pau'" (d. Pedro I, 1822:7). A situação tornou-se tensa, havendo concentração, no Campo de Santana, das referidas tropas e das milícias e tropas brasileiras do Rio de Janeiro, além de regimentos de henriques (homens negros) e pardos, acrescentando-se a população civil, com gentes de todas as classes, prestes ao confronto. O príncipe conseguiu que as tropas da Divisão Auxiliadora se retirassem para a praia Grande e, depois, partissem para Portugal. Dias depois, organizou um novo ministério, que era liderado por José Bonifácio de Andrada e Silva, que pretendia manter a união com Portugal, preservada certa autonomia administrativa ao Brasil, com apoio de grandes negociantes, latifundiários e altos burocratas portugueses.

D. Pedro, as câmaras e a Independência: rumo à hegemonia do Centro-Sul

Aos 25 de março de 1822, buscando conquistar o apoio das câmaras de Minas Gerais e, ao mesmo tempo, impor seu projeto à Junta Governativa que dirigia a província e furtar-se das imposições das Cortes de Lisboa, d. Pedro iniciou uma viagem pelas vilas mineiras, ao final da qual retornou vitorioso ao Rio de Janeiro aos 25 de abril (Nascimento, 2010:18-70). Em maio, d. Pedro, expandindo seu poder militar, avisava às Cortes que incorporara os soldados do regimento provisório português, estabelecido no Rio, às tropas a ele subordinadas (Souza, I., 1999:141).

Entre 1822 e 1823, em outras partes do país, as câmaras do Brasil vieram a se posicionar a favor de d. Pedro e da Constituição, estabelecendo, assim, uma cisão com as Cortes e fixando-se, cada uma, como "lugar institucional reconhecido como capaz de manifestar uma vontade legítima para a edificação da soberania de um novo monarca, pautado, agora, no liberalismo" (ibid., p. 119). A adesão a d. Pedro e, sublinhe-se, à monarquia constitucional, deu-se de forma desigual pelas diferentes partes do Brasil, dando-se mais rapidamente no Sudeste e no Sul do que no Norte e Nordeste, onde parte das províncias ainda se reportava às Cortes. Paulatinamente, as câmaras aderiram a d. Pedro e desligaram-se das Cortes, para o que concorreu, saliente-se, o recurso a tropas militares, como se deu no Pará, no Maranhão, no Ceará e na Bahia, tropas essas comandadas por mercenários remunerados pelo Sudeste, como Grenfell, Cochrane e Labatut (Costa, 1980:122; Souza, I., 1999:119-148). A câmara de Santo Amaro, na Bahia, apoiou a existência de um governo central no Rio de Janeiro ainda aos 14 de junho de 1822, seguindo-se manifestação de igual teor da câmara de Maragogipe no dia 29 de junho e, no mesmo dia, d. Pedro foi aclamado como regente constitucional do Brasil pelas Vilas de São Francisco do Conde e de Santo Amaro. Na província da Bahia, porém, a Independência deu lugar a uma guerra que começou aos 25 de junho de 1822 e só se encerrou aos 2 de julho de 1823 (Tavares, 2001:236-247). No Pará, a fidelidade às Cortes durou até 12 de outubro de 1823, quando, sob a pressão militar e política de Pernambuco e do Ceará, e da "movimentação de soldados, livres pobres, pardos, libertos, escravos, de canhões, marujos, mercenários de Greenfell, d. Pedro foi aclamado imperador, em Belém" (Souza, I., 1999:157).

Aos 3 de junho de 1822, o príncipe convocou uma Assembleia Constituinte brasileira, destinada a fazer a compatibilização das leis aprovadas nas Cortes lisboetas com o Brasil, além de criar leis específicas para o território brasileiro (ibid., p. 141). Sinalizava, portanto, sua aposta no enfrentamento com as Cortes e, mais ainda, na Independência (Costa, 1980:113-115). Em viagem para São Paulo, com o objetivo de também lá serenar os ânimos — que estavam exaltados por causa da bernarda liderada por Francisco Inácio de Sousa Queirós e da decorrente deposição de Martim Francisco do governo da província, contra o que se voltou o interior e o próprio governo central, que deu sustentação aos Andradas (Rodrigues, 1975:36) —, impondo sua autoridade e pacificando a província, aos 7 de setembro, depois de receber notícias chegadas no Rio de Janeiro sobre as Cortes de Lisboa, fez a famosa proclamação da Independência. Hoje tal pronunciamento é visto como declaração de Independência do Brasil, mas na época foi pouco noticiado, talvez porque a ruptura entre Brasil e Portugal já fosse vista antes como sacramentada. Aos 12 de outubro, por fim,

Figura 15. *Coroação de d. Pedro, Imperador do Brasil*, de Jean-Baptiste de Debret. Rompendo com a tradição portuguesa, pela qual os reis eram aclamados, d. Pedro fez-se ser coroado imperador, ecoando a experiência napoleônica

Fonte: Debret (1993).

d. Pedro foi aclamado e, finalmente, aos 10 de dezembro, deu-se sua coroação como imperador do Brasil, feita em moldes privados, com muita pompa e com a população mantida do lado de fora (Neves, 2011:96-97).

No Rio de Janeiro, no Teatro São João, foi encenado o elogio pela coroação de d. Pedro e incumbiu-se Jean-Baptiste Debret de fazer uma representação pictórica, o *Pano de boca executado para a representação extraordinária no Teatro da Corte*. A análise dessa obra e da descrição que dela fez seu autor oferece elementos para pensar sobre como a Independência do Brasil foi realizada e sobre como a ordem imperial, ainda em constituição, era representada. Na imagem, ao centro, vê-se a nação brasileira, "representada por uma mulher que carrega as tábuas da Constituição numa das mãos e um objeto indígena na outra"; ao fundo, estão índios bravios e, nas laterais, encontram-se "escravos leais e bandeirantes com suas armas, prontos a lutar pelo novo Estado", uma representação que, no conjunto, celebra a "comunhão de diferentes povos" como base do novo império (Schwarcz, 2011:245). A descrição que o próprio Debret fez da representação, por sua vez, ilumina a centralidade ocupada por paulistas e mineiros na construção do império que nascia. Segundo o célebre pintor francês, em segundo plano, à direita, "um ancião paulista, apoiado sobre um de seus jovens filhos que carrega o fuzil ao ombro, protestam todos [os] dois a sua fidelidade; e atrás deles outros *paulistas e mineiros*, animados pelo mesmo fervor, que o expressam de sabre na mão" (Debret apud Silva, 2011:40-41, grifos meus).

Se paulistas e mineiros foram os dois únicos tipos regionais representados no referido *Pano de boca*, e se isso mostra que Debret "pretendia transmitir uma imagem que advogasse o prestígio e a importância que aqueles elementos exerceriam no arranjo político brasileiro daquele momento" (Silva, 2011:41), a igual constatação pode-se chegar analisando-se uma joia que, tudo indica, foi usada pela imperatriz Leopoldina, encontrada no Museu Imperial de Petrópolis. Trata-se de um colar em que se veem representadas as 19 províncias do império por meio de "esferas armilares encadeadas por ramos de café e tabaco", entre as quais se destacam as que representam Minas Gerais, Rio de Janeiro e São Paulo, que servem como base para a coroa, ao centro do colar. Como bem percebe Luciano Moreira da Silva, com isso, as províncias foram arranjadas "em conformidade com os papéis a elas atribuídos no momento de construção do Estado", do que poderia, ademais, inferir-se "a proposição de que a união das províncias seria o elemento fundamental para a conservação da monarquia e o engrandecimento do império" (ibid.). O *Pano de boca*, a descrição que dele fez seu autor, Debret, e o colar, enfim, indicam a centralidade de Rio de Janeiro, São Paulo e Minas Gerais no formato de Independência que se sagrou vitorioso em 1822 e, ao mesmo tempo, sinalizam o grande desafio a ser enfrentado pelo império nascente sob aquela hegemonia e sob a égide de d. Pedro I: manter a unidade dos diferentes povos e das distintas províncias. Como assinalou Joaquim Gonçalves Ledo em 1822: "A Reunião das Províncias, a Consolidação da opinião, nascerá da franqueza e sinceridade do ministério, e da sua efetiva responsabilidade. Nascerá sobretudo da Aclamação de V. A. R. Imperador do Brasil, jurando V. A. R. manter e defender, e sustentar, e fazer sustentar e guardar a Constituição que organizar a Assembleia Constituinte e Legislativa do Brasil" (BN-RJ: Defesa do Brasil, 1822:3). Antes mesmo da coroação de d. Pedro, em meados de outubro de 1822, anunciava-se o conflito que iria desenvolver-se depois, entre os que propugnavam a origem popular do poder do imperador, perspectiva abraçada por José Clemente Pereira, e os que, pelo contrário, entendiam que ele vinha de Deus e, secundariamente, dos homens, como defendia José Bonifácio de Andrada e Silva (Neves, 2011:96-98).

Do outro lado do Atlântico, em Portugal, em 1º de outubro de 1822, d. João jurou a Constituição, no que não foi seguido por sua esposa, d. Carlota Joaquina, a qual, por isso, foi desterrada para o Palácio do Ramalhão, endereçando uma carta malcriada ao marido, na qual se lê: "Na terra do desterro eu serei mais livre que V. M. em vosso palácio. Eu levo comigo a liberdade: o meu coração não está escravizado; ele jamais curvou diante de altivos súditos que têm ousado impor leis a V. M. [...]" (Schwarcz, 2002:360). Por razão diferente, Cipriano Barata e outros deputados brasileiros, por seu turno, também se recusaram a assinar a Constituição portuguesa, fugindo para Falmouth, onde, aos 6 de outubro de 1822, explicaram os motivos dessa sua recusa através de um manifesto, ignorando que em várias partes do Brasil já se desenvolvia o processo de aclamação de d. Pedro (Tavares, 2001:227; Souza, I., 1999:141-142). Aos 28 de outubro, d. Pedro I aceitou o pedido de demissão do ministério dos irmãos Andrada, José Bonifácio e Martim Francisco. Tal medida mereceu o apoio de José Clemente Pereira, Joaquim Gonçalves Ledo e outros. Os irmãos Andrada, contudo, orquestraram uma reação do Senado da Câmara e dos "cidadãos" do Rio de Janeiro, aliciando para tanto os procuradores das províncias e as tropas. O resultado foi a recondução dos dois irmãos ao ministério e a abertura de uma devassa, aos 2 de novembro de 1822, contra Gonçalves Ledo, Clemente Pereira, Nóbrega Souza Coutinho, Cunha Barbosa e outros, sob a acusação de conspirarem contra o governo monárquico constitucional "para formar uma república". No dizer dos supostos conspiradores, seu objetivo era apenas destituir os Andradas do ministério e, ainda, estes usaram o anátema de "republicanos" para "iludir o povo", sendo bem-sucedidos nessa artimanha. Os derrotados, por sua vez, usaram outro anátema para combater José Bonifácio: ele seria "imitador do despotismo".[319]

Em suma, a partir de agosto de 1820, o Reino Unido de Portugal, Brasil e Algarves foi sacudido por um movimento que minou os últimos pilares do Antigo Regime luso-brasileiro. Centrado na defesa do constitucionalismo e na oposição ao despotismo, advogando uma nova compreensão sobre a soberania, o movimento se irradiou de Portugal para o Brasil, levando à constituição de Juntas Provisórias de governo, ao retorno de d. João VI para Lisboa e à emergência de debates e de projetos distintos de reorganização do Reino Unido. Não havia uma homogeneidade de interesses e propostas em cada um dos reinos,

---

[319] BN-RJ: Processo, 1822-1823:9-10.

mas, de um lado, existia uma ânsia de Portugal em readquirir a preponderância perdida em 1807 e, de outro, um anseio, das províncias do Brasil em conquistar autonomia, desejo esse muitas vezes mesclado a um ressentimento contra o Rio de Janeiro, cujo governo era frequentemente associado ao "despotismo" e ao "absolutismo", quando não à espoliação. A oposição à "metrópole interiorizada" no Rio de Janeiro e a defesa do constitucionalismo foram capazes de manter mais ou menos silentes, até fins de setembro e inícios de outubro de 1821, os interesses contraditórios presentes no interior das Cortes e puseram os governos da maioria das províncias em rota de colisão com a regência de d. Pedro. Todavia, entre fins do referido ano e meados de 1822, de um lado, nas Cortes, verificou-se uma aproximação entre as representações das províncias brasileiras, em oposição a Portugal e, de outro lado, no Brasil, forças políticas enraizadas no Rio de Janeiro, em São Paulo e em Minas Gerais passaram a convencer-se que o Reino Unido não tinha mais futuro, vindo a enredar nessa conclusão e num projeto de emancipação o próprio príncipe regente, d. Pedro, que, não só tomou a liderança do processo como procurou conduzi-lo em conformidade com suas conveniências. Foi com muita dificuldade que as representações brasileiras nas Cortes e, do lado de cá, que os atores políticos das distintas províncias e do próprio Rio de Janeiro gestaram e abraçaram a causa da ruptura com Portugal e da Independência, fazendo-o apenas quando se convenceram que a manutenção da unidade seria impossível, porque prejudicial aos seus interesses, ainda que tão diversos. Lideranças do Rio de Janeiro souberam aproveitar-se da situação, sendo secundadas por lideranças de São Paulo e Minas Gerais, que, enfim, conseguiram atrair, negociar e impor-se às demais províncias, sem, contudo, calar todas as dissonâncias. Nesse processo, coube aos maçons uma importância fundamental, sendo também relevantes os impressos e as câmaras (muitas vezes, manobradas pelas lideranças maçônicas), ao mesmo tempo, veículos e vetores da ebulição que cercou a emancipação do Brasil. Num primeiro momento, moderados como os Andrada, José Bonifácio e Martim Francisco, triunfaram, convencendo e/ou derrotando liberais mais radicais, como Gonçalves Ledo, Clemente Pereira, Cunha Barbosa e Nóbrega Souza Coutinho, dentre outros, perseguindo-os após vencerem-nos aos 30 de outubro de 1822. Mais tarde, porém, esses vitoriosos seriam derrotados, com demissão do ministério e deportação, respectivamente, em 17 de julho e 12 de novembro de 1823, quando d. Pedro fechou a assembleia constituinte. Enfim, o príncipe e, depois, imperador, d. Pedro, logrou tornar-se o grande vencedor, situação encerrada com a abdicação em 1831.

Conclusões

D. Pedro e o Centro-Sul

> A bondade de qualquer Constituição é que esta seja a melhor que a nação possa e queira receber. Que Constituição mais livre do que a francesa do ano 3 (1795), e contudo acabou logo, porque o geral da nação a não quis receber. Assim as melhores instituições absolutamente não são as melhores relativamente. Tudo é filho do tempo e das luzes. Os homens são entes sensíveis, e não entes de razão ou ideias de Platão.
> José Bonifácio de Andrada e Silva, 1821 (Silva, 2002:123).

Após analisar a passagem do século XVIII para o século XIX em Portugal e no Brasil, e a época joanina até a Independência, numa conjuntura internacional complexa e belicosa, é possível identificar as continuidades e as rupturas detectadas neste lado do Atlântico. Em todo esse período, notam-se a luta e a corrosão do Antigo Regime, de que são epifenômenos a transferência da Corte, a Revolução do Porto, a Revolução Pernambucana de 1817 e a Independência do Brasil, antecedidas por movimentos e contestações políticas e religiosas, que demarcaram um processo de dessacralização da ordem constituída.

Fixando-se os olhos no Brasil, contudo, percebe-se que a corrosão do Antigo Regime não o destruiu completamente, marcando-se também por continuidades. Se o absolutismo, a sociedade estamental, o fanatismo religioso, o poderio desmesurado dos clérigos e da Igreja, o monopólio comercial e a sujeição a Lisboa tornaram-se página virada, o mesmo não se deu com a escravidão, os valores aristocráticos e, em certa medida, o "capitalismo comercial", que tinha no tráfico negreiro uma de suas fontes. O mesmo se pode dizer a respeito da dependência econômica, ainda que esta não se desse mais nos quadros do antigo sistema colonial, mas, sim, sob a égide de uma potência capitalista, que desenvolvia uma política imperialista: a Inglaterra. Outro aspecto fundamental foi a esfera pública, incipiente no início do período examinado, extremamente vivaz no contexto da Independência e que ficaria particularmente em ebulição durante o período regencial (1831-1840), após a abdicação de d. Pedro. Ainda detendo o olhar sobre as continuidades, sem nos restringirmos ao que então se entendia por Antigo Regime, outras permanências podem ser notadas: o patrimonialismo sobreviveu bravamente, ainda que não mais combinado com uma sociedade propriamente de Corte, a partir de então restrita à ânsia por distinção e não mais satisfeita por um monarca absolutista, posto que limitado por uma Constituição.

Talvez se possa pensar que os oficiais da monarquia joanina desempenharam um papel, para o que concorreram os vassalos do rei — papel este que é indissociável da transferência da Corte e das transformações dela decorrentes, como defende Kirsten Schultz —, que consistiu em abrir a possibilidade para a transição da colônia para o império. Eles o desempenharam reagindo aos ideais revolucionários e apropriando-se das tradições portuguesas, mas também criando uma nova linguagem política, que, muitas vezes, incorporava velhos termos, mudando-lhes o sentido, ao mesmo tempo que interditava outros. Assim, se "cidadão", termo de significado tão restrito sob o Antigo Regime, remetendo aos membros da comunidade urbana que de algum modo participavam da vida das câmaras, alcançava outra significação, rimando com igualdade e liberdade, inversamente, o culto à lealdade ao soberano era interditado (Schultz, 2006:139-147).

Isso não quer dizer que, com a Independência anunciada, o imperador tenha deixado de ter um papel central, fosse em termos políticos, fosse em termos sociais, ou muito menos que a mentalidade aristocrática tenha deixado de ter lugar. No dia de sua coroação, 10 de dezembro de 1822, d. Pedro I criou a Ordem do Cruzeiro, graça honorífica similar às existentes em Portugal sob o Antigo Regime. Ela constituiu um mecanismo usado pelo imperador para conceder privilégios sociais e legais, refazendo o estatuto de nobreza, agora de funções, ligada a cargos públicos. Assim, como afirma Lúcia Bastos Pereira das Neves: "O Império do Brasil nascia mais próximo ao ideário do Antigo

Regime do que daquele das novas práticas liberais" (Neves, 2011:99). Esse ideário, na verdade, era bem enraizado, sendo um traço de continuidade entre a colônia antes de 1808, o período joanino e o Brasil imperial, como pude evidenciar neste livro. As práticas de requerer mercês, privilégios ou cargos ao rei e deste de concedê-las — típicas das monarquias europeias do Antigo Regime, reforçando os laços de sujeição em relação ao reino e à monarquia, reafirmando "o pacto político sobre o qual se forjava a soberania portuguesa nos quatro cantos do mundo" (Bicalho, 2001:219) —, com efeito, não desapareceram de todo no Brasil imperial. As gentes de Minas — mas não só elas — deram sua colaboração para reiterar esse ideário e essas práticas. D. Pedro I, no curso de sua viagem à província, entre fins de março e fins de abril de 1822, na medida em que lograva sucesso no sentido de conquistar o apoio às suas iniciativas políticas junto a camaristas, comandantes militares e padres, agradecia àqueles que o apoiavam. Esses últimos, por seu turno, não se furtaram, tempos depois, de relembrar o imperador sobre seus préstimos, como também de lhe solicitar títulos e privilégios. Como salienta Helvécio Pinto Nascimento, a "diferenciação social era um dos elementos centrais das relações sociais da sociedade brasileira oitocentista", mobilizando os que ocupavam cargos públicos, ansiosos por alcançar a nobilitação, a tentar obter títulos da Coroa (Nascimento, 2010:110).

Em 1823, Cipriano Barata fazia uma análise do decreto de 1º de dezembro sobre a criação da Ordem do Cruzeiro, num panfleto por ele assinado sob o pseudônimo "Desengano". Se o negociante inglês Armitage, pouco tempo depois, em sua *História do Brasil*, publicada em 1836, classificaria essa iniciativa como "inesperada prática feudal", não condizente com a sociedade brasileira da época (Oliveira, 2011:37-38), o grande revolucionário baiano não só a criticou como também ao reinado de d. João VI, especialmente a seu governo no Rio de Janeiro, traçando uma linha de continuidade que não se pode perder de vista. Sobre o reinado de d. João VI, Barata afirmou que ele era "abominado no Brasil", em função de seus excessos tributários e de sua ação na repressão aos revolucionários de 1817 na Bahia e em Pernambuco, denunciando essas opressões com palavras virulentas:

> Os povos ainda se lembram que ele, em poucos anos, lhes impôs mais de dezoito tributos arbitrários, que oprimiu a todos com vexames, roubos e insultos de seus validos etc. Os povos ainda têm as cicatrizes das algemas, grilhões e correntes,

muito frescas. E as lágrimas, mal enxutas pelas crueldades horrorosas, ilegal e barbaramente cometidas na Bahia. A carnificina inaudita de Pernambuco [em 1817] com mortes, esquartejamentos, arrancamentos dos cadáveres das sepulturas, profanação do sacerdócio, roubos, estupros, adultérios, sacrilégios, violências, insultos, injúrias, surras mortais e palmatoadas na gente de fora, pretos, pardos e brancos, até nas mulheres e meninos, a ponto de saltarem fora as unhas e ficarem aleijados; bofetadas, chicotadas e pontapés etc. [Schiefler, 2013:75].

Ao mesmo tempo, Barata via na iniciativa de d. Pedro um sinal da perpetuação do "governo antigo", criticando-a pela mescla de "despotismo", cooptação e concessão de privilégios, em outras palavras, pela mistura de patrimonialismo, resquícios de "sociedade de Corte" e exclusão política:

O gabinete do imperador que ganhar terreno passo a passo para breve nos esmagar com morgados, barões, condes, viscondes, marqueses e todos quantos formam o cortejo do despotismo. Torno a repetir: estas palavras "privilégios", foros e isenções devem ser banidas do Brasil [Schiefler, 2013:73].

Barata e frei Caneca, como sustenta Felipe Riccio Schiefler, usavam um léxico republicano, que não implicava propriamente a adoção de uma república como forma de governo nem era incompatível com a monarquia constitucional, radicando-se essencialmente, de um lado, na oposição à sociedade de Corte e ao despotismo e, de outro, na defesa do federalismo e de uma estrutura política cuja base era o cidadão, ativo economicamente e, ao mesmo tempo, um soldado armado pronto para a defesa de sua pátria, incorporando, inclusive, as mulheres (ibid., p. 69-70, 86-89). Nas primeiras décadas do século XIX, como afirma Cecília H. de Salles Oliveira, além das forças sociais que deram sustentação ao governo de d. João VI e a d. Pedro I, formadas por negociantes de grosso trato, traficantes de escravos e empreendedores como Carneiro Leão, figuravam, de um lado, cidadãos de pequenas e médias posses que se aproximavam do debate instaurado pela Revolução Americana e, de outro, negociantes atacadistas, burocratas e proprietários de grandes recursos (como os que organizaram as fazendas do Vale do Paraíba e desenvolveram negócios transoceânicos e a longa distância), partidários do projeto que vingou com a Carta Constitucional de 1824 (Oliveira, 2011:45).

Figura 16. *Retrato de d. João VI* (cerca de 1820), cópia de J.-B. Debret. D. João VI, personagem controverso na historiografia e na memória histórica no mundo luso-brasileiro, preservou os interesses de sua dinastia dos dois lados do Atlântico

Nesse processo de continuidades e transformações que se deram de fins do século XVIII para o século XIX, em Portugal e no Brasil, uma figura merece a atenção: d. João VI. Sobre ele, sua regência e seu reinado, sobretudo durante sua estada no Brasil, entre 1808 e 1821, gostaria de alinhavar a quarta tese, que procurei sustentar ao longo deste ensaio. A historiografia ressalta que a conduta do soberano marcou-se por hesitações, simulações e procrastinações. Tais posturas, por um lado, são indissociáveis do contexto em que o soberano atuou, isto é, ligavam-se às curtas margens de manobra sob as quais o soberano atuou, influenciado pelas pressões inglesas, francesas e espanholas, pelos embates entre liberais e absolutistas e, ademais, espremido pelas relações entre *portugueses* e *brasileiros*, identidades então em uso naquele momento dramático e em tensão que se agudizou com as Cortes constituintes de Lisboa, em 1821 e 1822 e, mais ainda, no Primeiro Reinado (1822-1831), do que já se teve alguns lampejos neste texto. Por outro lado, como assinala José Jobson Andrade Arruda, as posições do soberano "foram muito úteis num jogo tão complexo, em que se está em desvantagem total, em que é necessário fazer render o tempo". Forçado pelas circunstâncias, mas com razoável previsão, o príncipe transportou o tesouro, arquivos, todo o acervo administrativo e o aparato burocrático de Lisboa para o Rio de Janeiro, transferindo a Corte sem que nenhuma falta grave se fizesse sentir e formulando no Brasil um projeto imperial. Abriu os portos brasileiros em 1808, rendendo-se às pressões inglesas, mas não sem antes bastante refletir, tendo em conta as necessidades fiscais da monarquia (à época, muito dependente das taxas alfandegárias, que não poderiam ser obtidas nos portos portugueses, então sob controle dos invasores)[320] e talvez considerando as necessidades locais, identificadas ao chegar à Bahia. No Rio de Janeiro, ele teve uma atuação mais decidida e ousada, desenvolvendo uma política expansionista em relação à América platina, malograda parcialmente em função das circunstâncias. D. João desafiou o poderio napoleônico, com a ocupação da Guiana Francesa, sob a justificativa de que ela poderia converter-se em foco revolucionário, devolvida à França por determinação do Congresso de Viena; e, ainda, reprimiu violentamente a Revolução Pernambucana de 1817.[321]

Em meio ao turbilhão da Revolução Liberal do Porto e das Cortes de Lisboa, nos idos de 1820-1821, retornou a Portugal em abril de 1821, jurou a Constituição, mas deixou seu filho, d. Pedro, como regente, no Rio de Janeiro, aconselhando-o a pôr-se à frente da Independência do Brasil se ela se afigurasse como uma realidade inexorável, de forma a preservar o domínio de sua dinastia sobre a ex-colônia. D. João, enfim, nunca deixou de ser protagonista, como enfatiza José Jobson Arruda, ou, como entende Evaldo Cabral de Mello, suas iniciativas, no plano doméstico e internacional, "indicam que possuía o dom do homem de Estado, que consiste em saber avaliar o merecimento das políticas que lhe propunham", além da capacidade de "distinguir o que era factível do que não era" (Mello, 2002b:334). Sobre ele, não titubeio em reiterar, como já fizeram

---

[320] É importante lembrar que o fisco, na colônia, constituiu um instrumento da exploração colonial, incidindo sobre todas as atividades capazes de gerar excedentes e materializando-se em monopólios régios — do pau-brasil; da pesca da baleia (1603-1798); do tabaco (1642-1820); do sal (1658-1801), de maior lucro; e dos diamantes (de 1731 até a Independência), impostos diretos sobre a produção e o comércio colonial, bem como sobre o tráfico negreiro (Costa, 2003:158-159).

[321] Ver: Arruda (2008:110-111, 123-130); Slemian e Pimenta (2008:124-126); Villalta (2003:58-91).

Lúcia e Guilherme Pereira das Neves, as palavras de Oliveira Lima, excetuando o atributo "bondade", difícil de mensurar: "Se não foi um grande soberano, soube combinar dois predicados: um de caráter, a bondade; o outro de inteligência, o senso prático de governar" (Neves e Neves, 2004:72). A isso deve-se acrescentar um juízo atribuído a d. Rodrigo de Souza Coutinho a respeito dos reis em geral, juízo este que mostra o reverso da combinação de patrimonialismo e sociedade de corte e pelo qual se isentam os reis da culpa pelos erros, atribuindo-a aos "vis cortesãos que os rodeiam desde o berço e que lhes encobrem o que faria a sua desgraça e a fortuna dos príncipes" (Brandão, 1919:123-124).

Entre continuidades, rupturas e protagonistas, o Império nascente do Brasil teria que se defrontar posteriormente com dois problemas socioeconômicos centrais. Em termos socioeconômicos, havia as questões do tráfico negreiro e da escravidão. A escravidão, que não se contradizia com a lógica societária corporativa do Antigo Regime português, fora afetada pelas reformas pombalinas que a aboliram e impediram a entrada de novos cativos em Portugal, tendo de ser compatibilizada segundo outra lógica sob o Brasil imperial, de bases liberais. Dentro dessa lógica, privilegiou-se o direito de propriedade e assumiu-se, desde o princípio, a superação da escravidão como horizonte (Mattos, 2001:162). Em termos sociopolíticos, o império viria a enfrentar o problema da "heterogeneidade", que ameaçava a unidade política, apenas esboçada em 1822. Sobre tal situação do nascente império assim se pronunciou José Bonifácio de Andrada e Silva, químico de formação:

> É da maior necessidade ir acabando tanta heterogeneidade física e civil; cuidemos pois desde já em combinar sabiamente elementos discordes e contrários, e em amalgamar tantos metais diversos, para que saia um todo homogêneo e compacto, que se não esfarele ao pequeno toque de qualquer nova convulsão política [Jancsó e Pimenta, 2000:173].

Do outro lado do espectro político, aos 14 de junho de 1823, mostrando que a supracitada heterogeneidade tinha um componente regional e que a hegemonia do Centro-Sul estaria sujeita às oposições vindas do Norte, dizia Cipriano Barata:

> Parece que, da Bahia para o Norte, os povos estavam menos estúpidos e alvitados do que para o Sul, onde o despotismo do pérfido gabinete do Rei d. João VI aca-

nhou e mesmo aniquilou toda a grande [sic] d'alma, elevação de espírito e nobreza de sentimentos; *o Sul é hoje habitado por um montão de escravos* [Schiefler, 2013:75-76, grifos meus].

Barata, ao usar a expressão "montão de escravos", referia-se à sujeição do Sul aos ditames da ordem política recém-inaugurada, por ele vista como despótica. Suas afirmações, no conjunto, insinuam que o "Sul" enfrentaria resistências no futuro, como demonstrariam as rebeliões do período regencial, para as quais concorreram também as disputas entre as facções das oligarquias locais, em meio às quais, num ou noutro lugar, emergiram na cena política outros sujeitos, cuja presença se anunciou ainda na Independência, de que é exemplo o sucedido no Pará, onde, "soldados e ébrios" saquearam lojas e casas, dando vivas e tiros, aos 15 de outubro de 1823, dois dias depois da aclamação do imperador em Belém (Souza, I., 1999:158). Se Barata esgrimia contra a continuidade do "montão de escravos", na acepção política que ele e tantos outros davam à expressão, Bonifácio, em seu socorro, tempos depois da partida de d. João VI para Lisboa em 1821, como mostra o texto que serve de epígrafe a estas conclusões, apelava para os limites impostos pelo "tempo", ou melhor, daquilo que entendia como possível, ainda que não louvável, no país da época em que vivia (Silva (2002:119-124).

É possível, por fim, endossar em boa parte as interpretações de José Murilo de Carvalho, em *A Construção da Ordem/Teatro das Sombras* (2013:20-21, 39), a respeito da participação da monarquia e da elite política luso-brasileira — uma elite homogênea do ponto de vista ideológico, graças à socialização, ao treinamento e às carreiras na burocracia, em grande parte associada à Universidade de Coimbra — no processo de Independência. Todavia, não se devem perder de vista as dissonâncias, maiores ou menores, existentes no interior dessa mesma elite política, o que implica reconhecer que ela era homogênea apenas relativamente: isto é, homogênea porque ilustrada, mas com Luzes diferentes, diferenças de que são ícones Bonifácio e Barata. À semelhança das Luzes luso-brasileiras — e por serem balizadas por elas —, essas elites abrigavam algumas vertentes moderadas e outras, radicais, neste último caso, menos propensas à pura e simples adesão a uma total continuidade com o Antigo Regime. Cipriano Barata e Joaquim Gonçalves Ledo, que não concluíram sua formação na Universidade de Coimbra, e Januário da Cunha Barbosa e Diogo Antônio Feijó — ambos, como assinalado anteriormente, sem passagens pela instituição do Mondego, mas com estudos feitos no Brasil —, ao lado do coimbrão José Clemente Pereira, são expressões de vertentes mais radicais das Luzes luso-brasileiras. Mesmo um coimbrão de quatro costados como Antônio Carlos Ribeiro de Andrada, irmão de José Bonifácio, não se pode esquecer, poucos anos antes de 1821-1822, envolveu-se, ainda em 1794, em discussões em Coimbra, exprimindo uma compreensão menos moderada a respeito da religião e da política e, em 1817, participou ativamente da Revolução Pernambucana, tudo isso demonstrando a complexidade de sua formação político-ideológica e de sua trajetória política. Complexidade, diversidade e conflitos, portanto, faziam-se presentes nas elites luso-brasileiras, cujos próceres eram formados ou não em Coimbra, dando um tom mais colorido às lutas pela Independência e à vitória de um projeto mais conservador, que, como bem percebe José Murilo de Carvalho, foi protagonizado essencialmente por coimbrões e em conformidade com os interesses da Casa de Bragança.

No processo de Independência, nos anos 1820-1823, porém, as cores vivas da "irreligiosidade", que marcou o Brasil e Portugal na passagem do século XVIII para o século XIX, esmaeceram-se completamente, tal como sucedera na França ao final da Revolução.

Fontes e bibliografia

Fontes impressas

ABN: A Inconfidência da Bahia: devassas e sequestros. *Separata de Anais da Biblioteca Nacional.* Rio de Janeiro, Biblioteca Nacional, 1931. 2 v.

ABRANTES, Duquesa de. *Recordações de uma estada em Portugal (1805-1806).* Introd. José Augusto França. Trad. Magda Figueiredo. Lisboa: Biblioteca Nacional, 2008.

ADIM. *Autos de devassa da Inconfidência Mineira.* 2. ed. Brasília: Câmara dos Deputados; Belo Horizonte: Imprensa Oficial de Minas Gerais, 1980. 11 v.

ADPLRJ. *Autos de devassa*: prisão dos letrados do Rio de Janeiro (1794). Niterói, RJ: Arquivo Público do Estado do Rio de Janeiro; Rio de Janeiro: Uerj, 1994.

BARBOSA, Francisco Vilela. *Poemas de Francisco Villela Barbosa, natural do Rio de Janeiro, e estudante de mathematica na Universidade de Coimbra.* Coimbra: Real Imprensa da Universidade, 1794.

BARREIROS, José Baptista. *Documentos para a história política e diplomática de Portugal*: correspondência inédita entre o conde da Barca e José Egídio Álvares de Almeida, secretário particular de El-Rei D. João VI (com um estudo prévio). Braga: Sociedade Histórica da Independência de Portugal, 1962.

BONAPARTE, Napoléon. *Mémoires de...* Manuscrit Venus de Saint-Héléne. Paris: Baudoin Fils, 1821.

CLARKE, Samuel. *Traités de l'existence et des attributs de Dieu*: de devoir de la réligion naturelle, et de la vérité de la réligion chretiènne. Trad. M. Ricotier. [S.l.]: [s.n.], 1744.

CREVIER, J. B. *Preceitos de rhetorica tirados de Aristoteles, Cicero, e Quintiliano*. Nova edição correcta. Lisboa: Impressão Régia, 1830.

DEBRET, J. B. *O Brasil de Debret*. Belo Horizonte: Vila Rica, 1993.

DIAS, José Sebastião; PRATA, Manuel Alberto Carvalho (Org.). *Atas das congregações da Faculdade de Filosofia (1772-1820)*. Coimbra: Universidade de Coimbra, 1978. v. 1.

DELICIOSO jardim da Rhetorica, tripartido em elegantes estancias e adornado de toda a casta de Flores da Eloquência ao qual se ajuntão os Opusculos de modo de compor, e amplificar as sentenças e da airosa collocaçam e estrutura das partes da oração. 2. ed. Lisboa: Officina de Manoel Coelho Amado, 1750.

DH — Documentos Históricos. *A Revolução de 1817*. Rio de Janeiro: Biblioteca Nacional, 1953. v. CI-CV.

DOCUMENTO 87. In: VALADARES, Virgínia Trindade. *Elites mineiras setecentistas*: conjugação de dois mundos. Tese (doutorado em história) — Faculdade de Letras da Universidade de Lisboa, Lisboa, 2002. Apêndice documental, p. 336-337.

D. PEDRO. Carta de S. A. R. de 23 de Janeiro de 1822 [a D. João VI]. In: *Cartas e mais peças dirigidas a sua Magestade o Senhor D. João VI pelo Principe Real o Senhor D. Pedro de Alcantara*: e junctamente os officios e documentos, Que o General Comandante da Tropa expedicionária existente na Província do Rio de Janeiro tinha dirigido Governo. Lisboa: Imprensa Nacional, 1822. p. 7-11.

ESCHWEGE, Barão de. Extracto de huma Memoria sobre a decadencia das minas de ouro da Capitania de Minas Gerais, e sobre varios outros objectos Montanisticos. In: ACADEMIA REAL DAS SCIENCIAS DE LISBOA. *História e memórias da Academia Real das Sciencias de Lisboa*. Lisboa: Typografia da Real Academia das Sciencias, 1825. t. IX, p. 65-76.

FONTOURA, Manoel Carneiro da Silva. Representação, que o abaixo assignado, em nome da Província do Rio Grande de S. Pedro do Sul, dirigia a S. A. R o Príncipe Regente do Brazil, incorporado ao Senado da Camara do Rio de Janeiro, no dia 9 de Janeiro de 1822. In: *Cartas e mais peças dirigidas a sua Magestade o Senhor D. João VI pelo Principe Real o Senhor D. Pedro de Alcantara: e junctamente os officios e documentos, Que o General Comandante da Tropa expedi-*

cionária existente na Província do Rio de Janeiro tinha dirigido Governo. Lisboa: Imprensa Nacional, 1822. p. 28-30.

GONZAGA, Tomás Antônio. Cartas chilenas. In: PROENÇA FILHO, Domício (Org.). *A poesia dos inconfidentes*: poesia completa de Cláudio Manuel da Costa, Tomás Antônio Gonzaga e Alvarenga Peixoto. Rio de Janeiro: Nova Aguilar, 1996. p. 743-896.

JUNOT, Jean-Andoche. *Diário da invasão francesa.* Introd. Antônio Ventura. Trad. Manuel Rosas. Lisboa: Livros Horizonte, 2008.

LINDLEY, Thomas. *Narrative of a voyage to Brasil.* Londres: J. Jonhson & Church-Yard, 1805.

MANIFESTO do Povo do Rio de Janeiro sobre a residência de Sua Alteza Real no Brasil, dirigido ao Senado da Câmara, 29 de abril de 1821. In: *Cartas e mais peças dirigidas a sua Magestade o Senhor D. João VI pelo Principe Real o Senhor D. Pedro de Alcantara: e junctamente os officios e documentos, Que o General Comandante da Tropa expedicionária existente na Província do Rio de Janeiro tinha dirigido Governo.* Lisboa: Imprensa Nacional, 1822. p. 16-17.

MEMÓRIA, que a Sua Alteza Real o Príncipe Regente do Brasil dirigirão os pernambucanos residentes nesta Corte, mandada publicar por Ordem do mesmo Senhor. In: *Cartas e mais peças dirigidas a sua Magestade o Senhor D. João VI pelo Principe Real o Senhor D. Pedro de Alcantara: e junctamente os officios e documentos, Que o General Comandante da Tropa expedicionária existente na Província do Rio de Janeiro tinha dirigido Governo.* Lisboa: Imprensa Nacional, 1822. p. 31-36.

MENDONÇA, José Luiz de. Preciso [1817]. In: TAVARES, Francisco Muniz. *História da Revolução Pernambucana de 1817.* 3. ed. rev. e anotada por Oliveira Lima. Recife: Imprensa Industrial, 1917. p. CXI-CXIII.

PEREIRA, José Clemente. Falla, que o Juiz de Fora José Clemente Pereira, Presidente do Senado da Camara, dirigio a S A R. no acto em (que apresentou ao mesmo Senhor as Representações do Povo desta Cidade [02/01/1822]. In: *Cartas e mais peças dirigidas a sua Magestade o Senhor D. João VI pelo Principe Real o Senhor D. Pedro de Alcantara: e junctamente os officios e documentos, Que o General Comandante da Tropa expedicionária existente na Província do Rio de Janeiro tinha dirigido Governo.* Lisboa: Imprensa Nacional, 1822. p. 23-27.

REPRESENTAÇÃO do bispo de S. Paulo, do cabido de sua sé e do clero do seu bispado, 1/1/1822. In: *Cartas e mais peças dirigidas a sua Magestade o Senhor D. João VI pelo Principe Real o Senhor D. Pedro de Alcantara: e junctamente os officios e docu-*

mentos, Que o General Comandante da Tropa expedicionária existente na Província do Rio de Janeiro tinha dirigido Governo. Lisboa: Imprensa Nacional, 1822. p. 44-47.

ROUSSEAU, Jean-Jacques. *Emílio ou da Educação*. São Paulo: Martins Fontes, 1985.

SANCHES, A. R. *Método para aprender a estudar a medicina [1763] / Cartas sobre a Educação da Mocidade [1760]*. Coimbra: Universidade de Coimbra, 1959.

SILVA, José Bonifácio de Andrada e. Notas sobre a organização política do Brasil, quer como Reino Unido a Portugal, quer como Estado independente. In: CALDEIRA, Jorge (Org.). *José Bonifácio de Andrada e Silva*. São Paulo: Ed. 34, 2002. p. 119-124.

_____; LOBO, Antônio Leite da Gama; RONDON, José Arouche de Toledo; AZEVEDO, Alexandre Gomes de. Discurso [feito em 26 de Janeiro de 1822] em nome do Governo, Câmara, Clero e Povo de S. Paulo. In: *Cartas e mais peças dirigidas a sua Magestade o Senhor D. João VI pelo Principe Real o Senhor D. Pedro de Alcantara: e junctamente os officios e documentos, Que o General Comandante da Tropa expedicionária existente na Província do Rio de Janeiro tinha dirigido Governo*. Lisboa: Imprensa Nacional, 1822. p. 47-55.

VIDE, D. Sebastião Monteiro da. *Constituições, primeiras do arcebispado da Bahia, feitas e ordenadas pelo Ilustríssimo e Reverendíssimo... [1707]*. Coimbra: Real Colégio das Artes da Companhia de Jesus, 1720.

Fontes manuscritas

Archives de la Marine (Paris)

LARCHER. Amérique Meridionale — Brésil. Projet d'expédition contre San Salvador (Brésil) par le Cape. De Nau... 24 Avril 1797. Paris: Archives de la Marine [Manuscrito].[322]

Arquivo da Casa Setecentista de Mariana (ACSM)

ACSM-C2. Cartório do 2º Ofício, Inventários (1714-1822).

---

[322] Fotocópia de manuscrito gentilmente cedida ao autor por István Jancsó.

Arquivo Nacional — Rio de Janeiro (AN-RJ)

AN-RJ, RAO. Série Interior / Gabinete do Ministro. Código do Fundo: A6. Seção de Guarda: Codes, Registro de Avisos e Ofícios — notações dos livros da Corte. Livro 1, 1808-1809, IJJ 1 155.

AN-RJ, RAO. Série Interior / Gabinete do Ministro. Código do Fundo: A6. Seção de Guarda: Codes, Registro de Avisos e Ofícios — notações dos livros da Corte. Livro 3, 1810-1811, JJ1 172. Notação do índice: IJJ1 199.

AN-RJ, RAO. Série Interior / Gabinete do Ministro. Código do Fundo: A6. Seção de Guarda: Codes, Registro de Avisos e Ofícios — notações dos livros da Corte. Livro 5, 1812-1813, IJJ1 170, IJJ 1.

AN-RJ, RAO. Série Interior / Gabinete do Ministro. Código do Fundo: A6. Seção de Guarda: Codes, Registro de Avisos e Ofícios — notações dos livros da Corte. Livro 6, 1813-1814, IJJ1 171.

AN-RJ, RAO. Série Interior / Gabinete do Ministro. Código do Fundo: A6. Seção de Guarda: Codes, Registro de Avisos e Ofícios — notações dos livros da Corte. Livro 7, 1814-18, 15IJJ1 185.

AN-RJ, RAO. Série Interior / Gabinete do Ministro. Código do Fundo: A6. Seção de Guarda: Codes, Registro de Avisos e Ofícios. Livro 10, 1817, fl. 33, IJJ 1 164.

Biblioteca Nacional do Rio de Janeiro (BN-RJ)

BN-RJ. GAMA, Bernardo José da, Visconde de Goianna. Acontecimentos do Maranhão, 1810 [Rio de Janeiro, 10 de abril de 1812]. BN: 11, 3, 012.

BN-RJ: Defesa do Brasil Parecer de Joaquim Gonçalves Ledo. Rio de Janeiro, 1822. BN: II, 31, 33, 13 [Seção de manuscritos].

BN-RJ. SILVA, Pe. Leonardo Correia. Requerimentos. BN: C. 359.7 [Seção de manuscritos].

BN-RJ. SILVA, Pe. Leonardo Correia. Memória. In: Requerimentos. BN: C. 359.7 [Seção de manuscritos].

BN-RJ. Lembrança dos livros que têm saído desta livraria, 1811-1813. Localização: I-29, 20, 1, nº 88.

BN-RJ: Processo em que foram pronunciados Joaquim Gonçalves Ledo, Luís Pereira da Nóbrega de Sousa Coutinho, José Clemente Pereira, Januário da

Cunha Barbosa e outros pelos factos de 30 de outubro de 1822. [Rio de Janeiro, 1822-1823]. BN: 07, 2, 017 [Seção de manuscritos].

BN-RJ. Recibo de pagamento pela compra feita pela Biblioteca Nacional aos filhos de dr. Francisco de Melo, da livraria deste, 1824. Localização: 65, 4, 001 nº 012.

BN-RJ. Catálogo dos livros do senhor doutor Francisco de Melo Franco, Lisboa, 1815. Localização: 06, 4, 006.

Instituto dos Arquivos Nacionais da Torre do Tombo (IANTT), Lisboa

IANTT, IL. *Inquisição de Lisboa*, Processo nº 13.541, Sumário contra o tenente Hermógenes e outros moradores na cidade da Bahia, 1798.

IANTT, *Tratados*, Brasil, cx. 1, nº 5.

IANTT-IC. *Inquisição de Coimbra*, Caderno do Promotor nº 119 (1779-1796), Livro 411.

IANTT-IC. *Inquisição de Coimbra*, Caderno do Promotor nº 120 (1777-1797), Livro 412.

IANTT-IC. *Inquisição de Coimbra*, Caderno do Promotor nº 123 (1775-1799), Livro 415.

IANTT-IC. *Inquisição de Coimbra*, Caderno do Promotor nº 123 (1775-1799), Livro 215.

IANTT-IC. *Inquisição de Coimbra*, Caderno do Promotor nº 228 (1788-1795), Livro 410.

IANTT-IC. *Inquisição de Coimbra*, Cadernos do Promotor nº 125 (1798-1802, Livro 417).

IANTT-IGP. *Intendência-Geral de Polícia*. Livro 6, 1799-1802.

IANTT-IGP. *Intendência-Geral de Polícia*. Livro 7, 1802-1803.

IANTT-IGP. *Intendência-Geral de Polícia*. Livro 3, 1788-1793.

IANTT-IGP. *Intendência-Geral de Polícia*. Livro 4, 1793-1795.

IANTT-IGP. *Intendência-Geral de Polícia*. Livro 5, 1795-1799.

IANTT-IL. *Inquisição de Lisboa*. Caderno do Promotor nº 131 (1779-1796). Livro 320.

IANTT-IL. *Inquisição de Lisboa*. Processo nº 13.865. Sumário contra Cipriano Barata de Almeida e Marcelino Antonio de Souza, 1798.

IANTT-IL. *Inquisição de Lisboa*. Processo nº 13.541. Sumário contra o tenente Hermógenes e outros moradores na Cidade da Bahia, 1798.

IANTT-IL. *Inquisição de Lisboa*. Processo nº 15.061. Denúncia contra Francisco Agostinho Gomes, 1800.

IANTT-IL. *Inquisição de Lisboa*. Caderno do Promotor nº 126 (1751-1768). Livro 316.

IANTT-IL. *Inquisição de Lisboa*. Caderno do Promotor nº 129 (1765-1775). Livro 318.

IANTT-IL. *Inquisição de Lisboa*. Caderno do Promotor nº 130 (1778-1790). Livro 319.

IANTT-IL. *Inquisição de Lisboa*. Caderno do Promotor nº 131 (1779-1796). Livro 320.

IANTT-IL. *Inquisição de Lisboa*. Caderno do Promotor nº 134 (1797-1802). Livro 322.

IANTT-IL. *Inquisição de Lisboa*. Processo nº 2.015. Antônio de Morais Silva (1779-1785).

IANTT-IL. *Inquisição de Lisboa*. Processo nº 13.865. Cipriano Barata e Marcelino de Souza (1798-1800), [s.p.].

IANTT-MR. *Ministério do Reino*. Maço 454. Caixa 569. Correspondência de José Anastácio Lopes Cardoso, corregedor do Bairro Alto (4/12/1799), para a Intendência-Geral de Polícia.

IANTT-RGM/RC. *Registro Geral de Mercês, Registro de Certidões*. Livro 1, fl. 340, 12/5/1829.

IANTT-RMC. *Real Mesa Censória*. Censuras. Caixa 5, 1769., Parecer nº 73.

IANTT-RMC-RMCGCL-D. *Real Mesa Censória/Real Mesa da Comissão Geral para a Censura de Livros/Desembargo do Paço*. Livros remetidos para a Bahia, 1769-1815. Caixa 157.

IANTT-RMC-RMCGCL-DP. *Real Mesa Censória/ Real Mesa da Comissão Geral para a Censura de Livros/ Desembargo do Paço*. Caixa 1. Edital de 24/9/1770.

Referências bibliográficas

A AMÉRICA portuguesa nas colecções da Biblioteca Nacional de Portugal e da Biblioteca da Ajuda. Lisboa: Biblioteca Nacional de Portugal, 2008.

ABREU, Márcia. Livros ao mar: circulação de obras de belas letras entre Lisboa e Rio de Janeiro ao tempo da transferência da corte para o Brasil. *Tempo*: revista do Departamento de História da UFF, Niterói, v. 12, p. 85-108, 2008.

AGRADO DO Ó, Alarcon. Thomas Lindley: um viajante fala de doenças e dos seus enfrentamentos no início do século XIX. *História, Ciências, Saúde — Manguinhos*, Rio de Janeiro, v. 11, n. 1, p. 13-31, jan./abr. 2004.

ALENCASTRO, Luiz Felipe de. *O trato dos viventes*. Formação do Brasil no Atlântico Sul. Séculos XVI e XVII. São Paulo: Companhia das Letras, 2000.

_____. A pena e o pincel. In: STRAUMANN, Patrick (Org.). *Rio de Janeiro*: cidade mestiça. São Paulo: Companhia das Letras. 2001. p. 134-164.

ALEXANDRE, Valentim. *Os sentidos do império*: questão nacional e questão colonial na crise do antigo regime português. Porto: Afrontamento, 1993.

ALGRANTI, Leila Mezan. *O feitor ausente*: estudos sobre a escravidão urbana no Rio de Janeiro, 1808-1822. Petrópolis: Vozes, 1988.

ALMEIDA, Carla Maria Carvalho. *Homens ricos, homens bons*: produção e hierarquização social em Minas colonial (1750-1822). Tese (doutorado em história) — Instituto de Ciências Humanas e Filosofia, Universidade Federal Fluminense, Niterói, RJ, 2001.

ALMEIDA, Raphael Rocha de. *Imprensa e patriotismo nos primórdios do Império*. Dissertação (mestrado em história) — Faculdade de Filosofia e Ciências Humanas, Universidade Federal de Minas Gearis, Belo Horizonte, 2008.

ALMODOVAR, Antônio; CARDOSO, João Luís. D. Rodrigo de Souza Coutinho e a administração econômica do Brasil: no território da economia política. In: INTERNATIONAL CONGRESS ON THE ENLIGHTENMENT, 10., *Proceedings...* Dublin, 25-31 jul. 1999.

ALVES, José Augusto dos Santos. *A opinião pública em Portugal* — 1780-1820. 2. ed. Lisboa: Universidade Autônoma de Lisboa, 1999.

ANASTASIA, Carla. Estudo crítico. In: VASCONCELOS, Diogo Pereira Ribeiro de. *Breve descrição geográfica, física e política da capitania de Minas Gerais.* Belo Horizonte: Fundação João Pinheiro, 1994. p. 11-41.

_____. *Vassalos rebeldes*. Violência coletiva nas Minas na primeira metade do século XVIII. Belo Horizonte: C/Arte, 1998.

ANDERSON, Benedict. *Comunidades imaginadas*: reflexões sobre a origem e a expansão do nacionalismo. Lisboa: Edições 70, 2005.

ANDRADE, Breno Gontjo. *A guerra das palavras*: cultura oral e escrita na Revolução de 1817. Dissertação (mestrado em história) — Faculdade de Filosofia e Ciências Humanas, Universidade Federal de Minas Gearis, Belo Horizonte, 2012.

ANTUNES, Álvaro de Araújo. *Fiat Justitia*: os advogados e a prática da justiça em Minas Gerais (1750-1808). Tese (doutorado em história) — Instituto de

Filosofia e Ciências Humanas, Universidade Estadual de Campinas, Campinas, SP, 2005.

ARAÚJO, Ana Cristina. Dirigismo cultural e formação das elites no pombalismo. In: ARAÚJO, A. C. (Ed.). *O marquês de Pombal e a universidade*. Coimbra: Imprensa da Universidade, 2000a. p. 8-40.

_____. Medicina e utopia em Ribeiro Sanches. In: BORGES, A.; PITA, A. P.; André, J. M. *Ars interpretandi*. Diálogo e tempo. Homenagem ao professor doutor Miguel Baptista Pereira. Porto: Fundação Eng. Antônio de Almeida, 2000b. p. 35-85. Disponível em: <www.uc.pt/chsc/recursos/aca>. Acesso em: 20 jan. 2011.

_____. *A cultura das Luzes em Portugal*: temas e problemas. Lisboa: Livros Horizonte, 2003.

ARRUDA, José Jobson de Andrade. A circulação, as finanças e as flutuações econômicas. In: SILVA, Maria Beatriz Nizza da (Coord.). *O Império luso-brasileiro (1750-1822)*. Lisboa: Estampa, 1986a. p. 155-214.

_____. A produção econômica (as transformações da estrutura produtiva). In: SILVA, Maria Beatriz Nizza da (Coord.). *O Império luso-brasileiro (1750-1822)*. Lisboa: Editorial Estampa, 1986b. p. 137-153.

_____. *Uma colônia entre dois impérios*: a abertura dos portos brasileiros (1800-1808). Bauru, SP: Edusc, 2008.

AVELLAR, Hélio de Alcântara. *História administrativa do Brasil*: a administração pombalina. 2. ed., Brasília, DF: Fundação Centro de Formação do Servidor Público/UnB, 1983.

AZEVEDO, Francisca L. Nogueira de. Carlota Joaquina e a revolução de independência no Rio da Prata. In: ENCONTRO DA ANPHLAC, III., 1998, São Paulo. *Anais eletrônicos...* São Paulo, 1998. Disponível em: <anphlac.fflch.usp.br/sites/anphlac.fflch.usp.br/files/francisca_0.pdf>. Acesso em: jan. 2015.

_____. *Carlota Joaquina na Corte do Brasil*. Rio de Janeiro: Civilização Brasileira, 2003.

BAGANHA, Maria Joannis; MARQUES, José Carlos. População. In: VALÉRIO, Nuno. *Estatísticas históricas portuguesas*. Lisboa: Instituto Nacional de Estatística, 2001. p. 33-126.

BARATA, Alexandre Mansur. *Maçonaria, sociabilidade ilustrada e independência do Brasil (1790-1822)*. Juiz de Fora: EdUFJF; São Paulo: Annablume, 2006.

BARATA, Carlos Eduardo. Afinal!!! Quantas pessoas vieram com a Corte de D. João? 1807-1808. In: IPANEMA, Rogéria Moreira de. *D. João e a cidade do*

Rio de Janeiro: 1808-2008. Rio de Janeiro: Instituto Histórico e Geográfico do Rio de Janeiro, 2008. p. 47-66.

BARREIRO, José Carlos. Minas e a aclamação de D. João VI no limiar da formação do Estado-nação brasileiro: memórias, conflitos e sedições. *Estudos Históricos*, Rio de Janeiro v. 25, n. 50, p. 370-388, jul./dez. 2012.

BARRETO, Célia de Barros. Ação das sociedades secretas. In: HOLANDA, Sérgio Buarque de (Org.). *História geral da civilização brasileira*. 7. ed. São Paulo: Difel, 1985. t. 2, v. 1, p. 191-206.

BECHO, André Pedroso. *Em nome do "Império" e da "ordem"*: a imprensa e as representações da política externa no período joanino (1808-1821). Dissertação (mestrado em história) — Faculdade de Filosofia e Ciências Humanas, Universidade Federal de Minas Gerais, Belo Horizonte, 2009.

BEIRÃO, Caetano. *D. Maria I, 1777-1792*: subsídios para a revisão da história do seu reinado. 4. ed. Lisboa: Empresa Nacional de Publicidade, 1944.

BELLUZZO, Ana Maria de Moraes. *O Brasil dos viajantes*. 2. ed. São Paulo: Metalivros, 1999.

BERBEL, Márcia. Pátria e patriotas em Pernambuco (1817-1822): nação, identidade e vocabulário político. In: JANCSÓ, István. (Org.). *Brasil*: formação do Estado e da nação. São Paulo: Hucitec/Edusp, 2003. p. 345-364.

_____. Os apelos nacionais nas cortes constituintes de Lisboa. In: MALERBA, Jurandir (Org.). *A independência brasileira*: novas dimensões. Rio de Janeiro: FGV, 2006. p. 181-208.

BERNARDES, Denis Antônio de Mendonça. *O patriotismo constitucional*: Pernambuco, 1820-1822. Tese (doutorado em história) — Faculdade de Filosofia, Letras e Ciências Humanas, Universidade de São Paulo, São Paulo, 2001.

_____. Pernambuco e o Império (1822-1824). In: JANCSÓ, István (Org.). *Brasil*: formação do Estado e da nação. São Paulo: Hucitec/Edusp, 2003. p. 219-249.

BERNIER, Marc André. *Libertinage et figures du savoir*: rhétorique et roman libertin dans la France des Lumières (1734-1751). Quebec: Les Presses de l'Université Laval, 2001.

BETHEL, Leslie. *A abolição do tráfico de escravos no Brasil*: a Grã-Bretanha, o Brasil e a questão do tráfico de escravos (1807-1869). Trad. Vera Nunes Neves Pedroso. Rio de Janeiro: Expressão e Cultura; São Paulo: Edusp, 1976.

BICALHO, Maria Fernanda. As câmaras ultramarinas e o governo do Império. In: FRAGOSO, João; BICALHO, Maria Fernanda; GOUVEA, Maria de

Fátima (Org.). *O Antigo Regime nos trópicos*: a dinâmica imperial portuguesa (séculos XVI-XVIII). Rio de Janeiro: Civilização Brasileira, 2001. p. 189-221.

BRANDÃO, Raul. *El-Rei Junot*. 2. ed. Porto: Renascença Portuguesa, 1919. Disponível também em kindlebook. Lisboa: Vercial, 1919.

BROWN, Howard. Revolt and repression in the Midi Toulousain (1799). *French History*, Oxford, v. 19, n. 2, p. 234-261, jun. 2005.

BUVALOVAS, Thais. *Hipólito da Costa na Filadélfia (1798-1800)*. São Paulo: Hucitec, 2011.

CALARESU, Melissa. Coffee, culture and construction: reconstructing the public sphere in late eighteenth-century Naples. In: GATTI, Andrea; ZANARDI, Paola. *Filosofia, scienza, storia*: il dialogo fra Italia e Gran Bretagna. Pádua: Il Poligrafo, 2005. p. 135-176.

CAMARGO, Ana Maria de Almeida. Dos annaes da Imprensa Nacional à bibliografia da Impressão Régia. In: _____; MORAES, Rubens Borba de. *Bibliografia da Impressão Régia do Rio de Janeiro*. São Paulo: Edusp/Cosmos, 1993. v. 1, p. XI-XVI.

_____; MORAES, Rubens Borba de. *Bibliografia da Impressão Régia do Rio de Janeiro*. São Paulo: Edusp/Cosmos, 1993. 2 v.

CANIATO, Benilde Justo. "O segredo da bastarda", romance da história política e social. *Via Atlântica*, São Paulo, n. 8, p. 231-246, dez. 2005.

CARDOSO, Ciro Flamarion. As concepções acerca do "sistema econômico mundial" e do "antigo sistema colonial"; a preocupação obsessiva com a "extração do excedente". In: LAPA, José Roberto do Amaral. *Modos de produção e realidade brasileira*. Petrópolis: Vozes, 1980. p. 109-132.

CARVALHO, Joaquim Augusto Simões de. *Memória histórica da Faculdade de Philosophia*. Coimbra: Imprensa da Universidade, 1872.

CARVALHO, José Murilo de. *Pontos e bordados*: escritos de história e política. Belo Horizonte, UFMG, 1998.

_____. *A construção da ordem*: a elite política imperial. Teatro de sonhos: a política imperial. 8. ed. Rio de Janeiro: Civilização Brasileira, 2013.

CARVALHO, Manuel Emílio Gomes de. *Os deputados brasileiros nas Cortes Geraes de 1821*. Porto: Chardron, 1912. Disponível em: <www.gutenberg.org/files/24824/24824-h/24824-h.htm#199>. Acesso em: 18 out. 2013.

CASTRO, Zília Osório de. Poder régio e direitos da sociedade no reinado de D. Maria I. *Ler História*, Lisboa, n. 23, p. 11-22, 1992.

CATÃO, Leandro Pena. Inconfidência(s), jesuítas e redes clientelares nas Minas Gerais durante o período pombalino. In: RESENDE, Maria Efigênia Lage de; VILLALTA, Luiz Carlos (Org.). *História de Minas Gerais*: as Minas setecentistas. Belo Horizonte: Autêntica, 2007. v. 2, p. 571-599.

CAVALCANTI, Nireu. *O Rio de Janeiro setecentista*: a vida e a construção da cidade, da invasão francesa até a chegada da Corte. Rio de Janeiro: Jorge Zahar, 2004.

CHARTIER, Roger. *A história cultural entre práticas e representações*. Lisboa: Difel; Rio de Janeiro: Bertrand, 1990.

_____. *Les origines culturelles de la Révolution Française*. 2. ed. Paris: Seuil, 2008.

_____. Defesa e ilustração da noção de representação. *Fronteiras*: revista de história da Universidade Federal da Grande Dourados, Dourados, v. 13, n. 24, p. 15-29, jul./dez. 2011.

CHAUÍ, Marilena. A estrutura retórica do verbete Spinoza. *Kriterion*, Belo Horizonte, n. 120, p. 313-334, dez. 2009.

CHAVES, Cláudia Maria das Graças. *Melhoramentos no Brasil*: integração e mercado na América portuguesa (1780-1822). Tese (doutorado em história) — Universidade Federal Fluminense, Niterói, RJ, 2001.

CIDADE, Hernani. *Ensaio sobre a crise cultural do século XVIII*. 2. ed. Lisboa: Presença, 2005.

COSTA, Emília Viotti da. Introdução ao estudo da emancipação política. In: MOTA, Carlos Guilherme (Org.). *Brasil em perspectiva*. 11. ed. São Paulo: Difel, 1980. p. 64-125.

COSTA, Wilma Peres. Do domínio à nação: os impasses da fiscalidade no processo de independência. In: JANCSÓ, István (Org.). *Brasil*: formação do Estado e da nação. São Paulo: Hucitec/Edusp, 2003. p. 143-193.

COTTRET, Monique. *Jansénismes et Lumières*: pour un autre XVIIIe siècle. Paris: Albin Michel, 1998.

CUNHA, Pedro Octávio Carneiro da. A fundação de um império liberal. In: HOLANDA, Sérgio Buarque de (Org.). *História geral da civilização brasileira*. 7. ed. São Paulo: Difel, 1985. t. 2, v. 1, p. 135-178.

DARNTON, Robert. *Boemia literária e revolução*: os submundos das letras no Antigo Regime. São Paulo: Companhia das Letras, 1987.

_____. *Os best-sellers proibidos da França revolucionária*. São Paulo: Companhia das Letras, 1998.

DELMAS, Ana Carolina Galante. *"Do mais fiel e humilde vassalo"*: uma análise das dedicatórias impressas no Brasil joanino. Dissertação (mestrado em história) — Universidade do Estado do Rio de Janeiro, Rio de Janeiro, 2008.

DIAS, J. S.; PRATA, M. A. C. (Ed.). *Atas das congregações da Faculdade de Filosofia (1772-1820)*. Coimbra: Universidade de Coimbra, 1978.

DIAS, Maria Odila Leite da Silva. Aspectos da Ilustração no Brasil. *Revista do Instituto Histórico e Geográfico Brasileiro*, Rio de Janeiro, n. 278, p. 105-170, jan./mar. 1968.

_____. A interiorização da metrópole (1808-1853). In: MOTA, Carlos Guilherme (Org.). *1822 — Dimensões*. São Paulo: Perspectiva, 1972. p. 160-184.

DOLHNIKOFF, Miriam. Elites regionais e a construção do Estado nacional. In: JANCSÓ, István (Org.). *Brasil*: formação do Estado e da nação. São Paulo: Hucitec/Edusp, 2003. p. 431-468.

DUPRONT, Alphonse. *Qu'est-ce que les Lumières?* Paris: Gallimard, 1996.

ELIAS, Norbert. *A sociedade de corte*. 2. ed. Trad. Ana Maria Alves. Lisboa: Estampa, 1995.

FALCON, Francisco Calazans. *A época pombalina*: política econômica e monarquia ilustrada. São Paulo: Ática, 1982.

FAORO, Raymundo. *Os donos do poder*. 10. ed. São Paulo: Globo/Publifolha, 2000. v. 1.

FARIA, Juliana Prestes Ribeiro de; REZENDE, Marco Antônio Penido. Casa de escravo na paisagem mineira: textos e imagens. *Revista Esboços*, Florianópolis, v. 18, n. 26, p. 233-249, dez. 2011.

FAZENDA, José Vieira. Antiqualhas e memórias do Rio de Janeiro. *Revista do Instituto Histórico e Geográfico Brasileiro*, Rio de Janeiro, v. 88, n. 142, p. 1-500, 1920.

FERNANDES, Rogério. *Os caminhos do ABC*: sociedade portuguesa e ensino de primeiras letras. Porto: Porto Editora, 1994.

FERREIRA, Maria Fernanda Casaca. Gazeta de Lisboa. *Biblioteca Nacional — Tesouros*. Lisboa, 2004. Disponível em: <http://purl.pt/369/1/ficha-obra--gazeta_de_lisboa.html>. Acesso em: 18 out. 2013.

FLORENTINO, Manolo. Alforrias e etnicidade no Rio de Janeiro oitocentista: notas de pesquisa. *Topoi*, Rio de Janeiro, p. 9-40, set. 2002.

FONDATION NAPOLÉON. Talleyrand-Perigord, Charles-Maurice de (1757-1838), prince de Bénévent, homme d'etat. *Napoleon.org*. Paris, [s.d.]. Disponível em: <www.napoleon.org/fr/search.asp?q=TALLEYRAND-PERIGORD>. Acesso em: 18 out. 2013.

FRAGOSO, João Luís. *Homens de grossa aventura*: acumulação e hierarquia na praça mercantil do Rio de Janeiro, 1790-1830. Rio de Janeiro: Civilização Brasileira, 1998.

_____. A formação da economia colonial no Rio de Janeiro e de sua primeira elite senhorial (séculos XVI e XVII). In: FRAGOSO, João; BICALHO, Maria Fernanda; GOUVEA, Maria de Fátima (Org.). *O Antigo Regime nos trópicos*: a dinâmica imperial portuguesa (séculos XVI-XVIII). Rio de Janeiro: Civilização Brasileira, 2001. p. 29-71.

_____; GUEDES, Roberto; KRAUSE, Thiago. *A América portuguesa e os sistemas atlânticos na época moderna*: monarquia pluricontinental e antigo regime. Rio de Janeiro: FGV, 2013.

FRANÇA, José Augusto. *Lisboa pombalina e o Iluminismo*. 3. ed. Lisboa: Bertrand, 1987.

FURTADO, João Pinto. *O manto de Penélope*: história, mito e memória da Inconfidência Mineira de 1788-9. São Paulo: Companhia das Letras, 2002.

GAY, Peter. *The Enlightenment*: the rise of modern paganism. Nova York: Norton, 1995.

GENDRON, F. Talleyrand-Périgord. In: SOBOUL, Albert. *Dictionnaire historique de la Révolution Française*. Paris: PUF, 2005. p. 1013-1015.

GONÇALVES, Andréa Lisly. Uma entrevista com Fernando Novais. *LPH-Revista de História*, Mariana, n. 11, p. 3-16, 2001.

GORENDER, Jacob. *O escravismo colonial*. São Paulo: Ática, 1978.

GOULART, Maurício. *Escravidão africana no Brasil (das origens à extinção do tráfico)*. 2. ed. São Paulo: Martins Fontes, 1950.

GRAFTON, Anthony. *What was history?* The art of history in early modern Europe. Cambridge: Cambridge University Press, 2007.

GRELL, Ole Peter; PORTER, Roy (Org.). *Toleration in Enlightenment Europe*. Cambridge: Cambridge University Press, 2006.

GUIMARÃES, Carlos Magno; REIS, Flávia Maria da Mata. Agricultura e mineração no século XVIII. In: RESENDE, Maria Efigênia Lage de; VILLALTA, Luiz Carlos. (Org.). *História de Minas Gerais*: as Minas setecentistas. Belo Horizonte: Companhia do Tempo/Autêntica, 2007. v. 1, p. 321-335.

HABERMAS, Jürgen. *Mudança estrutural da esfera pública*. Rio de Janeiro: Tempo Brasileiro, 1984.

HANSEN, João Adolfo. Teatro da memória: monumento barroco e retórica. *Revista do IFAC*, Ouro Preto, v. 2, n. 44, p. 40-54, dez. 1995.

_____. Ilustração católica, pastoral árcade & civilização. *Oficina da Inconfidência*, Ouro Preto, v. 4, n. 3, p. 11-47, dez. 2004.

HAZARD, Paul. *La crise de la conscience européenne (1680-1715)*. Paris: Fayard, 1994.

HOLANDA, Sérgio Buarque de. A herança colonial: sua desagregação. In: _____ (Org.). *História geral da civilização brasileira*. 7. ed. São Paulo: Difel, 1985. t. 2, v. 1, p. 19-39.

INÁCIO, Marcilaine Soares. *Educação e política em Minas Gerais*: o caso das sociedades políticas, literárias e filantrópicas (1831-1840). Tese (doutorado em história) — Faculdade de Educação, Universidade Federal de Minas Gerais, Belo Horizonte, 2010.

IPANEMA, Rogéria Moreira de. *D. João e a cidade do Rio de Janeiro*: 1808-2008. Rio de Janeiro: Instituto Histórico e Geográfico do Rio de Janeiro, 2008.

ISRAEL, Jonathan I. Spinoza, Locke and the Enlightenment battle for toleration. In: GRELL, Ole Peter; PORTER, Roy (Org.). *Toleration in Enlightenment Europe*. Cambridge: Cambridge University Press, 2006. p. 102-113.

_____. Unité et diversité des Lumières radicales. In: SECRÉTAN, Catherine; DAGRON, Tristan; BOVE, Laurent (Org.). *Qu'est-ce que les Lumières "radicales"?* Libertinage, athéisme et spinozisme dans le tournant philosophique de l'âge classique. Paris: Amsterdam, 2007. p. 37-59.

JANCSÓ, István. *Na Bahia, contra o império*: história do ensaio de sedição de 1798. São Paulo: Hucitec; Salvador: UFBA, 1996.

_____. A sedução da liberdade: cotidiano e contestação política no final do século XVIII. In: SOUZA, Laura de Mello e (Org.). *História da vida privada no Brasil*: cotidiano e vida privada na América portuguesa. São Paulo: Companhia das Letras, 1997. p. 387-437.

_____. Bahia, 1798: a hipótese de auxílio francês ou a cor dos gatos. In: FURTADO, Júnia Ferreira (Org.). *Diálogos oceânicos*: Minas Gerais e as novas abordagens para uma história do Império ultramarino português. Belo Horizonte: UFMG, 2001. p. 361-387.

_____; PIMENTA, João Paulo G. Peças de um mosaico: ou apontamentos para o estudo da emergência da identidade nacional brasileira. In: MOTA, Carlos Guilherme (Org.). *Viagem incompleta — 1500-2000*: a experiência brasileira. São Paulo: Senac, 2000. p. 127-175. (Formação: histórias).

JOBIM, Leopoldo Collor. Domingos Vandelli e a Revolução Francesa. *Revista de História das Ideias*, Coimbra, n. 10, p. 249-264, 1988.

KANT, Emmanuel. *Vers la paix perpetuelle*. Que signifie s'orienter dans la pensée? Qu'est-ce que les Lumières? Et autres textes. Trad. Françoise Proust e Jean-François Poirier. Paris: Flamarion, 2006.

KOSELLECK, Reinhart. *Crítica e crise*: uma contribuição à patogênese do mundo burguês. Trad. Luciana Villas-Boas Castelo Branco. Rio de Janeiro: Eduerj/Contraponto, 1999.

_____. *Futuro passado*. Rio de Janeiro: Contraponto/PUC-Rio, 2006.

KURY, Lorelai. *Iluminismo e Império no Brasil*: "O Patriota" (1813-1814). Rio de Janeiro: Fiocruz, 2007.

LACOMBE, Américo Jacobina. A conjuração do Rio de Janeiro. In: HOLANDA, Sérgio Buarque de (Org.). *História geral da civilização brasileira*. 7. ed. São Paulo: Difel, 1985. t. 1, v. 2, p. 406-410.

LARA, Silvia Hunold. *Fragmentos setecentistas*: escravidão, cultura e poder na América portuguesa. São Paulo: Companhia das Letras, 2007.

LEMOS, Nathalia Gama. Paulo Fernandes Viana, o intendente-geral de polícia na Corte joanina (1808-1821). *Cadernos de História*: revista do Departamento de História da Universidade Federal de Ouro Preto, ano III, n. 2, p. 16-26, 2008.

_____. *Um Império nos trópicos*: a atuação do intendente-geral de polícia, Paulo Fernandes Viana no Império luso-brasileiro (1808-1821). Dissertação (mestrado em história) — Universidade Federal Fluminense, Niterói, 2012.

LENHARO, Alcir. *As tropas da moderação*. São Paulo: Símbolo, 1979.

LIBBY, Douglas Cole. Notas sobre a produção têxtil brasileira no final do século XVIII: novas evidências de Minas Gerais. *Estudos Econômicos*, São Paulo, v. 27, n. 1, p. 97-125, jan./abr. 1997.

LIMA, Oliveira. *D. João VI no Brasil*. 3. ed. Rio de Janeiro: Topbooks, 1996.

_____. *O movimento da independência, 1821-1822*. 6. ed. Rio de Janeiro: Topbooks, 1997.

LIRA, Maria de Lourdes Viana. *A utopia do poderoso império*. Rio de Janeiro: Sette Letras, 1994.

LUSTOSA, Isabel. *O nascimento da imprensa brasileira*. Rio de Janeiro: Jorge Zahar, 2003.

MACHADO, Fernando Augusto. *Rousseau em Portugal*: da clandestinidade setecentista à legalidade vintista. Lisboa: Campo das Letras, 2000.

MACHADO, M. L. M. Introdução. In: TAVARES, Francisco Muniz. *História da Revolução Pernambucana de 1817*. 3. ed. Recife: Imprensa Industrial, 1917. p. I- LXX.

MALERBA, Jurandir. *A corte no exílio*: civilização e poder no Brasil às vésperas da independência (1808-1821). São Paulo: Companhia das Letras, 2000.

MARCOCCI, Giuseppe. Escravos ameríndios e negros africanos: uma história conectada. Teorias e modelos de discriminação no império português1 (ca. 1450-1650). *Revista Tempo*, Rio de Janeiro, n. 30, p. 41-70, 2011.

MARTIN, Jean-Clément. *Contre-révolution, révolution et nation en France (1789-1799)*. Paris: Seuil, 1998.

MARTINS, Ismênia. As imagens de um soberano controverso. In: _____; MOTTA, Márcia (Org.). *1808*: a corte no Brasil. Niterói, RJ: EdUFF, 2010. p. 97-129.

MARTINS, Roberto Borges. A transferência da corte portuguesa para o Brasil: impactos sobre Minas Gerais. In: SEMINÁRIO SOBRE A ECONOMIA MINEIRA, 13, 2008, Diamantina. *Anais...* Diamantina: Cedeplar/FACE/FMG, 2008. Disponível em: <www.cedeplar.ufmg.br/seminarios/seminario_diamantina/2008/D08A146.pdf>. Acesso em: 30 nov. 2012.

MATTOS, Hebe. A escravidão moderna nos quadros do Império português: o Antigo Regime em perspectiva atlântica. In: FRAGOSO, João; BICALHO, Maria Fernanda; GOUVEA, Maria de Fátima (Org.). *O Antigo Regime nos trópicos*: a dinâmica imperial portuguesa (séculos XVI-XVIII). Rio de Janeiro: Civilização Brasileira, 2001. p. 141-162.

MATTOS, Ilmar Rohloff de. *O tempo saquarema*: a formação do Estado imperial. 4. ed. Rio de Janeiro: Access, 1999.

MATTOSO, Katia de Queirós. *Presença francesa no movimento democrático baiano de 1798*. Salvador: Itapuã/Secretaria de Educação e Cultura do Estado da Bahia, 1969.

_____. Bahia 1798: os panfletos revolucionários: proposta de uma nova leitura. In: COGGIOLA, Osvaldo. *A Revolução Francesa e seu impacto na América Latina*. São Paulo: Edusp/Novastela; Brasília: CNPq, 1990. p. 341-356.

MAXWELL, Kenneth. *A devassa da devassa*: a Inconfidência Mineira — Brasil-Portugal, 1750-1808. 3. ed. Rio de Janeiro: Paz e Terra, 1985.

_____. Conjuração Mineira: novos aspectos. *Estudos Avançados*, São Paulo, v. 3, n. 6, p. 6-23, maio/ago. 1989.

_____. *Pombal*: paradox of the Enlightenment. Nova York: Cambridge University Press, 1995.

_____. *Marquês de Pombal*: paradoxo do Iluminismo. Rio de Janeiro: Paz e Terra, 1996.

_____. *Chocolates, piratas e outros malandros*: ensaios tropicais. São Paulo: Paz e Terra, 1999.

_____. Por que o Brasil foi diferente? O contexto da independência. In: MOTA, Carlos Guilherme (Org.). *Viagem incompleta — 1500-2000*: a experiência brasileira. São Paulo: Senac, 2000. p. 177-195. (Formação: histórias).

MELILLO FILHO, Renato. Breve história das constituintes brasileiras. *Busca-Legis — Biblioteca Jurídica Virtual*, Florianópolis, n. 11, p. 20-25, dez. 1985.

MELLO, Evaldo Cabral de. Dezessete: a maçonaria dividida. *Topoi*, Rio de Janeiro, n. 4, p. 9-37, mar. 2002a.

_____. *Um imenso Portugal*: história e historiografia. São Paulo: Ed. 34, 2002b.

MELTON, James van Horn. *The rise of the public in Enlightened Europe*. 3. ed. Cambridge: Cambridge University Press, 2006.

MENESES, José Newton Coelho. *O continente rústico*. Abastecimento alimentar nas Minas Gerais setecentistas. Diamantina: Maria Fumaça, 2000.

_____. Homens que não mineram: oficiais mecânicos nas Minas Gerais setecentistas. In: RESENDE, Maria Efigênia Lage de; VILLALTA, Luiz Carlos (Org.). *História de Minas Gerais*: as Minas setecentistas. Belo Horizonte: Companhia do Tempo/Autêntica, 2007. v. 1, p. 377-399.

MINOIS, Georges. *História dos infernos*. Lisboa: Teorema, 1997.

MONTEIRO, Nuno Gonçalo. *Elites e poder*: entre o Antigo Regime e o liberalismo. 2. ed. Lisboa: Imprensa de Ciências Sociais, Universidade de Lisboa, 2007.

_____. Nobreza titulada e elites na monarquia portuguesa antes e depois de 1808. In: MARTINS, Ismênia; MOTTA, Márcia (Org.). *1808*: a corte no Brasil. Niterói, RJ: EdUFF, 2010. p. 19-35.

MONTEIRO, Tobias. *História do Império*: a elaboração da independência. Belo Horizonte: Itatiaia; São Paulo: Edusp, 1981. v. 1.

MOREAU, Pierre-François. *Espinosa e o espinosismo*. Lisboa: Europa-América, 2004.

_____. Spinoza est-il spinoziste? In: SECRÉTAN, Catherine; DAGRON, Tristan; BOVE, Laurent (Org.). *Qu'est-ce que les Lumières "radicales"?* Libertinage, athéisme et spinozisme dans le tournant philosophique de l'âge classique. Paris: Amsterdam, 2007. p. 289-298.

MOREIRA, Luciano da Silva. *Imprensa e política*: espaço público e cultura política na província de Minas Gerais (1828-1842). Dissertação (mestrado em história) — Faculdade de Filosofia e Ciências Humanas, Universidade Federal de Minas Gerais, Belo Horizonte, 2006.

_____. *Imprensa e opinião publica no império*: Minas Gerais e São Paulo (1826-1842). Tese (doutorado em história) — Faculdade de Filosofia e Ciências Humanas, Universidade Federal de Minas Gerais, Belo Horizonte, 2011.

MORNET, Daniel. *Les origines intellectuelles de la Révolution Française (1715-1787)*. Lyon: La Manufacture, 1989. Disponível em: <http://classiques.uqac.ca/classiques/mornet_daniel/origines_intel_revol_fr/origines_intel_revol_fr.html>. Acesso em: 18 out. 2013.

MORSE, Richard M. *O espelho de Próspero*: cultura e ideias nas Américas. Trad. Paulo Neves. São Paulo: Companhia das Letras, 1995.

MOTA, Carlos Guilherme. *Nordeste 1817*: estruturas e argumentos. São Paulo: Perspectiva, 1972.

_____. *Ideia de revolução no Brasil (1789-1801)*: estudo das formas de pensamento. Petrópolis: Vozes, 1979.

MOTT, Luiz. Maria, Virgem ou não? Quatro séculos de contestação no Brasil. In: *O sexo proibido*: escravos, gays e virgens nas garras da Inquisição. Campinas, SP: Papirus, 1988. p. 131-186.

_____. *A Inquisição no Maranhão*. São Luiz: Edufma, 1995.

MOURÃO, Rui et al. (Ed.). *O Museu da Inconfidência*. São Paulo: Banco Safra, 1995. (Série Museus Brasileiros).

MUNCK, Thomas. *The Enlightenment*: a comparative social history, 1721-1794. Londres: Arnold; Nova York: Oxford University Press, 2000.

NASCIMENTO, Helvécio Pinto do. *Em defesa do "adequado" constitucionalismo*: as articulações políticas dos camaristas e padres nas vilas mineiras no contexto separatista (1821-1824). Tese (doutorado em história) — Faculdade de Filosofia e Ciências Humanas, Universidade Federal de Minas Gerais, Belo Horizonte, 2010.

NEVES, Guilherme Pereira das. Do Império luso-brasileiro ao império do Brasil. *Ler História*, Lisboa, n. 27-28, p. 75-102, 1995.

_____. A suposta conspiração de 1801 em Pernambuco: ideias ilustradas ou conflitos tradicionais? *Revista Portuguesa de História*, Coimbra, v. 2, n. 33, p. 439-481, 1999.

NEVES, Lúcia Maria Bastos Pereira das. Leitura e leitores no Brasil: o esboço de uma esfera pública de poder (1820-1822). *Acervo*, Rio de Janeiro, v. 8, n. 1-2, p. 123-138, 1996.

_____. *Corcundas e constitucionais*: a cultura política da independência (1820-1822). Rio de Janeiro, Faperj/Revan, 2003.

_____. Luzes nas bibliotecas de Francisco Agostinho Gomes e Daniel Pedro Muller, dois intelectuais luso-brasileiros. In: CONGRESSO INTERNACIONAL ESPAÇO ATLÂNTICO DE ANTIGO REGIME: PODERES E SOCIEDADES, 2 a 5 nov. 2005, Lisboa. *Actas*... Lisboa: FCSH/UNL, 2005. Disponível em: <http://cvc.instituto-camoes.pt/eaar/coloquio/comunicacoes/lucia_maria_bastos_neves.pdf>. Acesso em: 18 out. 2013.

_____. *As representações napoleônicas em Portugal*: imaginário e política (c. 1808-1810). Tese (professor titular em história moderna) — Universidade do Estado do Rio de Janeiro, Rio de Janeiro, 2007.

_____. A vida política. In: SILVA, Alberto da Costa e (Org.). *Crise colonial e independência (1808-1830)*. São Paulo: Objetiva, 2011. p. 75-114.

_____; BESSONE, Tânia. O medo dos "abomináveis princípios franceses": a censura dos livros nos inícios do século XIX no Brasil. *Acervo*: revista do Arquivo Nacional, Rio de Janeiro, v. 4, n. 1, p. 113-119, jan./jun. 1989.

_____; NEVES, Guilherme Pereira das. Retrato de um rei. *Nossa História*, Rio de Janeiro, n. 1, p. 68-72, nov. 2003.

_____; _____. A biblioteca de Francisco Agostinho Gomes: a permanência da ilustração luso-brasileira entre Portugal e o Brasil. *Revista do Instituto Histórico e Geográfico Brasileiro*, Rio de Janeiro, v. 165, n. 425, p. 11-28, 2004.

_____; VILLALTA, Luiz Carlos. A Impressão Régia e as novelas. In: _____; _____ (Org.). *Quatro novelas em tempos de D. João*. Rio de Janeiro: Casa da Palavra, 2008. p. 9-66.

NORTON, Luís. *A Corte de Portugal no Brasil*. São Paulo: Companhia Editora Nacional; Brasília: INL, 1979.

NOVAIS, Fernando Antônio. *Portugal e Brasil na crise do antigo sistema colonial*: 1777-1808. 2. ed. São Paulo: Hucitec, 1981.

NOVINSKY, Anita Waingort. Estudantes brasileiros "afrancesados" da Universidade de Coimbra: a perseguição de Antônio de Morais Silva — 1779-1806. In: COGGIOLA, O. (Ed.). *A Revolução Francesa e seu impacto na América Latina*. São Paulo: Edusp/Novastela; Brasília: CNPq, 1990. p. 357-371.

OLIVEIRA, Cecília Helena de Salles. Repercussões da revolução: delineamento do império do Brasil, 1808/1831. In: GRINBERG, Keila; SALLES, Ricardo. *O Brasil imperial*. 2. ed. Rio de Janeiro: Civilização Brasileira, 2011. v. I: 1808-1831, p. 15-54.

OLIVEIRA, Pablo Menezes. *As vilas mineiras do século XVIII*: entre a política e a economia. Dissertação (mestrado em história) — Faculdade de Filosofia e

Ciências Humanas, Universidade Federal de Minas Gerais, Belo Horizonte, 2005.

OSÓRIO, Helen. As elites econômicas e a arrematação dos contratos reais: o exemplo do Rio Grande do Sul (século XVIII). In: FRAGOSO, João; BICALHO, Maria Fernanda; GOUVEA, Maria de Fátima (Org.). *O Antigo Regime nos trópicos*: a dinâmica imperial portuguesa (séculos XVI-XVIII). Rio de Janeiro: Civilização Brasileira, 2001. p. 107-137.

OUTRAM, Dorinda. *The Enlightenment*. Cambridge: Cambridge University Press, 1995.

PAIVA, Adriano Toledo. Povos indígenas e processos de conquista nos sertões da comarca de Vila Rica. In: CAMPOS, Adalgisa Arantes. *De Vila Rica à imperial Ouro Preto*: aspectos históricos, artísticos e devocionais. Belo Horizonte: Fino Traço, 2013. p. 205-228.

PANTALEÃO, Olga. A presença inglesa. In: HOLLANDA, Sérgio Buarque de (Org.). *História geral da civilização brasileira*: o Brasil monárquico. 6. ed. São Paulo: Difel, 1985. t. 2, v. 1, p. 64-99.

PEDREIRA, Jorge Miguel. Economia e política na explicação da independência do Brasil. In: MALERBA, Jurandir (Org.). *A independência brasileira*: novas dimensões. Rio de Janeiro: FGV, 2008, p. 55-98.

_____; COSTA, Fernando Dores. *D. João VI*: um príncipe entre dois mundos. São Paulo: Companhia das Letras, 2008.

PRADO, J. F. Almeida. *D. João VI e o início da classe dirigente do Brasil (1815-1889)*. São Paulo: Companhia Editora Nacional, 1968.

PRADO, Maria Lígia Coelho. Lendo novelas no Brasil joanino. In: _____. *América Latina no século XIX*: tramas, telas e textos. São Paulo: Edusp; Bauru, SP: Edusc, 1999. p. 119-149.

PRADO JR., Caio. *Formação do Brasil contemporâneo (colônia)*. São Paulo: Brasiliense, 1976.

QUINTAS, Amaro. A agitação republicana no Nordeste. In: HOLANDA, Sérgio Buarque de (Org.). *História geral da civilização brasileira*. 7. ed. São Paulo: Difel, 1985. t. 2, v. 1, p. 207-226.

RACAULT, Jean-Michel. Introduction. In: SAINT-PIERRE, Bernardin. *Paul et Virginie*. Paris: Librairie Générale Française, 1999. p. 5-59.

RAMOS, Luís Alberto de Oliveira. Pombal e o esclavagismo. *Revista da Faculdade de Letras da Universidade do Porto*, Porto, n. 2, p. 169-178, 1971. Disponível em: <http://repositorio-aberto.up.pt/handle/10216/7680>. Acesso em: 18 out. 2013.

_____. *Sob o signo das "Luzes"*. Lisboa: Imprensa Nacional/Casa da Moeda, 1988.

RIZZINI, Carlos. *O livro, o jornal e a tipografia no Brasil, 1500-1822*: com um breve estudo geral sobre a informação. São Paulo: Imprensa Oficial do Estado, 1988.

RODRIGUES, José Honório. *Independência*: revolução e contrarrevolução. Rio de Janeiro: Francisco Alves; São Paulo: Edusp, 1975.

RODRÍGUEZ, Ricardo Vélez. La historia del pensamiento filosófico brasileño (siglo XX): problemas y corrientes. *RIB*, Washington, v. 43, n. 1, p. 45-62, 1993.

ROMEIRO, Adriana. *Um visionário na corte de D. João V*: revolta e milenarismo em Minas Gerais. Tese (doutorado em história) — Universidade Estadual de Campinas, Campinas, SP, 1996.

RUY, Affonso. *A primeira revolução social brasileira (1798)*. São Paulo: Companhia Editora Nacional, 1942.

SALIBA, Elias Thomé. As imagens canônicas e o ensino de história. In: SCHMIDT, Maria Auxiliadora; CANELLI, Marlene Rosa (Org.). *III Encontro Nacional Perspectivas do Ensino de História*. Curitiba: Aos Quatro Ventos, 1999. p. 434-452.

SANTOS, Afonso Carlos Marques dos. *No rascunho da nação*: inconfidência no Rio de Janeiro. Rio de Janeiro: Secretaria Municipal de Cultura, Turismo e Esportes/Departamento Geral de Documentação e Informação Cultural/Divisão de Editoração, 1992.

SARAIVA, José Hermano. *História concisa de Portugal*. 23. ed. Lisboa: Publicações Europa-América, 2005.

SCHIEFLER, Felipe Riccio. *Impressos radicais em Pernambuco*: léxico republicano, federalismo e cidadania na independência do Brasil (1821-1825). Dissertação (mestrado em ciência política) — Faculdade de Filosofia e Ciências Humanas, Universidade Federal de Minas Gerais, Belo Horizonte, 2013.

SCHULTZ, Kirsten. A era das revoluções e a transferência da Corte portuguesa para o Rio de Janeiro (1790-1821). In: MALERBA, Jurandir (Org.). *A independência brasileira*: novas dimensões. Rio de Janeiro: FGV, 2006. p. 125-151.

_____. *Versalhes tropical*: império, monarquia e a Corte real portuguesa no Rio de Janeiro, 1808-1821. Trad. Renato Aguiar. Rio de Janeiro: Civilização Brasileira, 2008.

SCHWARCZ, Lilia Moritz; AZAVEDO, Paulo César; COSTA, Ângela Marques da. *A longa viagem da biblioteca dos reis*: do terremoto de Lisboa à independência do Brasil. São Paulo: Companhia das Letras, 2002.

SCHWARCZ, Lilia Moritz. Cultura. In: SILVA, Alberto da Costa e (Org.). *Crise colonial e independência (1808-1830)*. São Paulo: Objetiva, 2011. p. 205-247.

SCHWARTZ, Stuart. *Cada um na sua lei*: tolerância religiosa e salvação no mundo atlântico ibérico. São Paulo: Companhia das Letras, 2009.

SILVA, Alberto da Costa e. As marcas do período. In: _____ (Org.). *Crise colonial e independência (1808-1830)*. São Paulo: Objetiva, 2011. p. 23-33.

SILVA, Andrée Mansuy Diniz. *D. Rodrigo de Souza Coutinho, comte de Linhares, 1755-1822*: l'homme d'État, 1796-1812. Paris: Centre Culturel Calouste Gulbenkian, 2006. v. 2.

SILVA, Luiz Geraldo Santos da. O avesso da independência: Pernambuco (1817-24). In: MALERBA, Jurandir (Org.). *A independência brasileira*: novas dimensões. Rio de Janeiro: FGV, 2006. p. 343-384.

SILVA, Maria Beatriz Nizza da. *Cultura e sociedade no Rio de Janeiro (1808-1821)*. 2. ed. São Paulo: Companhia Editora Nacional, 1978.

_____. Da Revolução de 1820 à Independência brasileira. In: *O Império Luso-Brasileiro (1750-1822)*. Lisboa: Estampa, 1986. (Coleção Nova História da Expansão Portuguesa, dirigida por Joel Serrão e A. H. Oliveira Marques, volume VIII, p. 396-442).

_____. *A cultura luso-brasileira*: da reforma da universidade à independência do Brasil. Lisboa: Estampa, 1999.

_____. *D. João, príncipe e rei no Brasil*. Lisboa: Livros Horizonte, 2008.

_____. "Embelecer e enobrecer" a sede da Corte. In: MARTINS, Ismênia; MOTTA, Márcia (Org.). *1808*: a corte no Brasil. Niterói, RJ: EdUFF, 2010. p. 245-267.

SLEMIAN, Andréa; PIMENTA, João Paulo G. *A corte e o mundo*: uma história do ano em que a família real portuguesa chegou ao Brasil. São Paulo: Alameda, 2008.

SOUZA, Iara Lis Carvalho. *Pátria coroada*: o Brasil como corpo político autônomo, 1780-1831. São Paulo: Unesp, 1999.

SOUZA, Laura de Mello e. *Norma e conflito*: aspectos da história de Minas no século XVIII. Belo Horizonte: UFMG, 1999.

_____. *O sol e a sombra*: política e administração na América portuguesa do século XVIII. São Paulo: Companhia das Letras, 2006.

SOUZA, Luiz de Castro. O príncipe regente D. João e a medicina. In: IPANEMA, Rogéria Moreira de. *D. João e a cidade do Rio de Janeiro*: 1808-2008. Rio de Janeiro: Instituto Histórico e Geográfico do Rio de Janeiro, 2008. p. 159-182.

SOUZA, Simone Cristina Mendonça de. *Primeiras impressões*: os romances publicados pela Impressão Régia do Rio de Janeiro (1808-1822). Tese (doutorado em teoria literária) — Instituto de Estudos da Linguagem, Universidade Estadual de Campinas, Campinas, SP, 2007.

STUMPF, Roberta Giannubilo. *Filhos das Minas, americanos e portugueses*: identidades coletivas na capitania de Minas Gerais (1763-1792). Dissertação (mestrado em história) — Faculdade de Filosofia, Letras e Ciências Humanas, Universidade de São Paulo, São Paulo, 2001.

SUBTIL, José. Os poderes do centro: governo e administração. In: HESPANHA, Antônio Manuel (Coord.). *História de Portugal*: o Antigo Regime. Lisboa: Estampa, 1997. p. 141-172.

TAVARES, Adérito; PINTO, José dos Santos. *Pina Manique*: um homem entre duas épocas. Lisboa: Casa Pia de Lisboa, 1990.

TAVARES, Francisco Muniz. *História da Revolução Pernambucana de 1817*. 3. ed. Recife: Imprensa Industrial, 1917.

TAVARES, Luiz Henrique Dias. A independência como decisão da unidade do Brasil. *Revista Brasileira de Cultura*, Brasília, DF, n. 17, p. 89-96, jul./set. 1973.

_____. *História da sedição intentada na Bahia em 1798*: a conspiração dos alfaiates. São Paulo: Pioneira, 1975.

_____. *História da Bahia*. São Paulo: EdUnesp; Salvador: EdUFBA, 2001.

TEIXEIRA, Ivan. *Mecenato pombalino e poesia neoclássica*. São Paulo: Fapesp/Edusp, 1999.

TOCQUEVILLE, Alexis de. *A democracia na América*. 2. ed. Trad. Neil Ribeiro da Silva. Belo Horizonte: Itatiaia; São Paulo: Edusp, 1977.

_____. *O Antigo Regime e a revolução*. São Paulo: Martins Fontes, 2009.

TODOROV, Tzvetan. *L'esprit des Lumières*. Paris: Robert Laffont, 2006.

TORRES, João Romano (Ed.). *Portugal*: Dicionário histórico, corográfico, heráldico, biográfico, bibliográfico, numismático e artístico. 105. ed. Lisboa: [s.n.], 1904-1915. v. II, p. 46-47, 760-761. (Edição eletrônica 2000-2012: Manuel Amaral). Disponível em: <www.arqnet.pt/dicionario/carlotajoaquina.html>. Acesso em: 1 nov. 2011.

VAINFAS, Ronaldo. *Trópico dos pecados*: moral, sexualidade e Inquisição no Brasil colonial. Rio de Janeiro: Campus, 1989.

_____. Carlota Joaquina: caricatura da história. In: SOARES, Marisa de Carvalho; FERREIRA, Jorge. *A história vai ao cinema*. Rio de Janeiro, 2001. p. 226-235.

VALENTE, Wagner Rodrigues. Controvérsias sobre a educação matemática no Brasil: Malba Tahan *versus* Jacomo Stávale. *Cadernos de Pesquisa*, n. 120, p. 151-167, nov. 2003.

VALIM, Patrícia. Da contestação à conversão: a punição exemplar dos réus da Conjuração Baiana de 1798. *Topoi*, Rio de Janeiro, v. 16, n. 18, p. 14-23, jan./jun. 2009.

VARNHAGEN, Francisco Adolfo de. Introdução: ensaio histórico sobre as letras no Brasil [1847]. In: ABL. *Florilégio da poesia brasileira*. Rio de Janeiro: ABL, 1987. v. 1, p. 39-73. Disponível em: <www.ebah.com.br/content/ABAAABn6cAI/ensaio-historico-sobre-as-letras-no-brasil-1847-francisco-adolfo-varnhagen>. Acesso em: 18 out. 2013.

VERÍSSIMO, José. *História da literatura brasileira*. Rio de Janeiro. Fundação Biblioteca Nacional, 1915. Disponível em: <http://objdigital.bn.br/Acervo_Digital/livros_eletronicos/histlitbras.pdf>. Acesso em: 15 jun. 2008.

VIEIRA, Diogo Lúcio Pereira. *A física teológica e o projeto político-pedagógico do padre oratoriano Teodoro de Almeida, em "Recreação Filosófica" (1751-1800)*. Dissertação (mestrado em história) — Universidade Federal de Minas Gerais, Belo Horizonte, 2009.

VILLALTA, Luiz Carlos. *Reformismo ilustrado, censura e práticas de leitura*: usos do livro na América portuguesa. Tese (doutorado em história social) — Faculdade de Filosofia, Letras e Ciências Humanas, Universidade de São Paulo, São Paulo, 1999.

_____. *1789-1808*: o Império luso-brasileiro e os Brasis. São Paulo: Companhia das Letras, 2000.

_____. Pernambuco, 1817: "encruzilhada de desencontros" do Império luso-brasileiro. Notas sobre as ideias de pátria, país e nação. *Revista USP*, São Paulo, n. 58. p. 58-91, jun./jul./ago. 2003.

_____. As origens intelectuais e políticas da Inconfidência Mineira. In: RESENDE, Maria Efigênia Lage de; VILLALTA, Luiz Carlos (Org.). *História de Minas Gerais*: as Minas setecentistas. Belo Horizonte: Autêntica, 2007. v. 2, p. 579-607.

_____. Libertinagens e livros libertinos no mundo luso-brasileiro (1740-1802). In: MEGIANI, Ana Paula Torres; ALGRANTI, Leila Mezan (Org.). *O Império por escrito*: formas de transmissão da cultura letrada no mundo ibérico (séculos XVI-XVIII). São Paulo: Alameda/Fapesp/Cátedra Jaime Cortesão, 2009. p. 511-550.

_____. As imagens, o Antigo Regime e a "revolução" no mundo luso-brasileiro (c. 1750-1812). *Escritos*: revista da Fundação Casa de Rui Barbosa, Rio de Janeiro, ano 4, n. 4, p. 117-168, 2010.

_____. Impressão em Portugal: da política régia às publicações ilegais (c. 1750-1806). In: VERRI, G. M. W. (Org.). *Memorat*: memória e cultura escrita na formação brasileira. Recife: Universidade Federal de Pernambuco, 2011. p. 135-204.

_____; BECHO, André Pedroso. Lugares, espaços e identidades coletivas na Inconfidência Mineira. In: RESENDE, Maria Efigênia Lage de; VILLALTA, Luiz Carlos (Org.). *História de Minas Gerais*: As Minas setecentistas. Belo Horizonte: Autêntica, 2007. v. 2, p. 555-578.

VINHOSA, Francisco Luiz Teixeira. Administração joanina no Brasil (1808-1821): o processo de criação de um Estado independente. In: SEMINÁRIO INTERNACIONAL D. JOÃO VI: UM REI ACLAMADO NA AMÉRICA, 2000, Rio de Janeiro. *Anais...* Rio de Janeiro: Museu Histórico Nacional, 2000. p. 348-361.

WAGNER, Robert. *Viagem ao Brasil*: Rio de Janeiro e São Paulo nas aquarelas de Thomas Ender. Petrópolis: Kapa, 2003.

WALTHER, Manfred. Spinoza et les Lumières radicales. Quelques observations à propos de trois thèses de Jonathan Israel. In: SECRÉTAN, Catherine; DAGRON, Tristan; BOVE, Laurent (Org.). *Qu'est-ce que les Lumières "radicales"?* Libertinage, athéisme et spinozisme dans le tournant philosophique de l'âge classique. Paris: Amsterdam, 2007. p. 299-308.

WEBER, Max. *Ensaios de sociologia*. 5. ed. Trad. Waltensir Dutra. Rio de Janeiro: Zahar, 1982.

WEHLING, Arno; WELHING, Maria José. Centralização e afirmação da esfera pública no Brasil joanino: o papel da Justiça. In: ANTUNES, Álvaro de Araújo; SILVEIRA, Marco Antonio (Org.). *Dimensões do poder em Minas Gerais (séculos XVIII e XIX)*. Belo Horizonte: Fino Traço, 2012. p. 71-86.

WILCKEN, Patrick. *Império à deriva*: a Corte portuguesa no Rio de Janeiro, 1808-1821. Rio de Janeiro: Objetiva, 2005.

XAVIER, Ângela Barreto; HESPANHA, Antônio Manuel. A representação da sociedade e do poder. In: HESPANHA, Antônio Manuel (Coord.). *História de Portugal (O Antigo Regime)*. Lisboa: Estampa, 1997a. p. 113-139. (Coleção dirigida por José Mattoso).

_____. As redes clientelares. In: HESPANHA, Antônio Manuel (Coord.). *História de Portugal (O Antigo Regime)*. Lisboa: Estampa, 1977b. p. 339-350 (coleção dirigida por José Mattoso).

Este livro foi impresso nas oficinas gráficas da Editora Vozes Ltda.,
Rua Frei Luís, 100 – Petrópolis, RJ.